"十三五"职业教育系列教材

机电产品营销

主　编　王宝敏
副主编　王　雯　许云飞　王昊光
参　编　过志强　戴利坤　陆浩刚　王　稳

机械工业出版社

本书编写时参考营销师国家职业资格标准，以营销职业能力为本位，对接机电产品营销的就业岗位需求，有针对性地介绍现代市场营销的基本知识和基本方法，使学生通过任务实施掌握机电产品营销的技能。本书主要内容包括认识机电产品营销、寻找机电产品市场机会、分析机电产品的客户购买行为、机电产品的开发与品牌培育、机电产品价格策略、构建机电产品的分销渠道、促销机电产品、签订机电产品销售合同及鉴别常用票据。

本书可作为高等职业学校机电一体化技术、机电设备安装技术、机电设备维修与管理专业教材，也可作为营销员岗位培训教材。

为便于教学，本书配套有电子教案、助教课件、教学视频等教学资源，选择本书作为教材的教师可来电（010-88379195）索取，或登录www.cmpedu.com网站注册并免费下载。

图书在版编目（CIP）数据

机电产品营销/王宝敏主编. —北京：机械工业出版社，2019.5
（2025.1重印）
"十三五"职业教育系列教材
ISBN 978-7-111-62822-4

Ⅰ.①机⋯　Ⅱ.①王⋯　Ⅲ.①机电设备-工业产品-市场营销学-高等职业教育-教材　Ⅳ.①F764.4

中国版本图书馆 CIP 数据核字（2019）第 095811 号

机械工业出版社（北京市百万庄大街22号　邮政编码100037）
策划编辑：赵红梅　责任编辑：赵红梅　苑文环
责任校对：梁　静　封面设计：张　静
责任印制：常天培
固安县铭成印刷有限公司印刷
2025年1月第1版第12次印刷
184mm×260mm·14.75印张·362千字
标准书号：ISBN 978-7-111-62822-4
定价：45.00元

电话服务　　　　　　　　　　网络服务
客服电话：010-88361066　　　机　工　官　网：www.cmpbook.com
　　　　　010-88379833　　　机　工　官　博：weibo.com/cmp1952
　　　　　010-68326294　　　金　书　网：www.golden-book.com
封底无防伪标均为盗版　　　　机工教育服务网：www.cmpedu.com

前言

"中国制造2025"的发布，标志着我国实施制造强国战略第一个十年行动纲领的正式开始，新一轮科技革命和产业变革与我国加快转变经济发展方式形成历史性交汇，国际产业分工格局正在重塑。"中国制造2025"一期目标就是通过十年的努力使中国迈入制造强国行列，为到2045年将中国建成具有全球引领和影响力的制造强国奠定坚实基础。本书秉承"工商融合""教、学、做一体化"的原则，将理论与实践相结合，针对机电产品营销的就业岗位需求，有针对性地介绍现代市场营销的基本知识和方法，指导并训练学生掌握机电产品的营销技能。

本书重点强调培养学生的机电产品营销能力，编写过程中力求体现以下特色。

1. 体现新模式：本书采用理实一体化的编写模式，基于完成工作任务的真实过程，以案例教学形式——用机电产品营销案例开篇，突出体现"做中教、做中学"的职业教育特色。

2. 具有较强的针对性：在教学案例上只选取机电产品营销案例，这使本书更符合机电产品营销的实际。

3. 具有较强的实用性：本书对市场营销理论不做系统阐述，必要时才加以阐明。书中收集了常见机电产品营销的文档、案例，为学生适应机电产品营销岗位工作奠定了基础。

4. 可灵活选择教学内容：学校可以根据当地机电企业的实际情况进行教学内容调整，全书建议学时为48～64学时。

本书由王宝敏担任主编，由王雯、许云飞、王昊光担任副主编。全书共包括八个项目，具体编写分工如下：无锡商业职业技术学院王宝敏编写项目一、项目三、项目四、项目五和项目八，上海振华重工（集团）股份有限公司王雯编写项目二，江苏食品职业技术学院许云飞编写项目七，无锡商业职业技术学院王昊光编写项目六。另外，无锡信捷电气股份有限公司过志强、江苏省惠山中等专业学校陆浩刚、无锡商业职业技术学院戴利坤、苏州健雄职业技术学院王稳也参与了部分内容的编写。在本书编写过程中，编者参阅了国内外出版的有关教材和资料，在此对所有著作者一并表示衷心感谢！

由于编者水平有限，书中不妥之处在所难免，恳请读者批评指正。

编　者

目 录

前 言

项目一　认识机电产品营销 …………………………………………………… 1
任务一　认识制造业与机电产品 …………………………………………… 2
任务二　认知市场与市场营销 ……………………………………………… 9
任务三　认知市场营销学的发展与机电产品市场营销 …………………… 15
职业能力训练 ………………………………………………………………… 23

项目二　寻找机电产品市场机会 ………………………………………………… 24
任务一　调研机电产品市场 ………………………………………………… 25
任务二　细分机电产品市场 ………………………………………………… 39
任务三　选择目标市场 ……………………………………………………… 44
职业能力训练 ………………………………………………………………… 50

项目三　分析机电产品的客户购买行为 ………………………………………… 51
任务一　分析机电企业营销环境 …………………………………………… 52
任务二　分析制造商购买行为 ……………………………………………… 60
任务三　分析其他组织购买行为 …………………………………………… 70
任务四　模拟机电产品营销的基本流程 …………………………………… 75
职业能力训练 ………………………………………………………………… 81

项目四　机电产品的开发与品牌培育 …………………………………………… 82
任务一　领会机电产品的生命周期 ………………………………………… 83
任务二　如何开发机电新产品 ……………………………………………… 93
任务三　机电产品的品牌培育与营销服务 ………………………………… 98
职业能力训练 ………………………………………………………………… 109

项目五　机电产品价格策略 ……………………………………………………… 110
任务一　分析影响机电产品定价的因素 …………………………………… 111
任务二　确定机电产品的定价方法 ………………………………………… 118
任务三　领会机电产品的招投标 …………………………………………… 124
职业能力训练 ………………………………………………………………… 145

项目六　构建机电产品的分销渠道 ·· 147
  任务一　选择机电产品的销售渠道 ··· 148
  任务二　使用网络进行营销 ··· 161
  职业能力训练 ·· 174

项目七　促销机电产品 ··· 175
  任务一　理解机电产品促销及其策略 ·· 176
  任务二　运用机电产品常用的销售促进方法 ······································· 190
  任务三　运用机电产品的公关方法 ··· 194
  职业能力训练 ·· 201

项目八　签订机电产品销售合同及鉴别常用票据 ································· 202
  任务一　领会合同法基础知识 ·· 203
  任务二　签订机电产品销售合同 ·· 209
  任务三　鉴别机电产品营销中的常用票据 ·· 215
  职业能力训练 ·· 228

参考文献 ··· 229

项目一

认识机电产品营销

> **知识目标**

1. 熟悉制造业的发展状况。
2. 理解机电产品的内涵和特征。
3. 熟悉市场与市场营销的内涵。
4. 了解市场营销理论的发展状况。
5. 理解机电产品市场营销的特点。

> **技能目标**

1. 会初步进行企业调查。
2. 能进行团队配合。

> **提交成果**

机电企业调查报告。

无锡信捷电气股份有限公司——民族工业控制产品的典范

20世纪90年代,伴随着中国的改革开放,机电产品需求日益增多,西门子、ABB、爱默生、施耐德、三菱等国外品牌相继进入中国。当时,国内工业控制产品基本以进口品牌为主。

加入WTO后,中国成为世界新的制造业基地,对工业控制产品需求越来越多,国产品牌应运而生。国内机电产品排名前列的品牌有台湾地区的台达、永宏,以及大陆的和利时、信捷等。在国内中小型PLC产品市场上,通过不断的营销创新,信捷品牌已有较高的占有率。

无锡信捷电气股份有限公司是中国工业控制市场最早的参与者之一,长期专注于机械设备制造行业自动化水平的提高,主要产品有可编程控制器(PLC)、人机界面(HMI)、伺服控制系统、变频驱动、智能机器视觉系统、工业机器人等产品系列及整套自动化装备。其产品应用广泛，主要包括航空航天、太阳能、风电、核电、隧道工程、纺织机械、数控机床、动力设备、煤矿设备、中央空调、环保工程等控制相关的行业和领域。

无锡信捷电气股份有限公司是江苏省高新技术企业，先后被评为江苏省民营科技企业、无锡市领军型创新企业、2012年度无锡市十佳物联网企业。无锡信捷电气股份有限公司工业自动化智能控制技术研究院获得了"江苏省工程技术研究中心""江苏省企业技术中心"的资质认定。

无锡信捷电气股份有限公司（以下简称"信捷公司"）能在激烈的市场竞争中快速成长，主要依靠质量、创新和营销服务。质量方面：信捷公司注重质量，加强培训，提高员工技术水平，建立严格的质量检测制度。创新方面：信捷公司走在技术前沿，加强客户调研，不断研发出满足市场需求的新产品。营销服务方面：信捷公司的技术营销理念是为客户提供系统解决方案，还参与客户新产品开发与销售，提升客户的产品竞争力。

思考：
通过案例分析机电产品营销的特点？

任务一　认识制造业与机电产品

知识点一：现代制造业的发展历程

制造业是国民经济的主体，是立国之本、兴国之器、强国之基。18世纪中叶开启工业文明以来，世界强国的兴衰史和中华民族的奋斗史一再证明：没有强大的制造业，就没有国家和民族的强盛。打造具有国际竞争力的制造业，是我国提升综合国力、保障国家安全、建设世界强国的必由之路。随着全球制造业竞争日趋激烈，以及全球经济一体化，市场向企业提出了更高的要求：企业要赢得竞争，就要以市场为中心，以用户为中心，要快速及时地为用户提供高品质、低价格、个性化的产品。可见，企业只有以最短的产品开发时间（Time）、最优的产品质量（Quality）、最低的价格和成本（Cost）、最佳的服务（Service）（简称"TQCS"）才能赢得用户和市场。

1908年福特汽车公司生产出的T型汽车（图1-1），是美国工业也是世界向机械大规模生产化过程过渡的一个标志性例证。

图1-1　福特汽车公司的T型汽车

1. 现代制造业的发展

从美国到欧洲，从苏联到日本，从中国到印度，从发达国家到发展中国家，第二次世界大战以后，新能源、新材料、新技术、新工艺的研究、开发热潮正在全世界范围兴起。它是人类社会历经了漫长的农业社会、手工业社会后向现代化社会发展的标志，是凝聚着人类智慧的当代科技文明的象征。

新能源——核能、太阳能的开发利用。

新材料——尼龙、塑料、不锈钢、陶瓷、球墨铸铁、硬质合金、复合和超导材料、人造金刚石及表面喷涂材料等。

新技术——激光技术、电火花线切割、超声加工、离子切割、爆炸焊及超精加工等。

新工艺——智能生产线、自动定位、快速自动装夹、高速锻造及气化模铸造等。

现代制造技术正是在科学技术和社会发展基础上发展起来的。

2. 中国制造业现状

中国制造业是中华人民共和国成立以来经济空前发展的主要贡献者，没有中国制造业的发展就没有今天中国人民的现代物质文明。中国制造业作为人民日用品和国家安全所需产品的提供者，是十分重要的产业，制造业的兴衰不只是制造业的大事，而且是关系到国计民生、国家安全和国际竞争力的大事。

（1）中国制造业的发展历程

中华人民共和国成立初期是一个农业大国，工业基础薄弱，以修配为主的机械工业尚未形成独立的制造业。当时，技术引进是实现技术进步的一条捷径。中国的机械工业是在引进和利用国外技术的基础上逐步发展起来的。中华人民共和国成立至今，机械工业技术的发展大致经历了 5 个阶段。

20 世纪 50 年代主要从苏联和东欧国家大量引进成套设备和技术，建设了一批机械工业基地，奠定了中国机械工业与机械科技发展的基础。

20 世纪 60 年代技术引进转向日本、西欧等资本主义国家，由于受国内外政治因素的影响，技术引进规模较小，发展迟缓。

20 世纪 70 年代技术引进扩大到整个西方国家，出现了两次进口成套设备的高潮，带有一定程度的盲目性；改革开放以来，机械工业技术引进和发展进入了全方位、多形式、多层次的新历史时期。中国机械行业从 1978 年至今共引进了 2000 多项先进技术，很多企业都引进了国外的技术。通过消化吸收与自主研究开发促进了产品更新换代，提高了整个机械工业的技术水平。

2015 年 3 月 5 日，李克强总理在第十二届全国人民代表大会第三次会议上作《政府工作报告》时首次提出"中国制造 2025"的宏大计划。《中国制造 2025》提出，坚持"创新驱动、质量为先、绿色发展、结构优化、人才为本"的基本方针，坚持"市场主导、政府引导，立足当前、着眼长远，整体推进、重点突破，自主发展、开放合作"的基本原则，通过"三步走"实现制造强国的战略目标：第一步，到 2025 年迈入制造强国行列；第二步，到 2035 年中国制造业整体达到世界制造强国阵营中等水平；第三步，到新中国成立一百年时，综合实力进入世界制造强国前列。

（2）中国制造业的成就

自 2010 年以来，中国制造业总体规模已稳居世界第一位，领先于美国。钢铁、水泥、化纤、化肥、电视机、钟表、微电机、拖拉机、自行车、摩托车、集装箱、金属切削机床、电动工具、集成电路、电话机、手机、微型计算机等制成品的年产量居世界第一位，制造业创造的产值已经占国内生产总值（GDP）的 40% 以上。

2017 年《财富》杂志世界 500 强企业排名最新榜单显示，中国的上榜企业继续保持强劲增长态势，中国上榜公司数量创纪录地达到 115 家，仅次于美国上榜公司的 132 家，位列世界第二，远超排在第三位的日本（51 家）。其中，中国制造业有 24 家企业上榜，而且出现许多规模虽不大但几乎主宰其所在市场领域的企业。

改革开放以来，机电产品出口增速强劲，尤其是 1985 年国务院做出扩大机电产品出口的战略决策之后，中国靠劳动力成本低等优势抓住国际产业转移的机遇，大力推动机电产业发展。1995 年，机电产品首次取代纺织品和服装成为中国第一大类出口商品，并且连续多年占据所有出口商品的大半江山；2010 年，出口额首次跃居世界第一，打造了机电商品的荣耀时代；2017 年，机电产品出口总额达 8.95 万亿元，增长 12.19%，占全部商品出口总额的 58.4%。

中国加入世界贸易组织（WTO）的短短十几年间，"中国制造"让世界刮目相看，"中国的制造业发展潜力巨大，正逐渐成为世界制造业中心"的观点已经被多数人认同。目前，中国制造业正处于由低级向高级发展的中间阶段，要完全实现工业化，还要从"制造业大国"升级为"制造业强国"，根据发达国家的经验，至少还需要十几年的努力。从宏观上看，中国制造业发展很快，以至于现在有了"中国已经成为世界工厂"的说法。

3. 中国制造业存在的问题

（1）核心技术缺乏，80% 的高端技术依赖进口

目前中国制造业以劳动密集型产业居多，以技术密集型为主的高端装备制造业严重不足。在很多制造行业中，中国制造商占领的只是低端市场，而盈利丰厚的高端市场却被国外厂商所垄断。例如，制造芯片的光刻机、工程机械的液压系统、平板显示器的压缩芯片等，我们每制造出一个产品，就会被外资分去一部分相当丰厚的利润。据统计，100% 光纤制造装备，85% 集成电路芯片制造装备，80% 大型成套石油化工装备，70% 轿车工业装备、数控机床、纺织机械和胶印设备均被进口产品占领。

（2）产品附加值不高，利润低下

正因为中国制造企业缺失核心技术，所以中国产品的附加值往往不高，同质化现象非常严重。制造企业大多靠打价格战赢得订单，企业经常在竞争中自相残杀，相互压价，导致制造企业利润水平低下。比如，我们卖十台机床还不及人家卖一台机床，进口机床平均单价是出口机床的 400 多倍。

（3）劳动生产率偏低

中国制造业发展状况的特点被概括为"两高一低"：即制造业增长速度高，占国内生产总值的比例高；人均制造业增加值低。劳动生产率及附加值偏低是高速成长下的中国制造业无法掩饰的核心问题之一。中国科学院曾发布多份报告认为，中国劳动生产率相比发达国家严重滞后，只相当于美国的 1/12，日本的 1/11。

（4）产业结构不合理，传统产业仍占主导地位

目前中国制造业产业和产品结构不合理。一方面，造船、钢铁、水泥、煤炭等传统产业出现产能严重过剩的情况，而另一方面，大型数控装备、卫星航天、智能设备等高科技产业的产品却普遍不足，仍依靠进口。这就形成了我国制造业普通产品总量过剩，而体现竞争力的重大技术装备却不能满足要求的矛盾局面。目前，中国制造企业500强仍然是传统产业占较大比重，而世界500强则更多是以现代制造为主，这也是中国制造业与德国、美国制造业之间存在的区别。

（5）企业规模相对不大

虽然中国工业增加值在世界上名列第一，但中国制造业主要靠拼企业数量而取胜。以单个企业衡量，中国大部分制造企业规模仍然较小，许多企业都没有达到行业对规模经济的最低要求。尤其是与世界500强企业相比，中国制造企业与世界级制造企业在规模上的差距仍然十分显著。

（6）高耗能与高污染现象严重

中国制造业向来存在"高耗能、高排放、高污染"的"三高"现象，而这种高耗能、高污染、低效率、低产出的工业模式严重阻碍了其可持续发展。欧美等发达国家就是因为意识到了环境保护的重要性，所以将高污染的工业转移至发展中国家，而中国制造业则以牺牲资源和环境为代价，换来了第一制造业大国的称号，仅电机国内能效消耗就比国外高出15%～20%。目前发达国家使用的多为节能环保的高效电机，其效率已达到91%以上，而中国高效电机使用率仅为5%，其余大部分是低于标准规定的三级能效电机，平均效率为87%。

（7）品牌意识缺失

与国外企业相比，中国制造企业的品牌意识严重缺乏。据统计，在进入世界500强的中国企业中，有64%的企业没有对品牌进行全面保护。其中，大型工业企业对品牌未予以全面保护的比例竟高达80%，十分令人担忧。据统计，全球共有8.5万个品牌，其中著名品牌所占比例虽然不到3%，却拥有世界40%以上的市场份额，名牌产品的销售额占全球销售额的50%。可见，品牌对于提升产品附加值有重要影响，而这正是中国制造企业所缺乏的。2013年"世界品牌500强"排行榜显示，美国占据500强中的232席，而中国只有25个品牌入选，还不到美国品牌的11%。

知识点二：机电产品概述

1. 机电产品的分类

机电产品是指使用机械、电器、电子设备生产出的各类机械、电器、电子生产设备和生活用机具。

机电产品按设备与能源关系的不同可分为电工设备、电能发生设备、电能输送设备及电能应用设备、机械设备、机械能发生设备、机械能转变设备及机械能工作设备。

机电产品按部门需要的不同可分为金属切削机床、锻压设备、仪器仪表设备、木工设备、铸造设备、起重运输设备、工业窑炉、动力设备、电器设备、专业生产设备及其他设备等。

机电产品按其使用目的的不同可分为动力机电产品和工作机电产品两大类。

2. 机电产品的范围

机电产品主要包括重大技术装备、工作母机、动力机械、电工电子机械、仪表仪器、通用机械、专用机械及基础零件等。

（1）重大技术装备

重大技术装备主要包括大型火力、水力、核能发电装备，钢铁、冶金、石油、化工、港口、矿山、国防等配套的重大技术装备，成套生产线（如轧钢生产线，见图1-2）等。

图1-2 轧钢生产线

（2）工作母机

工作母机主要包括车床、铣床、钻床、磨床、数控机床及加工中心（图1-3）等。

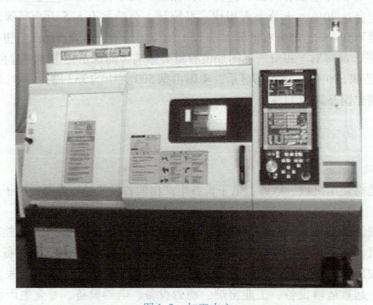

图1-3 加工中心

(3)动力机械

动力机械主要包括电机(如伺服电动机,见图1-4)、内燃机、汽轮机及锅炉等。

图1-4 伺服电动机

(4)电工电子机械

电工电子机械主要包括生产各种电子元器件的机械与设备等。

(5)仪表仪器

仪表仪器主要包括测量仪、传感器、测温器及三坐标测量仪等。

(6)通用机械

通用机械主要包括各种泵、空气压缩机(图1-5)、阀门、换热器及干燥器等。

图1-5 空气压缩机

(7)专用机械

专用机械主要包括拖拉机、矿山机械、汽车、船舶、飞机、火车及摩托车等。

(8) 基础零件

基础零件主要包括液压气动元件、密封件、轴承、刀具、量具、工具及齿轮等。

3. 机电产品的特征

(1) 技术特征

机电产品品种规格繁多、标准化要求高；工艺繁杂、要求高。

(2) 生产特征

机电产品零件制造已专业化；耗用的原材料数量和种类多。

(3) 市场特征

机电产品市场受国家政策影响；与行业发展程度有关；技术更新快；属于专业市场；市场活动比较理智。

4. 机电产品的基本结构

机电产品一般由机械、液压、气动、电气、控制、润滑等多个子系统组成，而各个子系统又由许多零件组成。系统之间、系统内部必须协调且有严格的精度要求，这样才能保证机电产品的工作性能达到用户要求。随着科学技术的不断发展，智能控制会逐渐代替现有的机械、电气控制等。

各类机电产品通常包括以下五个部分。

1) 原动力部分——如发电机、电动机等。

2) 传动部分——如带传动、齿轮传动及链传动等。

3) 执行部分——完成所需运动或能量的转换等，如车削运动、汽车行驶等。

4) 操作控制部分——如机控、电控、声控、光控及智能控制等。

5) 支撑部分——机电产品的主体结构，如汽车底盘、机床床身等。

说出你所知道的机电产品

1. 任务组织

以游戏的方式完成课程任务。

2. 任务内容

每个同学准备5min，按前面所讲的内容列出自己知道的机电产品；然后按学号或随机让一个同学说出1~3种机电产品，其他同学判断是否正确，看全班最后能说出多少种机电产品。或者每4人一组，全班进行比赛，哪一组列出的机电产品种类多且正确，哪一组就获得胜利。

3. 任务考核

教师根据同学或小组的表现给予表扬或指正，并强调本课程的成绩考核基于学生的学习过程，即各个任务的完成情况。具体考核见表1-1。

表 1-1　认知机电产品任务考核表

考核项目	考核内容	分　数	得　分
工作态度	按时完成任务	5分	
	格式符合要求	5分	
任务内容	机电产品定性准确	30分	
	能说出多种机电产品	35分	
团队合作精神	团队凝聚力强	5分	
	同学间有良好的协作精神	5分	
	同学间有相互服务的意识	5分	
团队间互评	该团队较好地完成了本任务	10分	

任务二　认知市场与市场营销

某公司给求职者出了一道考题。题目是：给你一批木梳，你如何尽量多地向僧人推销？出家人剃度为僧，没有头发，要木梳何用？应聘者或疑惑不解，或愤怒不已。因此只有三个人留了下来。招考人员对这三个人说，这批木梳可自取，数量不限，各人分头去推销，销得越多越好。一周为期，回来汇报销售成果及销售方法，公司择优录取。

期限一到，三个人都回来了。

第一个人卖出1把，他汇报说："我到寺庙向僧人推销木梳，遭到僧人们一番责骂。幸好，下山路上遇到一位小僧人歇在路旁，使劲挠头皮。于是我递上一把木梳，他很有兴趣地在头上梳起来，于是买了一把。此后又走了几处寺庙，处处都碰壁。"

第二个人卖了10把。他登上一座位于高山之巅的古庙。那里香客很多，但长途的跋涉与山风的吹拂，把香客们的头发都给弄乱了。他灵机一动，就跑到住持那里说，香客一心礼佛，可山风一吹，头发散乱，于佛祖不敬。如果在每个香案前放一把木梳，让善男信女们在拜佛前先梳理梳理头发，不是很好吗？住持觉得有理，于是买了10把。

第三个人卖了100把。他来到了一座香火很旺的古刹，那里进香朝拜者很多，而且都乐于"随喜""添油"，多有奉献。他对住持说，"香客虔诚，慷慨施舍，祈求保佑，寺庙若是向他们回赠佛家吉祥物，一可作为纪念，二可暖其心，三可扩大影响，一举多得，那该多好。木梳作用于头部，乃是理想吉祥之物，如果再印上大师飘逸的书法，一定大受欢迎。"住持闻言大喜，当场买了100把木梳，并将亲笔写的"和善梳""佛光梳"印在木梳上面。四方的香客闻知此事，都希望得到一把佛家木梳，于是该寺庙香火更旺了，住持还约请了他下周再送一批木梳来。

思考：

请同学们通过这个案例谈一下对市场营销的理解。

知识点一：认知市场

1. 市场的含义

传统观念：市场是进行交换的场所。

经济学家：市场是泛指特定产品或某类产品进行交易的买主和卖主的集合。

市场营销学对市场的定义是指具有特定需要和欲望，而且愿意并能够通过交换来满足这种需要或欲望的全部潜在客户。有

$$市场 = 人 + 购买欲望 + 购买能力$$

站在销售者的立场上，特定的人（即客户）就是市场。这些人有特定的属性：

1）有某种需要（欲望），如果没有需要，也就不会产生购买动机，更不会产生交换行为，无疑也就失去了营销的必要性与基础。

2）有满足这种需要的购买能力，产品的销售是一种有偿交换行为，不是无偿的赠予行为，这种购买能力最直接、最普遍地表现为买者拥有的货币数量（即一般所说金钱）的多少。

综上所述，有某种需要的人（动机）、为满足这种需要的购买能力、购买欲望是构成市场的三个要素。这三个要素是相互制约、缺一不可的，只有将三者结合起来才能构成现实的市场，才能决定市场的规模和容量。

从不同角度可以形成不同的市场类型。如从产品出发可分为服装市场、食品市场等；从生产流程出发可分为生产资料市场、消费品市场；从地理位置出发可分为国内市场和国际市场；从生产要素出发可分为人力市场、金融市场和技术市场等。

2. 市场流程

（1）简单的市场流程

简单的市场流程是促销与沟通的系统，如图1-6所示。

图1-6 简单的市场流程

（2）现代交换经济中的市场流程

现代交换经济中的市场流程如图1-7所示。

当代市场有以下特征：

1）市场的科技化。

2）市场的国际化。

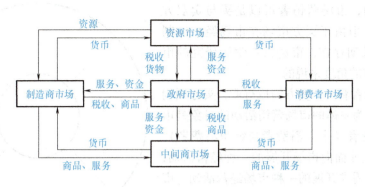

图 1-7 现代交换经济中的市场流程

3）市场的软化。
4）市场的绿化。
5）市场的标准化。
6）市场的差别化。
7）市场的替代化。
8）市场的高级化。

知识点二：认知市场营销

1. 市场营销的含义

"市场营销"一词来源于英语的"Marketing"，指企业的市场营销活动，也指市场营销学这一学科。从实质上讲，市场营销指的是一种活动，尤其是指企业的经营管理活动。它广泛地存在于各种主体之间的交换活动之中，因此，市场营销从实质上说是一种社会性的经营管理活动。

美国市场营销协会（AMA）关于市场营销的定义：市场营销是关于构思和劳务的设计、定价、促销和分销的策划与实施过程。

菲利普·科特勒关于市场营销的定义：市场营销是个人和群体通过创造并同他人交换产品和价值以满足需求和欲望的一种社会和管理过程。

市场营销的一般定义：市场营销是与市场有关的人类的活动，它以满足人类的各种需要和欲望为目的，是通过市场变潜在交换为现实交换的活动。

在现代市场经济环境下，从企业的角度来讲，市场营销是企业最核心的一项经营管理活动或经营管理职能。甚至可以说，企业众多经营管理职能中最显著、最独特、最核心的职能是市场营销。

现代市场营销贯彻"营销围着顾客转，企业围着营销转"的经营指导思想。企业财务管理、人力资源管理、生产管理、技术管理、供应管理等都是为营销活动提供后勤保障和服务的。这些管理也可以说都是花费、投入，只有在营销环节才有可能实现收入，从而有可能创利。传统企业与现代企业的组织架构如图 1-8 和图 1-9 所示。

市场营销可以是个人与个人、组织与组织或者组织与个人之间进行的一种交换活动。在交换双方中，如果一方比另一方更主动、更积极地寻求交换，就称前者为市场营销者，后者称为客户。因而，市场营销者可以是买与卖双方中的任何一方，但由于买方市场在市场经济体制下较为普遍且长期存在，市场营销学所研究的市场一般是从卖方的角度来说的。

在市场营销者看来，卖方构成行业，买方则构成市场。以企业为主体的市场营销活动的对象是市场，也就是消费者（个人消费者与组织消费者）。市场营销就是企业面向市场开展的一种经营活动，是企业围绕市场需求开展的一种市场经营活动。市场营销应当从了解市场需求开始，到满足市场需求结束，市场需求是市场营销活动的中心。

海尔集团张瑞敏指出：促销只是一种手段，但营销是一种真正的战略。营销意味着企业应该"先开市场，后开工厂"。用中国的一句古话讲就是："运筹帷幄之中，决胜千里之外。"

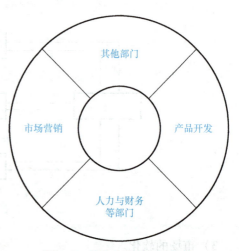

图 1-8　传统企业的组织架构

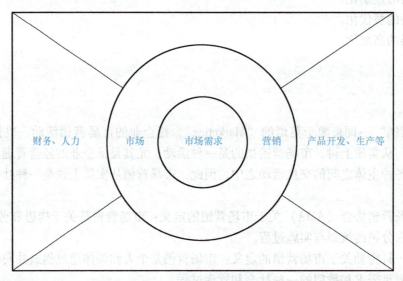

图 1-9　现代企业的组织架构

2. 市场营销涉及的概念

（1）需要、欲望和需求

人类的需要和欲望是市场营销活动的出发点。需要是指没有得到满足的感受状态，是人类与生俱来的基本要求。例如，人类为了生存，需要吃、喝、穿、住、行等生理性的需要，也包括爱、尊重、自我实现等社会性的需要。显然，需要早就存在于市场营销活动出现之前。

欲望是指想得到基本需要的具体满足物的愿望。在不同的文化、生活及个性背景下，同样的需要所产生的对特定物品的要求是不同的。比如，一个口渴的中国人为了满足解渴的生理性需要可能会选择茶，而一个口渴的法国人则可能选择咖啡来满足同样的需要。

需求是指对于有能力购买并且愿意购买某个具体产品的欲望。人类的需要有限，但其欲望却很多。当具有购买能力时，欲望便转化成需求。企业必须以消费者需求为核心，清楚需求的状况及可能的变化，需求是企业经营的起点，同时也是企业经营的终点。

将需要、欲望和需求加以区分，其重要意义就在于阐明这样一个事实，即需要是人类与生俱来的基本要求，存在于营销活动之前；市场营销者连同社会上的其他因素，只是影响了人们的欲望，并试图向人们指出何种特定产品可以满足其特定需要，进而通过使产品富有吸引力、适应消费者的支付能力而使之容易得到来影响需求。

（2）产品、服务和体验

人类靠产品来满足自己的各种需要和欲望。因此，可将产品表述为能够用以满足人类某种需要或欲望的任何东西。通常用产品和服务这两个词来区分实体产品和无形产品。实体产品不仅在于拥有它们，更在于使用它们来满足我们的需求。人们购买小汽车不是为了观赏，而是因为它可以提供一种叫作交通的服务。市场营销者的任务是向市场展示实体产品所包含的利益或服务，而不能仅限于描述产品的形貌。

无形产品是指那些看不见、摸不着的"无形"活动或利益，即服务。如咨询服务、保险服务、经纪服务等。

从更广泛的角度来讲，产品还可以包括体验。体验是一种创造难忘经历的活动，是企业以服务为舞台、商业为道具，围绕消费者创造出值得回忆的活动。例如，去迪士尼乐园就是一种体验。在竞争日益激烈的今天，体验已经成为企业能够触动顾客心灵的新的营销形式。

（3）顾客让渡价值、顾客满意和质量

顾客让渡价值是按照客户的主观心理感受来衡量的。实质上是顾客从产品中所获得的收益与所付出的成本的差额。顾客所付出的成本包括货币成本（如交通费、住宿费及购买付款等）和非货币成本（如时间、精力及精神成本等）。顾客价值包括货币价值（如产品价值的保值、增值等）和非货币价值（体现在产品的购买、使用过程中，如良好的服务引起的身心愉悦，优质的产品提升人的地位、形象等）。

客户在购买产品或服务时，总是希望能够最大限度地获得收益，付出较低的成本。所以，为了在竞争中取胜，吸引更多的潜在顾客，企业就必须通过不同的方式和途径让顾客获得更多的让渡价值。例如，企业可以通过不断改进自己的产品、提升自身的服务、在保证质量的情况下降低产品价格、改变销售模式等策略来提高顾客让渡价值。

创造顾客让渡价值的目的在于使顾客满意，进而达到顾客忠诚。顾客满意是指顾客对其期望被满足程度的感觉。菲利普·科特勒认为顾客满意是指一个人通过对一个产品的可感知效果或结果与他的期望值相比较后，所形成的愉悦或失望的感觉状态。当顾客从购买和消费某种产品中获得的效用与期望一致时，顾客就会满意；当所获得的效用低于期望时，顾客就会不满意；当获得的效用超出期望时，顾客就会非常满意。

可见，顾客满意是一种期望与可感知效果比较的结果，它是一种顾客心理反应，而不是一种行为。顾客满意对于企业来说有着重要的意义。一个高度满意的顾客会持久地忠诚于企业，会为企业和其产品说好话，对价格不敏感。所以，保持顾客高度的满意是企业工作的重点。

从狭义上理解质量，可将其定义为"无瑕疵"。随着竞争的加剧，客户对质量的要求不断提高，现在绝大多数以顾客为中心的企业对质量的定义已不再局限于"无瑕疵"，而是根据顾客满意来定义质量的。

（4）交换、交易和关系

人们有了需求，企业也将产品生产出来，还不能解释为市场营销，产品只有通过交换才使市场营销产生。人们通过自给自足、自我生产、偷抢或乞求方式获得产品都不是市场营销，只有通过等价交换，买卖双方彼此获得所需的产品，才产生市场营销。可见，交换是市场营销的核心概念。

市场交换一般包含五个要素：①有两个或两个以上的买卖者；②交换双方都拥有对方认为有价值的东西；③交换双方都拥有沟通信息和向另一方传送货物或服务的能力；④交换双方都可以自由接受或拒绝对方的产品；⑤交换双方都认为值得与对方进行交换。

这五个要素满足以后，交换才可能发生。交换是一个过程，而不是一个事件。如果双方正在洽谈并逐渐达成协议，称为正在交换中。如果双方通过谈判并达成协议，交易便发生。交易的方式有多种，如货币交易、易货交易以及由此衍生出的种种交易（如服务、观念等交易）。从逻辑上说，交易是某一方付出 X，得到另一方的 Y 作为回报。因此，市场营销就是要促成各种交易的发生，并使这种交易更加有效。

交换还是建立关系的过程。精明的市场人员总是试图与消费者、批发商、零售商以及供应商建立起长期互利、相互信任的关系。

(5) 市场营销的客体（对象）

在市场营销者看来，卖方构成行业，买方则构成市场。以企业为主体的市场营销活动的对象是市场，也就是用户（个人消费者与组织消费者）。市场营销就是企业面向市场开展的一种经营活动，是企业围绕市场需求开展的一种市场经营活动。市场营销应当从了解市场需求开始，到满足市场需求结束，市场需求是市场营销活动的核心。

说出你所知道的市场与市场营销

1. 任务组织

以游戏的方式完成课程任务。

2. 任务内容

把全班分成 8 个组，分别设置不同的主题进行讨论。

第 1 组：什么是市场？你们能说出多少市场？

第 2 组：你们认为市场营销的哪个定义好理解？营销的核心是什么？

第 3 组：营销与销售有何区别？

第 4 组：如何理解需要、欲望和需求？

第 5 组：产品、服务和体验的核心是什么？

第 6 组：如何理解顾客让渡价值、顾客满意和质量？

第 7 组：如何理解交换、交易和关系？

第 8 组：市场营销的主体和客体的核心是什么？

每个小组准备 15min，进行讨论、归纳，然后每组推举一人代表全组阐述结论，其他小组成员可以进行质疑，教师进行提问，培养学生的团队精神。

3. 任务考核

教师根据同学或小组的表现给予表扬或指正，并给予各组相应的成绩。具体考核见表 1-2。

项目一　认识机电产品营销

表1-2　认知市场与市场营销任务考核表

考核项目	考核内容	分　　数	得　　分
工作态度	按时完成任务	5分	
	格式符合要求	5分	
任务内容	对概念理解正确	20分	
	表达清晰	15分	
	回答质疑正确	15分	
	积极对他组质疑	15分	
团队合作精神	团队凝聚力强	5分	
	同学间有良好的协作精神	5分	
	同学间有相互服务的意识	5分	
团队间互评	该团队较好地完成了本任务	10分	

任务三　认知市场营销学的发展与机电产品市场营销

福特公司的营销观念

1. T型车的兴衰

当被问到"是谁发明了汽车？"这个问题时，许多人都会回答："亨利·福特"。这个普遍的误解正是对亨利·福特的赞美，因为是他使千千万万人拥有汽车的梦想成为可能。他的指导原则是："我要制造一辆适合大众的汽车，价格低廉，谁都买得起。"

T型车于1908年10月1日步入历史舞台。亨利·福特称其为"万能车"，它成为低价、可靠运输工具的象征。亨利·福特的经营哲学就是千方百计地增加T型车的产量，降低汽车的生产成本和销售价格，以便更多地占领汽车市场。T型车在20世纪20年代一直供不应求，亨利·福特的广告是"顾客可以想要他们喜欢的任何颜色的汽车，但是福特汽车只有黑色一种"。

到了1927年，T型车气数已尽。T型车虽然作了改进但多年来基本上没有变化，慢慢失去了市场。

2. "野马"驰骋市场

福特公司在正式推出"野马"轿车之时，采用了多种多样具有轰动效应的促销手段，真可谓奇招迭出，一鸣惊人。

"野马"汽车正式投放市场前四天，公司邀请了报界100多名新闻记者参加从纽约到迪尔本的70辆"野马"汽车大赛，这些车飞驰700英里无一发生故障，证实了"野马"

汽车的可靠性。于是，几百家报纸都在显著的位置热情地刊出了关于"野马"汽车的大量文章和照片。

在"野马"汽车投放市场的当天，福特在2600种报刊上登了全页广告，并在数家电视台播出广告短片：一幅朴素的白色"野马"在奔驰的画面，注上一行简单的字：真想不到，副题是：售价2368美元。新车照片同时出现在《时代》和《新闻周刊》封面上。

福特公司还在全国15个最繁忙的机场和从东海岸到西海岸的200家假日饭店的门厅里陈列了"野马"汽车。公司选择最显眼的停车场，竖起巨型的广告牌，上书"野马栏"以引起消费者的注意，激发人们的购买欲望。同时，福特公司向全国的小汽车用户直接寄发几百万封推销信，既达到了促销的目的，也表示了公司为顾客服务的态度和决心。此外，公司大量上市"野马"牌墨镜、钥匙链、帽子和玩具车，甚至在面包铺的橱窗里贴上广告："我们的烤饼卖得像'野马'一样快。"

"野马"诞生一周年的时候，"野马"汽车风行整个美国，各地还纷纷成立"野马"车会。

思考：
1) T型车体现了福特公司当时什么样的营销观念？为什么后来会失败？
2) "野马"汽车为什么成功，体现了什么营销观念？

知识点一：市场营销学的发展历程

1. 市场营销学的产生

市场营销学产生于20世纪初，创建于美国，在实践中得到不断完善和发展。它的形成阶段大约在1900—1930年。

人类的市场经营活动从市场出现就开始了，但直到20世纪之前，市场营销尚未形成一门独立的学科，19世纪末至20世纪初，美国开始从自由资本主义向垄断资本主义过渡，社会环境发生了深刻的变化。工业生产飞速发展，专业化程度日益提高，人口急剧增长，个人收入上升，日益扩大的新市场为创新提供了良好的机会，产业界对市场的态度开始发生变化。所有这些变化因素都有力地促进了市场营销思想的产生和市场营销理论的发展。

1902—1905年，密歇根大学、加利福尼亚大学、伊利诺伊大学和俄亥俄大学等相继开设了市场营销课程。1910年，执教于威斯康星大学的巴特勒教授正式出版了《市场营销方法》一书，首先使用"Marketing"作为学科名称。但此时的市场营销学讲授的还只是推销、广告等知识，真正的市场营销管理哲学还没有形成。

1929—1933年，资本主义国家发生了震惊世界的经济危机，生产严重相对过剩，产品销售困难，直接威胁着企业的生存。从20世纪30年代开始，主要资本主义国家市场明显进入供过于求的买方市场。此时，市场营销学有了很大的发展，学术著作日渐增多，理论体系逐步建立。但真正的现代市场营销学是在第二次世界大战后的20世纪50年代开始形成的。

2. 市场营销学的革命

第二次世界大战后，市场营销学从概念到内容都发生了深刻的变化。战后的和平条件和现代科技的进步促进了生产力的高速发展。社会产品数量剧增，品种日新月异，买方市场全面形成。另一方面，西方国家政府先后推行所谓高工资、高福利、高消费的政策，并且缩短了工作时间，大大刺激了市场的需求，使市场需求在数量与质量方面都得到了很大提高。在这种情况下，传统的市场营销学已不能继续适应企业市场经营的需要，需要进行重大变革。于是，营销理论出现了重大突破，现代市场营销管理理论哲学以及一整套现代企业的营销战略、策略和方法应运而生。西方国家有人把这一变化称为"营销革命"，甚至把它同产业革命相提并论。

3. 市场营销学的蓬勃发展

20世纪50年代以后，各种营销学理论层出不穷，各种营销学著作如雨后春笋般纷纷出版，市场营销的地位得到空前的提高，在实践中取得显著的效果，受到社会各界的普遍重视。与此同时，美国的市场营销学又先后传入日本、西欧等国家与地区。可以说，市场经济越发达，市场营销学也越盛行。

4. 市场营销在中国的传播

（1）中华人民共和国成立之前

20世纪30~40年代，市场营销学在中国已有零星的传播。现存最早的教材是丁馨伯编译的《市场学》，由当时的复旦大学于1933年出版。当时一些大学的商学院开设了市场学课程，教师主要是欧美留学归来的学者。

（2）中华人民共和国成立至改革开放之初

中华人民共和国成立后一直到改革开放之初，由于西方的封锁和中国实行高度集权的计划经济体制，商品经济受到一定的限制，市场营销学在中国的研究进展非常缓慢。

（3）20世纪80年代以后

随着中国社会主义市场经济体制建设的日益深入，买方市场全面形成，中国经济与世界经济一体化速度加快，中国企业面临着空前激烈的市场竞争。20世纪80年代以来，为适应中国市场经济建设的需要，以美国西北大学教授菲利普·科特勒的营销理论为主流的西方国家一些较为成熟的市场营销理论被逐渐引进中国。

进入21世纪后，中国营销学界一方面密切关注国外市场营销研究的最新进展，广泛吸收中国市场经济建设中既需要又可行的前沿理论和观点，另一方面也密切关注国内市场营销理论与实践的新发展，积极吸纳市场营销新成果，努力形成既具有中国特色、能解决中国本土问题，又适应国际市场竞争要求的中国市场营销理论，逐步实现市场营销理论研究和实践应用国际化与本土化的完美结合。

知识点二：各种市场营销观念

1. 生产观念

企业认为消费者喜欢那些随处可买到的价格低廉的产品。生产导向型组织的管理者会致力于追求更高的生产效率和更广泛的分销范围。

生产观念认为生产是最重要的，只要生产出有用的产品，就一定有人要。顾客关心的主要是产品价格低廉和可以随处购得等，因而经营者主要注意力集中在追求生产率和建立广阔的销售网络上。

在产品供不应求的卖方市场时代，这种大量生产、降低价格的思想尚有其生命力。而如今大多数商品已经供过于求，厂商竞争激烈，这种生产导向无疑已严重过时。

亨利·福特去参观屠宰场，看见一整只猪被分解成多个部分，分别出售给不同的消费群体。受此影响，福特的脑海中产生了灵感，为什么不能把汽车的制造反过来，将汽车的生产与屠宰场的挂钩流水线一样，把零部件逐一安装起来，就可组装成整车。福特把他的想法付诸实践，由原来单件小批量的生产转变成大批量生产，生产效率大幅度提高，产量大大增加，财富也高速积聚。

2. 产品观念

企业认为顾客最喜欢那些高质量、多功能和具有某些特色的产品。在产品导向型组织里，管理层总是致力于生产优质产品，并不断改进产品，使之日臻完善。

产品观念是以产品为中心的企业经营指导思想。产品观念认为产品是最重要的因素，消费者总是欢迎质量最优、性能最好的产品。因此，产品导向型企业致力于制造优质产品，并经常改进。

产品观念导致"营销近视症"，即过分重视产品质量，看不到市场需求及其变动，只知责怪顾客不识货，而不反省自己是否根据需求提供了顾客真正想要的货。

有一家办公用公文柜的生产商，过分迷恋自己的产品质量与外观精美。生产经理认为，他们生产的公文柜是全世界质量最好的，从四楼扔下来都不会损坏。当产品拿到展销会上推销时却遇到了强大的销售阻力，这使得生产经理难以理解，他觉得产品质量好的公文柜应获得顾客的青睐。销售经理告诉他，顾客需要的是适合他们工作环境和条件的产品，没有哪一位顾客打算把他的公文柜从四楼扔下来。

3. 推销观念

如果对消费者置之不理，他们不会大量购买本组织的商品，因而组织必须主动推销和积极促销。推销观念大量被用于非渴求商品的销售。

推销观念（或称销售观念）是许多厂商向市场进军的另一种普遍观念，是以销售为中心的企业经营指导思想。推销观念认为：消费者通常有购买迟钝或抗拒购买的表现，如果任其自然发展，消费者将不会购买本企业太多的产品。因此，企业必须大力开展推销和促销活动，刺激消费者做出更多的购买行为。

推销观念产生于现代工业高度发展的时期，此时，生产能力已增长到使大多数市场成为买方市场。目前，我国推销观念泛滥一时。潜在的顾客受到电视广告、报刊广告、推销访问、网络广告、微信广告等的包围，到处都有人试图推销某种东西给他。这反而招致顾客的反感和抵触，使推销活动往往事倍功半——推销也就进入了"怪圈"。

顾客到汽车样车陈列室参观，推销员就对顾客作心理分析。如顾客对正在展销的样车产生兴趣，推销员就会告诉顾客已经有人想购买它了，促使顾客立即做出购买决策。如果顾客认为价格太高，推销员就接着请示经理可否降价，顾客等了10min后，推销员告诉顾客"老板本不想降价，但我已说服他同意了"。

4. 市场营销观念

市场营销观念认为要达到企业目标，关键在于断定目标市场的需要，并且比竞争者更有效地满足顾客的需求。

与前三种观念最大的区别在于：前者以卖方需要为中心，而营销观念则以买方需要为中心；推销是卖方满脑子要把产品换成现金的需要；而营销则是通过帮助消费者满足其需要而获得应有的报酬。

第二次世界大战之前，福特汽车公司依靠老福特的黑色T型车取得了辉煌的成就，但福特过分相信自己的经营哲学，而不去管市场环境的变化和需求的变动。而时任通用汽车公司首席执行官的斯隆，觉察到战争给全世界人民所带来的灾难，特别是从战场回来的青年人，厌倦了战争的恐怖与血腥，期望充分的享乐，珍惜生命，因而对汽车的需求不再是单调的黑色T型车。通用公司抓住需求变革的时机，推出了适应市场需要的汽车，很快占领了市场，把福特从汽车大王的位置上拉了下来，取而代之成了新的汽车大王。

5. 社会营销观念

市场营销组织的任务是确定诸目标市场的需求、欲望和利益，并以保护或提高消费者和社会福利的方式，比竞争者更有效、更有利地向目标市场提供顾客所期待的满足。

社会营销观念是营销观念的发展和延伸，强调企业向市场提供的产品和劳务不仅满足消费者个别的、眼前的需要，而且要符合消费者总体和整个社会的长远利益。企业要正确处理消费者欲望、企业利润和社会整体利益之间的矛盾，统筹兼顾，求得三者之间的平衡与协调。

各种营销观念的差异见表1-3。

表1-3 各种营销观念对照表

营销观念		市场背景				经营重点	口号与态度	经营程序	经营手段	经营目的
		生产力	科技	供求	市场	竞争				
传统营销观念	生产观念	低下	缓慢发展	供<求	卖方市场	买方间进行	产品	以生产为中心，生产什么，就卖什么	产品—市场	提高劳动生产率，增加产量	增加产量，获取利润
	产品观念	发展	加快发展	供≤求	卖方市场	买方间进行	产品	以生产为中心，只要产品好，不愁没销路	产品—市场	改进与提高产品质量，提高劳动生产率	增加产量，获取利润
	推销观念	较大发展	加快发展	供≥求	由卖方市场向买方市场过渡	卖方间进行	产品	以生产为中心，我卖什么，你买什么	产品—市场	推销广告	增加销量，获取利润

(续)

营销观念		市场背景				经营重点	口号与态度	经营程序	经营手段	经营目的
		生产力	科技	供求	市场	竞争				
现代营销观念	市场营销观念	高度发展	迅速发展	供>求	买方市场	卖方间竞争激烈	顾客	以需定产，顾客是上帝	市场—产品—市场	整体营销	满足需求，获取利润
	社会营销观念	高度发展	迅速发展	供>求	买方市场	卖方间竞争激烈	顾客社会利益	以需定产，满足需求，增进社会公共利益	市场—产品—市场	整体营销	满足顾客需求，增进社会利益，企业获取利润

知识点三：机电产品市场营销

1. 机电产品市场营销的概念

机电产品市场营销是市场营销的一个重要分支，接近于工业品营销的范畴，但与工业品营销又有所区别，它不包括工业品（包括初级产品和工业制成品）范围中的工业初级产品（主要是原材料，如矿产品、钢材、建材及纺织纤维等）的营销。机电产品营销是制造商（企业）对制造商（企业）、组织、机构、政府等组织市场间的营销，也可以说主要是制造商（企业）间的营销。

中国由于长期对机电产品实行计划经济，以国家调控为主，机电产品生产企业对外开放的步伐较晚也较慢，在加入 WTO 后由于竞争加剧，到 21 世纪初才开始对制造商（企业）间的营销进行深入研究。

2. 机电产品市场营销的特点

（1）客户（用户）数量相对较少，但比较集中，单次购买量大

机电产品的客户主要是制造商（企业）、机构、组织、政府等，因此客户数量相对其他消费品的客户来讲少得多，而目标客户就更少了。例如，新建一条设备生产线，购置各种配套生产设备时动辄几万元、几十万元甚至几百万元。所以机电产品生产企业做广告时往往不像消费品企业那样"铺天盖地"，而是必须树立品牌，锁定目标客户进行重点突击，有的放矢。

（2）专业、理性购买，购买决策复杂

机电产品往往是大宗产品，单次购买费用高，购买次数少。因此，客户在购买机电产品时一般都比较谨慎，担心性能、参数不对或价格高了，在购买过程中会有较多的核心人员参与，属于专业、理性购买。例如，某企业购买一套机械设备时，会有采购部、工程部、技术部、财务部及公司高层等组成采购小组，对所购产品的企业、产品本身的性能参数及售后服务等进行多方面考虑。

（3）通常采取直接购买的方式

由于机电产品成交金额比较大，客户往往直接与制造企业联系，实地考察，亲自考核，

直接购买。而制造企业为了将企业形象、产品信息更好地传达、展示给目标客户，会采取直接销售的模式组建自己的销售队伍，面对面地与客户沟通，通过业务熟练、形象良好的企业直销人员树立企业的良好形象，博得客户的信任。当然，制造商也需要挑选、培训一批实力、能力比较强的代理商或其他中间商。

（4）定制采购，注重服务

机电产品尤其是智能化的机电产品技术含量比较高，加上客户对产品的特殊要求，许多客户会选择通过招标的形式提出自己的技术要求和相关条件，而供应商则根据客户的需求组织技术队伍进行产品定制化设计，以满足客户需求。因此，供应商要与客户签订《机电产品买卖合同》，用于约定双方的权利与义务、违约责任等，一般还会要求客户给付一定的定金。机电产品是再生产产品，对用户来讲服务尤其重要，包括售前、售中、售后服务等。

（5）派生需求，缺乏弹性

机电产品市场可以说是派生市场，其需求也是派生需求，是由客户对产品的需求而派生出来的需求。没有客户对产品的需求，就不会有制造商对设备等的需求。由于机电产品市场的需求是派生需求，只要产品的需求存在，机电产品的需求就必然存在，不会因产品市场的波动而有太大的影响。

因为机电产品市场的需求取决于生产过程、生产特征，只要企业不改变生产方式或产品种类，需求就会存在。例如，电气控制柜生产企业不会因为可编程控制器（PLC）的涨价而少买或者放弃购买可编程控制器；汽车生产企业也不会因为变速器价格的下跌而大量采购变速器。

机电产品营销与一般市场营销的区别见表1-4。

表1-4 机电产品营销与一般市场营销的区别

	机电产品营销	一般市场营销
面对市场的购买行为特点	完全理性市场，客户要能消化其成本，因此要具有价格或性价比优势	感性，半理性，理性机会并存，不同消费者消费行为不同
通路特点	几乎无通路，须直接面对顾客，顾客增长幅度与营销努力成正比	通路绝对重要，是其营销工作及管理工作的重点，而顾客（销量）增长来自广告宣传、经销商及营销管理三方面
营销战略	基于整体市场把握，而无法将营销计划分解到周或月中	基于区域市场把握，可以细分到周、月的营销计划
营销努力的反应	滞后，严重滞后	新品有滞后现象，随后滞后性逐渐消失
营销业绩	80%来自直接拜访或展销会，而且重复消费的多寡是决定营销业绩的关键	80%来自主力经销商，而业务人员的主要工作是协助其发展。整理、评估、更新网络
营销成长曲线	长期较缓慢后，慢慢加速	有明显的导入成长、成熟、衰退的变化且更新换代快
营销管理	营销攻击波，市场特攻队巡回拜访，榜样客户	广告，促销，经销商政策

（续）

	机电产品营销	一般市场营销
人员要求	善于寻找新客户，发现新需求，理解企业工艺成本构成、销量状况	善谈判，协助市场开发，理解经销商及消费者的心态
用户特点	多而杂，很难总结，要么同类聚在一起，要么分得很开，目标市场管理很困难	单一，理解和深入较容易

撰写《机电企业市场营销调查报告》

1. 任务组织

以小组为单位，小组规模一般为 3~5 人，每小组选举一名小组长协调小组的各项工作，教师提出必要的指导和建议，组织学生进行经验交流，并针对共性问题在课堂上组织讨论和专门讲解。

2. 任务内容

每小组通过网络或实地调查了解一家机电产品生产企业相关市场营销方面的信息（包括企业基本情况、产品特性、营销在企业中的地位、经营团队的营销理念等），提交一篇 1000 字以上的调研报告。文档资料格式：A4 页面，字体是小四号，行间距为 1.5 倍，注意段首缩进。

3. 任务考核

教师根据同学或小组的调查报告给予表扬或指正，并视完成情况给予成绩。具体考核见表 1-5。

表 1-5　机电企业市场营销调查报告任务考核表

考核项目	考核内容	分　数	得　分
工作态度	按时完成任务	5 分	
	格式符合要求	5 分	
任务内容	企业基本情况齐全	15 分	
	企业主要产品情况清楚	15 分	
	了解营销在企业中的地位	15 分	
	知道经营团队的营销理念	20 分	
团队合作精神	团队凝聚力强	5 分	
	同学间有良好的协作精神	5 分	
	同学间有相互服务的意识	5 分	
团队间互评	该团队较好地完成了本任务	10 分	

> **知识拓展**

请同学们通过互联网搜索或图书资料查找现代营销的理念：整合营销、大市场营销观念、整体营销观念、关系营销、文化营销、全面营销、4C 和 4R，并结合自己的理解进行交流。

职业能力训练

一、填空题

1. 机电产品的特征主要有_____、_____、_____和_____。
2. 机电产品一般由_____、_____、_____、_____和_____组成。
3. 市场主要由_____、_____和_____构成。
4. 市场营销的观念主要有_____、_____、_____、_____和_____。

二、简答题

1. 机电产品包括哪些产品？
2. 什么是市场营销？什么是机电产品市场营销？
3. 机电产品市场营销的特点主要有哪些？

项目二

寻找机电产品市场机会

▶ 知识目标

1. 熟悉机电产品市场调研的方法。
2. 熟悉机电产品市场调研的分析方法。
3. 理解机电产品市场的细分方法。
4. 熟悉机电产品目标市场的选择方法。
5. 理解目标市场的营销方法。

▶ 技能目标

1. 能撰写机电产品市场调研报告。
2. 能细分机电产品市场。
3. 能初步选择机电产品目标市场。

▶ 提交成果

1. ×××产品市场调研报告。
2. 机电产品市场细分报告。
3. 机电产品目标市场选择分析报告。

开篇案例

市场细分：指引蓝海航线的罗盘

S企业是一家生产工业电气自动化产品的企业，技术和服务可以满足很多细分市场中的客户需求，几乎涵盖了所有生产型的工业企业。创业初期，S企业对市场需求有了初步的了解后，决定将市场定位于电力、钢铁、石化、港口、建材和煤炭等重工业部门。

在接下来的市场推广过程中，该企业四面出击，却不幸在各个行业屡屡遭到竞争对手的强烈阻击，均无功而返。经过一番研究，该企业不得不接受这样一个事实：各个行业

对产品的基本需求相同，但附加功能的价值需求却千差万别，只有对行业设备与工艺情况、行业标准进行深入了解后，才能满足客户的独特价值需求。此前的屡战屡败正是由于对市场的细分过于粗浅。

经过分析后，S企业决定在"诸侯割据"的市场中重新寻找属于自己的市场生存空间，不求最大，只求能够满足自己的生存需要。通过对市场的进一步分析，发现自己的产品功能最能满足火力发电厂对控制方面的需求，而这个细分市场上的竞争对手无论是在企业规模还是产品质量上都无法与自己相比。于是，S企业果断放弃了其他行业的机会，集中一切资源开拓火力发电企业这个细分市场。通过一番努力，如今S企业生产的产品在发电企业这个细分市场中已经占据了75%的市场份额，成为当之无愧的市场领袖。

思考：
S企业为应对市场环境采取了哪些措施？

任务一　调研机电产品市场

某公司洗碗机的市场调研

当某公司将自动洗碗机投向市场时，销售情况格外惨淡。而后，公司的营销策划专家寄希望于广告媒体，在各种报纸、杂志、广播和电视上反复广而告之"用洗碗机洗碗比用手洗更卫生，因为可以用高温水来杀死细菌"。同时，还宣传自动洗碗机清洗餐具的能力，在电视广告里示范表演了清洗被烘烤食品弄得一塌糊涂的盘子的过程。努力之后消费者对洗碗机仍是敬而远之。

自动洗碗机的设计构思和生产质量都是无可挑剔的，但为什么一上市就遭此冷遇呢？消费者究竟是怎样想的呢？

经过分析发现，洗碗机遭受冷遇的原因有以下几个方面。

第一，传统价值观念作祟，消费者对新事物的偏见，技术上的认知匮乏，消费风险的不可预见，消费能力的差距，使自动洗碗机难以成为畅销产品。持传统观念的消费者认为，男人和十几岁的孩子都能洗碗，自动洗碗机在家庭中几乎没有什么用处，即使使用自动洗碗机也不见得比手洗得好。而家庭主妇则认为，自动洗碗机这种华而不实的玩意儿，有损勤劳能干的家庭主妇的形象。并且在现实生活中，大多数家庭只有三四口人，吃顿饭不过洗七八个碗和盘子而已，花上千元买一台耗电量达数百瓦的洗碗机，消费者怎么算都不划算。

第二，有些追赶潮流的消费者倒是愿意买洗碗机以方便生活，但是机器洗碗事先要做许多准备工作，这样既费时费力又增添了不少麻烦，到最后发现还不如手洗来得快。并且很多家庭厨房窄小，安装困难也使消费者望"机"兴叹。另一些消费者虽然欣赏洗碗机，但对于它的价格难以接受。

第三，自动洗碗机单一的功能、复杂的结构、较高的耗电量和较高的价格也是它不能市场化、大众化的原因。

思考：
市场调研对这家公司的产品有何意义？

知识点一：市场调研的特点与方法

1. 市场调研的含义

市场调研是以提高营销效益为目的，有计划地收集、整理和分析市场的信息资料，提出解决问题的建议的一种科学方法。市场调研也是一种以顾客为中心的研究活动。

2. 市场调研的特点

市场调研具有五大主要特点，不同特点的表现见表2-1。

表2-1 市场调研的特点

特　　点	表　　现
系统性	1）市场调研作为一个系统。首先，调研活动是一个系统，包括编制调研计划、设计调研方案、抽取样本、访问、收集资料、整理资料、分析资料和撰写分析报告等 2）影响市场调研的因素也是一个系统，诸多因素互联构成一个整体
目的性	任何一种调研都应有明确的目的，并围绕目的进行具体的调研，从而提高预测和决策的科学性
社会性	1）调研主体与对象具有社会性。调研的主体是具有丰富知识的专业人员，调研的对象是具有丰富内涵的社会人 2）市场调研内容具有社会性
科学性	1）科学的方法 2）科学的技术手段 3）科学的分析结论
不稳定性	市场调研受多种因素影响，其中很多影响因素本身都是不确定的

3. 市场调研的方法

（1）文案调研法

文案调研法又称为间接调研法，是指通过查阅、收集历史和现实的各种信息、情报资料，并进行甄别、统计分析得到调研者想要的各种资料的一种调研方法。在对某产品进行市场调研时，若市场资料有限，但已有一些可靠的文案资料时，就可以使用文案调研法。

文案调研资料的来源有企业内部资料、企业外部资料、互联网和在线数据库资料的收集。

企业内部资料包括企业业务资料、统计资料、财务资料及其他资料。

企业外部资料的收集主要有以下几个渠道：各统计部门与各级政府主管部门公布的有关

资料，各种专业信息咨询机构、经济信息中心、行业协会和研究院所提供的市场信息和行情发展报告，国内外公开或内部发行的出版物，各地电视台和广播电台提供的市场信息，各种国际组织、外国使馆、驻外使馆和商会提供的国际市场信息，各类研究机构、科研院校提供的研究论文集、调研报告，各类专业组织提供的调研报告、研究报告、统计报告及其他相关资料，国内外各种博览会、展销会、交易会和订货会。

互联网和在线数据库资料的收集：通过互联网和在线数据库，调研员可以搜集到世界各国、各地区和各类企业甚至是个人的相关信息和资料，资料形式包括文章、报告、统计资料、各种记录等，主要内容涉及与调研课题相关的市场环境资料，各国家或地区宏观层面的资料，各国家或地区企业、个人微观层面的资料和数据等。由于具有容易进入、查询速度快、数据容量大等优点，互联网和在线数据库已经成为人们进行市场调研和学术研究获取数据的重要来源。

最常用的文案调研法有以下几种：参考文献查找法、检索工具查找法、咨询法和其他的一些常用方法。其中，检索工具查找法是利用已有的检索工具查找文献资料的方法，按照检索工具的不同可分为手工检索和计算机检索。

实施文案调研一般包括以下几个步骤：①确定需求信息；②确定资料收集的范围和内容；③确定资料的来源和渠道；④确定收集资料的方法；⑤搜集与分析评价；⑥整理资料。

使用文案调研法进行市场调研时，调研人员只需花费较少费用和时间就可以获得有用的信息资料，收集资料的范围广而不受时间空间的限制，而且由于收集的资料多为书面形式，信息的内容较为真实客观不易受调研人员主观因素的干扰。但是文案调研法所得到的资料大多与调研时间有一定的间隔，不能够及时反映新情况、新问题；而且这些资料并不能完全符合调研要求，需要进一步加工处理，这就要求调研人员有一定的专业技能和理论知识，因此也限制了这种方法的使用。

（2）访问调研法

访问调研法是指调研员以直接访谈询问的方式，或通过邮寄、电话、问卷、座谈以及个人访问形式，向被调研者搜集市场资料的一种方法，是基于问答模式获取和搜集信息的方法。

按访问形式和内容传递方式的不同，可以将访问调研法分为面谈调研、电话调研、邮寄调研、留置问卷调研、日记调研和网上访谈等。

1）面谈调研是调研员根据调研提纲直接访问被调研者，当面询问有关问题。面谈调研能够获得较高的回答率，所获得信息的可靠性较高、具有针对性。但这种调研法调研时间长、成本高，对调研人员的素质要求较高，样本的选取受时间和空间的约束较强。

2）电话调研是由调研员通过打电话询问，向被调研者了解有关信息的一种调研方法。电话调研可以快速获得市场信息，节省大量的调研费用和时间，调研的覆盖面也较广，受地理区域的限制较小。

3）邮政调研又称为邮寄调研，是将调研问卷邮寄给被调研者，由被调研者根据调研问卷的填写要求填写好后再寄回给调研者的一种调研方法。该方法具有调研区域不受限制、调研成本较低、资料可靠性较高的优点，但调研的周期较长，也无法判断资料的可靠程度。

4）留置问卷调研是调研员当面将调研表格或问卷交给被调研者，在告知调研意图和要求后，由被调研者自行填写回答，再由调研员按约定日期收回表格或问卷的一种调研方法。

这种调研方法形式灵活、回收率高、费用较低、答卷时间长、信息可靠性高，但调研周期相对较长、缺乏互动性。

5) 日记调研是指对固定样本连续调研的单位发放登记簿或账本，由被调研者逐日逐项记录，再由调研员定期加以整理汇总的一种调研方法。这种调研方法适用于研究动态规律，具有成本费用低、资料来源可靠、数据全面系统的优点。但该方法周期长、样本量相对较少，对数据处理水平要求较高。

6) 网上访谈也称网络访谈或联机访谈，是借助互联网与被调研者交流的方法。其具体方法为：根据调研的目的选择调研对象，通过事先邀请，告诉被调研者所要进行的调研内容，让其在指定时间同时登录网站，进行访谈交流，获得市场调研资料。网上访谈具有经济、快速和方便的优点，可以节省大量的时间和各种费用，尤其是随着网络的普及，调研费用会越来越低。同时，网上访谈法不用考虑时间和空间的限制，可以进行24h全天候调研，各地方的人都可以在一起匿名交流，从而在最大范围内获得相对真实可靠的信息。

(3) 观察调研法

观察调研法是指调研员通过直接跟踪，记录感兴趣的人和事物的行为轨迹，从而获得所需资料的一种方法。观察调研法是市场调研中使用较多的一种调研方法，主要凭借调研员的感官和各种记录工具，深入调研现场，在不惊动被调研者的情况下通过直接观察并记录其行为，达到收集市场信息和资料目的的一种方法。

观察调研法的应用：观察顾客的行为、商品资源和商品销售前景、营业状况。

观察调研法的基本类型：直接观察法和间接观察法，根据调研双方接触程度的不同，可以将观察调研法分为直接观察法和间接观察法；完全参与性观察、非参与性观察和不完全参与性观察，这种分类方法主要是基于调研人员参与被调研对象的活动的程度。

观察调研法的优点：及时性、适用性较强，方式灵活多样，获得的资料相对真实可靠。

观察调研法的缺点：观察者的调研活动往往受时空条件的影响，很难深入了解被调研者内心世界的活动，所以应用观察法时应扬长避短，尽量减少观察误差；观察活动受时空限制较强，无论是观察者还是被观察者都有可能受到环境和情绪的影响，从而导致调研结果可靠性下降。

(4) 实验调研法

实验调研法也称为试验调研法，是实验者按照一定的实验假设、通过改变某些实验环境的时间活动来认识实验对象的本质及其发展规律的调研。

实验调研的基本要素是：1) 实验者，即实验调研的有目的、有意识活动的主体，他们都以一定的实验假设来指导实验活动；2) 实验对象，即实验调研者所要认识的客体，他们往往被分成实验组和对照组两类；3) 实验环境，即实验对象所处的各种社会条件的总和，它们可以分为人工实验环境和自然实验环境；4) 实验活动，即改变实验对象所处社会条件的各种实验活动，它们在实验调研中被称为"实验激发"；5) 实验检测，即在实验过程中对实验对象所做的检查或测定，可以分为实验激发前的检测和实验激发后的检测。

(5) 网络调研法

网络调研法又称为网络调研法或网上调研法，是企业利用互联网搜集和掌握市场信息的一种重要调研方法。网上调研法是通过网络有计划、有组织、系统地搜集、调研、记录、整理和分析相关市场信息，为客观测定及评价当前市场及潜在市场提供依据的调研方法。它的具体操作过程：将问卷发布在网上——访问者答卷——数据处理（由计算机自动完成）——获得相关信息。

互联网作为一种信息沟通渠道和工具，具有其他信息搜集工具所不具有的许多特点，如成本低廉、方式快捷、结果客观真实和回馈信息翔实等。

网上调研法的应用范围：产品消费调研、社会民情民意调研、广告效果、企业生产经营情况和竞争对手研究等。

按照调研资料的来源和性质的不同，可以将网上调研法分为直接调研方式和间接调研方式。

直接调研方式即网上直接调研法，是利用互联网直接进行问卷调研或互动交流来收集一手资料的方法。常用的直接调研法有访谈法、邮件调研法、站点法、委托合作市场调研法和随机 IP 法。

间接调研方式即网上间接调研法，主要针对二手资料进行收集，是指利用互联网收集与企业营销相关的市场、供需、竞争者及宏观环境等信息的方法。

网上调研与传统的市场调研一样，为了保证调研质量，一般采用以下步骤：明确问题与确定调研目标，根据调研目的选择合适的搜索引擎；确定调研对象，如企业产品的客户或企业的竞争者；制订调研计划，在做完第一步和第二步的工作后，就可以制订详细的调研计划，确定调研的方式和内容了；对调研对象进行调研，收集信息；对信息进行加工、整理、分析和运用；撰写调研报告。

网上调研应注意的问题：认真设计在线调研问卷、重点保护个人信息、吸引尽可能多的网民参与调研、用最优组合模式。

市场调研要将重点放在客户需求方面，从而把握市场现状。要时刻心系市场需求、客户购买行为和营销综合因素这三项重要内容。在进行实际市场调研工作时，要根据自己调研的目的、时间和经济效益确定调研方法，从而选择最合适的调研方法。调研员既可以选择某一种调研方法，也可以根据具体调研目的和需要、被调研人群的不同结构分布，结合各种调研方法的特点采取多种调研方法组合应用的方式。

知识点二：机电产品市场调研方案

调研方案就是根据研究的目标，确定合适的调研对象、调研内容，选择合适的调研方法，确定调研时间，进行经费预算，并制订具体的调研组织计划。就是在调研实施之前，调研机构及其工作人员依据调研研究的目的和调研对象的实际情况，对调研工作的各个方面和全部过程做出总体安排，以提出具体的调研步骤，制定合理的工作流程。

一份完整的市场调研方案由以下几部分构成：确定调研目的，确定调研内容，确定数据来源和调研方法，设计测量工具，确定调研对象、抽样框，进行抽样设计，确定数据分析的方法，确定调研的经费及进度安排等。

在调研目的与研究意义中主要回答以下四个问题：1）决策者需要解决什么决策问题？2）与该决策问题相关的现状怎样？3）目前的状况下解决该决策问题存在何种困难？4）解决此决策问题有何意义？

1. 确定市场调研问题

根据项目任务的要求收集市场调研资料，分析问题的背景，与决策者沟通交流的注意事项，进一步明确调研问题，设计市场调研方案。

(1) 明确调研意图

1) 与企业决策者进行沟通交流。选择恰当时机和方式对企业决策者进行访问，对问题进行初步分析，导致企业必须采取行动、进行决策转变的事件，如企业销售在短期内突然出现市场份额的下降。针对以上问题，分析最可能的影响因素，以及决策者可以选择的不同措施。企业决策者希望的市场情况是什么？评价相关新措施的不同选择标准、与制定新措施相关的企业文化。

2) 与产业专家进行沟通交流。选择合适的人选，寻找有效的接触渠道，提供必要的背景资料、合理的报酬与要求。

(2) 分析问题的背景

1) 了解企业概况。了解企业历史资料和未来预测，了解企业销售、市场份额、盈利情况、技术、人口和生活方式有关的历史资料及趋势预测，能够帮助调研人员理解潜在的营销调研问题。了解企业可利用资源和调研所面临的限制条件。

2) 了解企业的环境。了解企业所处的法制环境，包括公共政策、法律、政府代理机构。重要的法律领域包括专利、商标、特许使用权、交易合同、税收及关税等，法律对营销的每一个组成部分都有影响。了解企业所处的经济环境，包括购买力、收入总额、可支配收入、储蓄及总的经济形势。了解企业的营销手段（4P），以及产品包装、品牌忠诚度、品牌价值、产品生命周期、新产品市场前景及产品售后服务等。

3) 了解竞争对手。对竞争对手一般性的调研，如不同企业的市场占有率、经营特征、竞争方式、同行业竞争结构和变化趋势等。针对某一具体对手的调研，如竞争对手的业务范围、资金状况、经营规模、人员构成、组织结构、产品品牌、价格、性能及渠道等。

(3) 确定调研问题

在调研问题确定的过程中，调研者首先应限定调研的范围，找出企业最需要了解和解决的问题，然后分析现有的与调研问题相关的资料。在此基础上明确本次调研需要重点收集的资料，最后写出调研目标和问题的说明。调研目标可以先用比较宽泛的、一般性的术语来陈述。另外，还可以通过多种方式对市场调研目标进行修正，如建立市场调研假设，即先给出调研观点，再寻找材料加以说明；或组织试调研，即在小范围内按照假定问题组织调研。

2. 撰写市场调研方案

撰写市场调研方案的步骤如图 2-1 所示。

(1) 前言部分（方案的开头部分）

应简明扼要地介绍整个调研课题出台的背景原因。

(2) 调研的目的和意义

确定调研目的，也就是要明确在调研中应解决哪些问题，通过调研要获得哪些资料，并说明用什么途径取得这些资料等。

(3) 调研的内容和具体项目

调研的主要内容和具体项目是依据

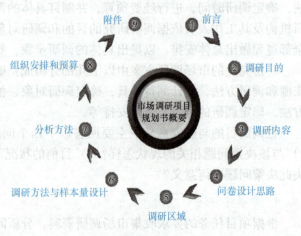

图 2-1　撰写市场调研方案的步骤

所要解决的调研问题和目的所必需的信息资料来确定的。

（4）市场调研对象和调研范围

市场调研对象一般为用户和机电产品经销商（零售商和批发商）。

调研范围应与企业产品的销售市场范围基本一致。

（5）调研所采用的方法

确定调研方式和方法是一份完整的调研方案必不可少的组成部分。

1）根据调研表的内容和要求确定调研方式。调研时，采用哪种调研方式去收集资料主要取决于调研对象和调研内容。主要的调研方式有普通调研、重点调研、典型调研和抽样调研等。

2）确定具体的调研方法，包括面访调研、电话调研、实验调研、观察调研、文案调研和网络调研等。

（6）资料分析的方法

明确资料分析的方法和分析结果表达的形式等。

（7）说明调研时间进度安排

尽早完成调研活动，保证时效性，同时也节省费用，保证调研的准确性、真实性和时效性。一般情况下，可对调研进度作预定的安排，如第一周用于准备：与客户商讨、确认计划书，进行二手资料的收集，了解行情，设计问卷；第二周用于试调研：视情况修改、确定问卷等；第三周具体实施调研；第四周进行数据处理并撰写调研报告。

（8）说明经费预算开支情况

调研费用根据调研工作的种类、范围的不同而不同。通常情况下，在调研的前期——计划准备阶段的费用应占总预算费用的20%左右；具体实施调研阶段的费用应占总预算费用的40%左右；而后期分析报告阶段的费用应占总预算费用的40%左右。因此，必须通盘考虑各个不同阶段的费用支出，以便顺利地完成调研任务。调研经费开支见表2-2。

表2-2 调研经费开支

费用支出项目	数量	单价	金额	备注
调研方案设计，实施费用				
抽样设计，实施费用				
问卷设计费				
问卷印刷装订费				
试调研费				
调研员劳务费				
督导员劳务费				
受访者礼品费				
异地实施差旅费				
交通费				
数据录入费				

(续)

费用支出项目	数　　量	单　　价	金　　额	备　　注
统计分析费				
报告制作费				
资料费、复印费				
服务费				
杂费				
管理费				
总计				

注：1. 交款方式：合同一经签订，请付定金　　%。　　　　完成日期：　年　月　日

（9）说明市场调研结果的表达形式

确定市场调研结果的表达形式。如最终报告是书面报告还是口头报告，是否有阶段性报告等。

（10）附件部分

列出课题负责人及主要参加者的名单，并扼要地介绍一下团队成员的专长和分工情况。

只有内容全面完整的调研方案，才能为调研提供全方位的指导，以保证顺利完成调研任务。调研方案的制订必须建立在对调研课题背景的深刻认识上。只有清楚地认识了调研课题的背景，才能为调研指明方向，才能帮助调研者抓住问题的关键，正确地确定调研目的和内容。调研方案尽量做到科学性与经济性的结合。调研方案的格式可以灵活，不一定要采用固定格式。调研方案的书面报告是非常重要的一项工作。

知识点三：市场调研问卷的设计

问卷又称为调研表或询问表，是调研人员依据调研目的和要求以一定的理论假设为基础提出来的，它由一系列"问题"和备选"答案"及其他辅助内容所组成。

根据调研者对问卷的控制程度分为：①结构型问卷，包括封闭式问卷、开放式问卷、半封闭式问卷；②非结构型问卷，即事先不准备标准表格、提问方式和标准化备选答案，只是规定调研方向和询问内容，由调研者和被调研者自由交谈的问卷。

1. 问卷设计的原则

（1）目的性原则

问卷调研是通过向被调研者询问问题来进行的，所以，询问的问题必须是与调研主题有密切关联的问题。这就要求在问卷设计时重点突出，避免可有可无的问题，并把主题分解为更详细的细目，即把它分别做成具体的询问形式供被调研者回答。

（2）可接受性原则

问卷的设计要比较容易，让被调研者接受。由于被调研者对是否参加调研有着绝对的自由，调研对他们来说是一种额外负担，他们既可以采取合作的态度，接受调研，也可以采取对抗行为，拒答。因此，请求合作就成为问卷设计中一个十分重要的问题。应在问卷说明词中将调研目的明确地告诉被调研者，让对方知道该项调研的意义和自身回答对整个调研结果的重要性。问卷说明要亲切、温和，提问部分要自然、有礼貌和有趣味，必要时可采用一些

物质鼓励,并为被调研者保密,以消除其某种心理压力,使被调研者自愿参与,认真填好问卷。此外,还应使用适合被调研者身份、水平的用语,尽量避免列入一些会令被调研者难堪或反感的问题。

(3) 顺序性原则

顺序性原则是指在设计问卷时要讲究问卷的排列顺序,使问卷条理清楚,顺理成章,以提高回答问题的效果。问卷中的问题一般可按下列顺序排列。

1) 容易回答的问题(如行为性问题)放在前面,较难回答的问题(如态度性问题)放在中间,敏感性问题(如动机性、涉及隐私等问题)放在后面,关于个人情况的事实性问题放在末尾。

2) 封闭性问题放在前面,开放性问题放在后面。这是由于封闭性问题已由设计者列出备选的全部答案,较易回答,而开放性问题需被调研者花费一些时间考虑,放在前面易使被调研者产生畏难情绪。

3) 要注意问题的逻辑顺序,如可按时间顺序、类别顺序等合理排列。

(4) 简明性原则

简明性原则主要体现在以下方面。

1) 调研内容要简明。没有价值或无关紧要的问题不要列入,同时要避免重复出现,力求以最少的项目设计必要的、完整的信息资料。

2) 调研时间要简短,问题和整个问卷都不宜过长。设计问卷时,不能单纯地从调研者角度出发,而要为被调研者着想。调研内容过多,调研时间过长,都会招致被调研者的反感。通常调研的场合一般都在路上、店内或居民家中,被调研者行色匆匆,或不愿让调研者在家中久留等,而有些问卷多达几十页,让被调研者望而生畏,一时勉强做答或草率应付。根据经验,一般问卷回答时间应控制在 30min 左右。

3) 问卷设计的形式要简明易懂、易读。

(5) 匹配性原则

匹配性原则是指要使被调研者的回答便于进行检查、数据处理和分析。所提问题都应事先考虑到能对问题结果做适当的分类和解释,使所得资料便于做交叉分析。

2. 问卷的结构

一份完整的问卷一般是由问卷封面、甄别问卷、主体问卷和背景问卷等几个部分组成。

(1) 问卷封面

1) 项目名称,即问卷标题,概括说明调研研究的主题。简明扼要地引起被调研者的兴趣,不要简单采用"问卷调研"这样的标题。

2) 介绍语。说明调研的目的和意义,说明填答问卷(表)须知,交卷时间、地点及其他说明事项。问卷说明的形式可采取开门见山的方式,也可进行一定的宣传,引起重视,提出谢意。

3) 访问情况记录。为了在任务完成时便于审核和继续跟踪,内容应包括调研员的姓名、访问日期、时间和地点,被调研者的姓名、单位或家庭住址、电话。

4) 指导语。指导语又称为问卷说明,主要说明问卷如何填写,注意什么问题,一般用于自填问卷。

（2）甄别问卷

甄别问卷主要用来将不符合项目访问要求的被访者剔掉，找出真正符合项目要求的合格被访者。用于甄别被访者的内容包括：被访者所在行业的要求、年龄的要求、收入的要求及职务的要求；被访者对产品的经验要求及决策权的要求。

（3）主体问卷

主体问卷是整个问卷的核心，所有要调研的内容都可以转化为经过精心设计的问题与答案，有逻辑地排列在主体问卷中。为便于数据处理，有时要将问题与备选答案进行统一编码。问卷设计是否合理，能否达到调研目的，关键就在于主体问卷的设计水平和质量。

（4）背景问卷

被访者的职业、年龄、家庭成员数量、个人及家庭收入、教育程度及职位等。

3. 问卷设计的步骤

问卷设计流程如图2-2所示。

（1）调研问题的设计

1）问题的类型。按问题形式的不同可分为开放式问题、封闭式问题及半封闭式问题；按问题内容的不同可分为事实性问题、态度性问题；按问题的作用分为前导性问题、过滤性问题、试探和启发性问题、背景性问题及实质性问题；按提问内容的不同可分为行为性问题、动机性问题及态度性问题；按提问方式的不同可分为直接性问题、间接性问题及假设性问题。

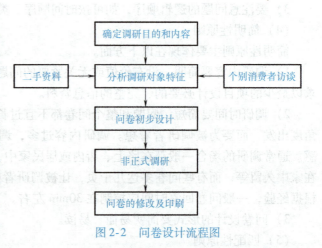

图2-2　问卷设计流程图

2）问题的筛选和排序。问题的筛选主要考虑问卷中问题本身的必要性和问题细分的必要性。问题的排序原则：同类组合；先易后难；封闭式问题放前面，开放式问题放后面。

3）问题设计应注意的事项。避免使用贬义词，避免用词含糊不清，避免一个问题包含两问，避免使用冗长复杂的句子，避免问题提法中包含没有根据的假设，避免用引导性和倾向性问题，避免直接提出困窘性问题。

（2）答案的设计

1）答案设计的类型。按排列方式的不同可分为行式排列式、列式排列式及矩阵式排列式三种；按后续问题类型的不同可分为框架式和说明式；按答案类型的不同可分为等级评定、数字评定、评语评定及是非评定。

2）答案设计的原则。

① 互斥性原则，所谓问题答案设计中的互斥性原则，是指同一问题的若干个答案之间的关系是互相排斥的，不能有重叠、交叉、包含等情况。

② 完备性原则，所谓问题答案设计中的完备性原则，是指所排列出的答案应包括问题的全部表现，不能有遗漏。

3）答案设计应注意的事项。注意答案顺序的排列、注意数量问题答案的设计、注意敏感性问题答案的设计。

知识点四：市场调研资料的整理与分析

1. 市场调研资料的整理

在机电产品市场调研资料整理过程中首先要设计和编制资料整理方案，对原始资料进行审核，综合汇总表的项目。最后，再对整理好的资料进行一次审核。资料审核必须遵守资料整理的一般要求，即确保资料的真实性、准确性和完整性。审核应注意的问题：对于在调研中已发现并经过认真核实后确认的错误，可以由调研者代为更正。

市场调研的资料整理一般使用统计分组法。统计分组是指根据社会调研的目的和要求，按照一定标志，将所研究的事物或现象区分为不同类型或组别的一种整理资料的方法。分组可以找出总体内部各个部分之间的差异，可以深入了解现象总体的内部结构，可以显示社会现象之间的依存关系。

另外，还要选择合适的分组标志。分组标志指反映事物属性或特征的名称，根据分组标志的数量分为简单分组和复合分组两类；根据所使用分组标志的性质分为品质标志分组和数量标志分组两类。要正确分组必须遵守以下原则，首先根据调研的目的和任务选择分组标志；并且选择能够反映被研究对象本质的标志；对于同一个样本来说，分组标志的选择并不是唯一的，应从多角度考虑选择分组标志。

2. 市场调研资料的分析

（1）定性分析

定性分析是与定量分析相对而言的，它是对不能量化的现象进行系统化理性认识的分析，其方法依据是科学的哲学观点、逻辑判断及推理，其结论是对事物的本质、趋势及规律的性质方面的认识。

定性分析应遵循以下原则：坚持用正确的理论指导；分析只能以调研资料为基础，并且分析出的结果必须用调研资料来验证；要从调研资料的全部事实出发，不能简单地从个别事实出发。

常用的定性分析方法有：①归纳分析法，有完全归纳法和不完全归纳法，后者又分为简单枚举法和科学归纳法；②演绎分析法；③比较分析法，把两个或两类事物的调研资料相对比，从而确定它们之间相同点和不同点的逻辑方法；④结构分析法，在市场调研的定性分析中，通过调研资料分析某现象的结构及其各组成部分的功能，进而认识这一现象本质的方法，称为结构分析法。

（2）动态分析

动态分析是对市场变动的实际过程所进行的分析，其中包括分析有关市场变量在一定时期的变动，这些市场变量在变动过程中的相互影响和彼此制约的关系等。任何一个动态数列均由两个基本要素构成：一个是现象所属的时间，另一个是反映现象所属时间的发展水平即统计指标数值。

3. 市场预测分析

市场预测活动是在市场营销人员调研的基础上分析研究各种数据、资料和信息，运用科学方法及技术探讨供求趋势，预报和推测未来一定时期内供求关系变化的前景，从而为企业的营销决策提供科学依据。市场预测是管理决策职能的重要组成部分；市场预测可以预见市场未来发展趋势，为企业确定生产经营方向提供有参考意义的依据；市场预测可以预见消费者对商品具体需求变化的趋向及竞争对手供货变化的趋向，有利于企业改进产品设计、增强产品适销对路的能力。

市场预测的内容包括：社会商品购买力预测、产品经济生命周期及新产品投放市场适销性预测、商品资源预测、企业市场占有率和购销预测。

市场预测的基本原理：①连续性原理，利用过去和现在的资料找出市场未来情况的信息；②系统性原理，必须对企业内外部因素作系统分析，避免片面性；③类推性原理，借用已知规律性来推测它在不同条件下发展的规律性；④近似性原理，依据相近事物的发展变化情况和状态来估计预测对象的未来趋势。

市场预测的方法主要有定性预测方法和定量预测方法。其中，定性预测方法又包括购买者意向调研法、销售人员意见综合法、专家意见法及市场试销法；定量预测方法包括一元回归预测、多元回归预测及自回归预测。

撰写《××（机电产品名称）市场调研报告》

1. 任务组织

以小组为单位，小组规模一般为 3~5 人，每小组选举小组长协调小组的各项工作，教师提出必要的指导和建议，组织学生进行经验交流，并针对共性问题在课堂上组织讨论和专门讲解。

2. 任务内容

每组从教师处领取不同的机电产品（备选机电产品：①卧式车床；②轴承；③机床配件；④钻床；⑤数控车床；⑥机床刀具；⑦液压泵；⑧卧式铣床；⑨PLC 等），并从所选产品的客户购买行为中的购买类型、影响因素、参与者、购买决策过程等方面进行深入调研，小组内成员充分讨论，根据分析结果撰写本组的《××（机电产品名称）市场调研报告》（格式参见"样本"）。

3. 任务考核

每小组由组长代表本组汇报任务完成情况，同学互评，教师点评，然后综合评定各小组本次任务的实训成绩。具体考核见表 2-3。

表 2-3 机电产品市场调研报告任务考核表

考核项目	考核内容	分 数	得 分
工作态度	按时完成任务	5 分	
	格式符合要求	5 分	

(续)

考核项目	考核内容	分　　数	得　　分
任务内容	企业现状分析正确	10 分	
	对调研目标确定正确	5 分	
	有完整的调研方案	5 分	
	合理设计调研问卷	5 分	
	完成资料收集	10 分	
	完成市场调研方案的撰写	10 分	
	完成市场调研任务	20 分	
团队合作精神	团队凝聚力强	5 分	
	同学间有良好的协作精神	5 分	
	同学间有相互服务的意识	5 分	
团队间互评	该团队较好地完成了本任务	10 分	

样本：

××（机电产品名称）市场调研报告

一、调研主题
二、调研目的
三、调研内容和具体方法
四、调研对象和调研范围
五、调研方法

设计调研问卷/访谈提纲。

（1）设计原则

1）问卷结构主要分为说明部分、主体部分、调研员记录、被调研者记录等。

2）问卷形式采取开放性和封闭性相结合的方式。

3）问卷逻辑采取思路连续法，即按照被调研者思考问题和对产品了解的程度来设计，在一些问题上采用跳问等方式来实现被访者的逻辑思维。

（2）问卷题目

根据需要调研的主题设计题目数量，一般以一页纸为宜，因为题目过多，被调研者容易厌烦，影响问卷质量。

六、资料整理和分析方法

问卷回收后，经过整理、编码、录入以后，用电子表格对问卷进行数据分析。

七、调研安排

1. 调研执行步骤及周期（即调研所需时间）
2. 调研成员
3. 调研路线

调研时间	调研地点	调研小组	调研人员	备注

4. 调研任务分解

各任务模块的负责人及执行模块如下表。

任务模块	总体设计	人员培训	实地调研	数据处理和分析	撰写报告
负责人					
人员					
时间					

注：人员培训说明：1）项目介绍（介绍本次项目的背景及调研目的）；2）技能培训（访问的技巧、语气、语言的表达技巧等）；3）模拟训练，将调研员两两配对，模拟调研员和被访者的问答，进一步掌握操作技巧。

八、调研费用预计

1. 费用分类

（1）出行费用

交通费用	工资/(人/天)	餐/水补助	参与人次	天数	合计/元
实报实销					

（2）打印/复印费用

打印/复印费用	

（3）其他费用

问卷设计	问卷分析	推广方案	人工费用（人员培训、问卷统计）

2. 总费用预算

出行费用	打印/复印费用	其他费用	总费用

九、质量控制

1. 方案与问卷设计的质量控制

在方案及问卷设计之前，设计人员通过二手资料的收集、自己的使用经验等方式，应对项目的背景、调研的内容、被访者的关注等相关知识有一个较深入的了解。

2. 实地调研的质量控制

（1）调研人员在进行实际操作前，必须经过专门的培训，调研场景需提前模拟。

（2）进行问卷调研时，多访问5%作为备用问卷，以保证总体样本量与设计数量相符合。

3. 资料整理及分析的质量控制
(1) 问卷回收后,由公司负责人员进行第二次审核。
(2) 数据录入备份。
十、突发事件处理
1. 在做问卷的过程中注意礼貌及安全问题,同时注意问卷质量,被访者是否配合等。
2. 调研的时间问题,请在规定的时间内完成调研。

任务二　细分机电产品市场

某汽车配件有限公司的目标市场

某汽车配件有限公司是1992年挂牌成立的一家乡镇企业。公司成立之初,没有市场销路和技术力量。但是经过短短几年的努力,至1995年年底,已拥有固定资产220万元,产值由建厂初的42万元发展到1486万元。

对此,该厂的负责人有一段妙论,颇具启发性。他说:"市场疲软并不意味着消费停止,就我国目前的情形来说,虽然不少企业在喊不景气,但事实上社会商品消耗总量却还是逐年增长的,这是有目共睹的事实。企业产品滞销,很可能的原因是他们的产品不能适应当今市场的需求,也就是说,并非社会不需要商品,而是企业的商品不能适应社会的需要了。如果要我们总结这几年成功的经验,可以概括为一句话,那就是'细分市场,洞悉市场,把握机会,正确定位,满足需求,抓住市场'。像我们这样的企业,如果找不到一个最佳的市场切入点,与其他企业一样,那么我们在激烈的市场竞争中根本不可能有生存权,更谈不上发展。"

他们在建厂之初就进行了深入细致的市场细分。在市场细分中了解到随着我国农业的发展,农民收入水平的提高,我国农用车的需求量在急速扩张。由此他们在进一步调查的基础上发现,整车生产厂家大部分零部件都是由外部加工完成的。若能打入这个圈子,就等于打入了这一市场。他们把经营方向定位在生产适销对路的车辆钢圈上。该厂与我国最大的农用车生产厂家之一——南京农用车总厂签订了一年期、数目不小的订单。

市场细分,洞悉市场,把握机会,正确定位之后,他们努力研究和满足南京农用车总厂对钢圈质量方面的要求,努力研究和满足南京农用车总厂服务的需求。一流的质量和优良的服务赢得了整车厂对质量与服务的满意,得到了用户的肯定与好评。该厂成了南京农用车总厂的主要钢圈配套厂家,市场就这样被牢牢地抓住了。

> 他们并不满足于一个市场领域中所取得的成就。他们的共识，还是从市场细分入手，寻找发展的目标市场和机会。1995年年初，他们在对细分市场广泛深入地了解后，发现国内摩托车市场容量很大，生产摩托车钢圈将具有良好的市场前景。
>
> 于是，1996年投入生产摩托车轮毂，立即使公司成为国内某知名品牌系列摩托车钢圈的配套定点生产企业，一片新的市场又被他们打开并占领了……

思考：
该公司为应对市场环境采取了哪些措施？

知识点：机电产品市场细分

市场细分是指营销者通过市场调研，依据客户的需要和欲望、购买行为和购买习惯等方面的差异，把某一产品的市场整体划分为若干消费者群的市场分类过程。每一个消费者群就是一个细分市场，每一个细分市场都是具有类似需求倾向的客户构成的群体。

机电产品的市场细分与其产品形态：重大技术装备、动力机械、工作母机、仪表仪器、电工电子机械、通用机械、专用机械、基础零件等有密不可分的关系。而且作为配套或服务于下游产品及最终产品的机电产品，其市场细分与定位又绝不可能脱离下游产品及最终产品的市场状况而仅依靠专注于某机电产品自身的竞争情况来确定。与一般消费品相似的是，制造企业在进行其生产的机电产品营销前，会对其产品进行精确的市场定位、价格定位及客户定位等，为营销业绩的提高打下坚实的基础。

1. 机电产品市场细分的作用

一般情况下，一个企业不可能满足所有客户的需求，尤其在激烈的市场竞争中，企业更应集中力量有效地选择市场，取得竞争优势。市场细分对于企业来讲有以下几点作用。

（1）有助于机电企业深刻地认识市场和寻找市场机会

整个机电产品市场的范围很大，品种很多，呈现高度复杂性。市场细分可以把机电产品市场丰富的内部结构一层层地抽象出来，让人发现其中的规律，使企业可以深入、全面地把握各类产品市场需求的特征。

另外，市场需求是已经出现在市场但尚未得到满足的购买力，在这些需求中有相当一部分是潜在需求，一般不易发现。企业可以运用市场细分的手段了解机电产品用户的需求和满足程度，从而寻找、发现市场机会。同时，企业通过分析和比较不同细分市场中竞争者的营销策略，选择那些需求尚未满足或满足程度不够，而竞争对手无力占领或不屑占领的细分市场作为自己的目标市场，结合自身条件制定出最佳的市场营销策略。

（2）有利于机电企业确定经营方向及有针对性地开展营销活动

当机电企业通过市场细分确定自己所要满足的目标市场，找到自己的资源条件和客观需求的最佳结合点后，便可以集中人力、物力、财力有针对性地采取不同的营销策略，从而获得投入少、产出多的良好经济效益。

（3）有利于企业研究潜在需要，开发新产品

一旦确定了自己的细分市场后，企业能很好地把握目标市场需求，分析潜在需求，开发新产品及开拓新市场。

（4）有利于创造好的社会效益

市场细分不仅给企业带来良好的经济效益，而且也创造了良好的社会效益。一方面，市场细分可以使不同消费者的不同需求得到满足，提高他们的生活水平；另一方面，市场细分有利于同类企业合理化分工，在行业内形成较为合理的专业化分工体系，使各类企业各得其所、各显其长。

2. 市场细分的条件

（1）可衡量性

可衡量性是指用以细分市场的变数是可以衡量的，或者说为了将购买者分门别类划分成不同的群体，公司必须能对购买者的特点和需求加以衡量。

（2）足量性

足量性是指细分市场的大小和利润值得单独营销的程度，即划分出来的细分市场必须是值得采取单独营销方案的最小单位。

（3）可接近性

可接近性是指企业对细分出来的市场能进行有效促销和分销的程度，或获得该细分市场有关资料的难易程度。

（4）独特性

独特性是指细分出来的市场必须对市场营销计划有独特的反应，即用某种特定方法细分出来的各个细分市场，其成员对市场营销计划的反应必须是不同的。

3. 最终产品的市场细分

最终产品（消费品）市场的细分标准因企业的不同而各具特色，但是有一些标准是共同的，即地理环境、人口状态、消费心理及行为因素等四个方面，各个方面又包括一系列的细分因素。

（1）地理环境

以地理环境为标准细分市场，就是按消费者所在的不同地理位置划分市场，该标准是大多数企业采取的主要标准之一。地理环境主要包括区域、地形、气候、城镇大小、交通条件等。由于受不同地理环境、气候条件、社会风俗等因素的影响，同一地区内的消费者需求具有一定的相似性，不同地区的消费需求则具有明显的差异。

按照国家/地区、南方/北方、城市/农村、沿海/内地、热带/寒带等标准来细分市场是必需的，但是，地理环境是一种静态因素，处在同一地理位置的消费者仍然会存在很大的差异。因此，企业还必须采取其他因素进一步细分市场。

（2）人口状态

人口状态是市场细分惯用和最主要的标准，它与消费需求以及许多产品的销售有着密切联系，而且这些因素又往往容易被辨认和衡量。

（3）消费心理

在地理环境和人口状态相同的条件下，消费者之间存在着截然不同的消费习惯和特点，

这往往是由不同消费者消费心理的差异所致。尤其是在比较富裕的消费层次中，顾客购物已不限于满足基本生活需要，因而消费心理对市场需求的影响更大，主要考虑生活方式、性能及品牌忠诚度。

（4）行为因素

行为因素是细分市场的重要标准，特别是在商品经济发达阶段和广大消费者的收入水平提高的条件下，这一细分标准越来越显示其重要地位。

主要考虑：购买习惯，如购买时间习惯标准，就是根据消费者产生需要购买或使用产品的时间来细分市场；寻找利益，运用利益细分法，首先必须了解消费者购买某种产品所寻找的主要利益是什么，其次要了解寻求某种利益的消费者是哪些人，再者要调查市场上的竞争品牌各适合哪些利益，以及哪些利益还没有得到满足。

4. 机电产品的市场细分标准

机电产品的市场细分标准，有许多与消费品（最终产品）市场细分的标准相同，如用户所追求的利益、用户情况、对品牌的忠诚度等。但是它有着不同的特点，因此，企业的管理者还要用一些其他标准来细分机电产品市场。

（1）最终使用者

在制造商（企业）市场上，不同的最终用户对同一种用品的市场营销组合往往有不同的要求。例如，飞机制造商所需要的轮胎必须达到的全部标准比农用拖拉机制造商所需要的轮胎必须达到的标准高得多，豪华汽车制造商比一般汽车制造商需要更优质的轮胎。因此，企业管理当局对不同的用户要相应地运用不同的市场营销组合，采取不同的市场营销措施。

（2）用户规模

顾客规模是细分制造商（企业）市场的一个重要标准。例如，美国一家办公室设备制造商按照顾客规模将顾客分为两类：一类是大客户，如国际商用机器公司、标准石油公司等，这类顾客群由该公司的全国客户经理负责联系；另一类是小客户，由外勤推销人员负责联系。

（3）产品用途

由于一种产品有若干用途，产品用途细分就是按产品的不同用途细分市场。机电产品一般分为重大技术装备、动力机械、工作母机、仪表仪器、电工电子机械、通用机械、专用机械及基础零件等，不同类型的机电产品其客户也不一样。

（4）采购对象

在某一目标行业及用户规模之下，企业还可以根据不同的采购对象来细分市场。

1）不同的客户会追求不同的利益，有的关注价格，有的注重服务，有的更重视质量。例如，政府实验室、大学实验室、工业实验室，对仪器设备的采购标准是不同的；政府实验室关注的是价格和服务契约，大学实验室注重的是连续性升级服务，工业实验室更重视仪器设备的质量。

2）从一般采购政策来看，可以把市场细分为租赁企业、签订服务契约企业、系统采购企业或招标采购企业等。

3）从现行关系来看，可以把市场细分为关系密切的企业和待开拓业务关系的企业，或者分为高忠诚度企业和低忠诚度企业。

4）从购买企业的特征来看，市场可细分为承担风险的用户和逃避风险的用户。

（5）客户的地理位置

客户的地理位置与企业合理组织销售力量、选择适当的分销渠道以及有效地安排货物运输关系紧密,而且不同地区用户对生产资料的要求往往各有特色。因此,用户的地理位置也是细分市场的依据之一。

5. 常用市场细分的方法

(1) 单一因素法

单一因素法按影响客户需求的某一个因素来细分市场,如按客户地理位置来划分数控机床市场、以采购对象来划分液压元件市场等,这种划分方法简单易行。

(2) 主导因素排列法

当一个细分市场的选择存在多种因素时,可以从消费者的特征中寻找和确定主导因素,然后与其他因素有机结合,确定细分目标市场,这种方法称为主导因素排列法。例如,就电气控制产品市场而言,采购对象通常是影响产品选择的主导因素,用户规模则居于从属地位。因此,应以采购对象作为细分电气控制产品市场的主要依据。

(3) 综合因素法

综合因素法按影响客户需求的两种或两种以上因素进行综合划分。因为客户实际的需求差别常常极为复杂。有些客户需求不仅受到单一因素的影响,而是由多种因素共同左右。因此,为使细分出的市场更有效、更切合实际,往往需要利用并列多因素的组合作为标准来进行市场细分。只有从多方面去分析、认识,才能更准确地把它们细分为不同特点的消费群体。

(4) 系列因素法

当细分市场所涉及的因素是多项的,但各项因素之间先后有顺序时,可由粗到细、由浅入深、由简至繁、由少到多,按一定的顺序逐次进行细分。下一阶段的细分在上一阶段选定的市场中进行。

对卧式车床等市场进行细分

1. 任务组织

以小组为单位,小组规模一般为3~5人,每小组选举1名小组长,协调小组的各项工作。教师提出必要的指导和建议,组织学生进行经验交流,并针对共性问题在课堂上组织讨论和专门讲解。

2. 任务内容

东北某机床厂决定在华东地区开营销分公司,请为该厂做市场细分调查。每组根据不同的机电产品(备选机电产品:①叉车;②轴承;③机床配件;④钻床;⑤加工中心;⑥机床刀具;⑦液压泵;⑧卧式铣床;⑨PLC等)对其进行市场细分。

各组对所选定的机电产品的产品特性、使用场合、应用市场、细分方法等方面进行深入地调研,小组内成员进行充分讨论,根据分析结果提交本组机电产品细分报告(格式参见"样本")。

3. 任务考核

每小组由组长代表本组汇报任务完成情况,同学互评,教师点评,然后综合评定各小组本次任务的实训成绩。具体考核见表2-4。

表 2-4　市场细分任务考核表

考核项目	考核内容	分　　数	得　　分
工作态度	按时完成任务	5分	
	格式符合要求	5分	
任务内容	产品特性调查分析到位	15分	
	产品使用场合定位准确	15分	
	应用市场分析准确	15分	
	细分方法合理	10分	
	结论符合市场实际情况	10分	
团队合作精神	团队凝聚力强	5分	
	同学间有良好的协作精神	5分	
	同学间有相互服务的意识	5分	
团队间互评	该团队较好地完成了本任务	10分	

样本：

铝制品公司的市场细分

铝制品公司首先进行宏观细分，包括三个步骤。第一，公司按照最终用户标准把铝制品市场细分为汽车制造业、住宅建筑业和饮料容器制造业这三个子市场，然后决定选择其中一个本公司能服务得最好的目标市场，即选择住宅建筑业。第二，按照这家公司的产品应用标准进一步细分为半成品、建筑部件和铝制活动房屋三个子市场，然后选择建筑部件市场为目标市场。第三，按顾客规模这个变数把建筑部件市场进一步细分为大顾客、中顾客和小顾客三个子市场，然后选择大顾客建筑部件市场为目标市场。

铝制品公司还要在大顾客建筑部件市场的范围内进行微观细分，即按大顾客的不同要求，如质量、价格、服务等来细分市场。

任务三　选择目标市场

丰田向山姆大叔挑战

丰田的成功之路至今仍闪烁着经典的光芒，"车到山前必有路，有路必有丰田车"。

然而，丰田车前期原本是没有路的，路是靠丰田人一步步走出来的。1958年，丰田车首次进入美国市场，年销量仅为288辆。而今，丰田车似潮水般涌进美国，抢占了美国汽车市场20%的份额。丰田的成功从市场开拓方面可概括为"人无我有"。

20世纪60年代以前，MIJ（日本制造）往往是"质次价低"的代名词，此间首次进军美国市场的丰田车，同样难逃厄运。丰田人不得不卧薪尝胆，重新制定策略，投入大量人力和资金，有组织地收集市场信息，在市场分析的基础上，去捕捉市场机会，选准目标市场。其具体策略如下。

一是与对手形成互补或竞争。要进入通用、福特等汽车公司独霸的美国汽车市场，对初出茅庐的丰田公司来说，无异于以卵击石。但通过调查，丰田发现美国的汽车市场并非铁板一块，随着经济的发展和国民生活水平的提高，美国人的消费观念、消费方式正在发生变化，那种把汽车视为地位象征的传统观念在逐渐削弱，汽车作为一种交通工具，更受重视的是其实用性、舒适性、经济性及便利性。美国一些汽车公司却无视这些信号，继续大批量生产大型豪华车，完全忽视了顾客需求，这给丰田提供了机会。

二是找对手的缺点。丰田定位于美国小型车市场，但该市场也并非没有对手，德国大众汽车公司的小型车就很畅销。丰田雇佣美国的调查公司对大众汽车的用户进行了详尽的调查，充分掌握了对手的优势和劣势，大众汽车公司小型汽车除了车型满足消费者渴求之外，其高效、优质的服务也打消了美国人对外国车维修困难的疑虑，但暖气设备不好、后座空间小、内部装饰差是众多用户对大众汽车的抱怨。对手的这些不足就是自己的机会，对手的缺点就是自己的目标。在市场调研的基础上，丰田公司精确地勾画出一个按人口统计和心理因素划分的目标市场，设计出满足美国顾客需求的美式日制小轿车"花冠"（CORNA）。它以外形小巧、经济实惠、舒适平稳、维修方便的优势敲开了美国市场的大门，步入成功之路。

思考：
丰田公司是如何对其目标市场上的客户需求进行分析并抓住市场机会的？

知识点一：评价细分市场

评价细分市场是进行目标市场选择的基础。一个企业可以从以下四个方面对细分市场做出评价。

1. 细分市场的需求潜量

细分市场的需求潜量是指在一定时期内，各细分市场中的用户对某种产品的最大潜在需求量。首先，细分市场应该有足够大的需求量，如果某一细分市场的需求潜量太小，则意味着该市场狭小，没有足够的发掘潜力，企业进入后发展前景暗淡；其次，细分市场的需求潜量规模应恰当，对小企业来说，需求量过大并非有利，一则需要大量的投入，二则对大企业的吸引力过于强烈。

只有拥有对企业发展有利的需求潜量的市场才是具有吸引力的细分市场。要正确估测和

评价一个市场的需求潜量，不可忽视用户数量和其购买力水平这两个因素中的任何一个。

2. 细分市场的竞争状况

对于某一细分市场，进入的企业可能会很多，从而可能导致市场内的竞争。这种竞争既可能来自市场中已有的同类企业，也有可能来自即将进入市场的其他企业。企业在市场中可能占据的竞争地位是评价细分市场的主要方面之一。

显然，竞争对手实力越雄厚，企业进入的成本和风险越大；而那些竞争者数量较少、竞争者实力较弱或市场地位不稳固的细分市场更有吸引力。可能加入的新竞争者是企业的潜在对手，他们会增加生产能力并争夺市场份额。

此外，是否存在具有竞争力的替代品也是评价细分市场的主要方面之一。替代品的存在会限制细分市场内的价格和利润的增长，因此已存在替代品或即将出现替代品的细分市场的吸引力会降低。当然，企业自身的竞争实力也决定了其对细分市场的选择，竞争实力强，对细分市场的自由度就大一些；反之，受到的制约就多一些。

3. 细分市场所具有的特征与资源优势的吻合程度

企业的资源优势表现在其资金实力、技术开发能力、生产规模、经营管理能力及交通地理位置等方面。客户需求的特点如果能促进企业资源优势的发挥将是企业的良机，会出现事半功倍的效果，否则会使企业资源优势造成浪费，严重时，甚至会造成很大的损失。

4. 细分市场的投资回报水平

企业十分关心市场细分提供的盈利水平。高投资回报率是企业所追求的，因此必须对细分市场的投资回报能力做出正确的估测和评价。

知识点二：目标市场的选择方法

目标市场是指企业在进行市场细分的基础上，根据市场潜力、竞争对手状况、企业自身特点所选定和进入的市场。市场细分的目的在于正确选择目标市场，如果说市场细分显示了企业所面临的市场机会，那么目标市场的选择便是企业通过评价各种市场机会，决定为多少个细分市场服务的重要营销策略。

在进行市场细分的基础上，选择企业准备进入的目标市场，必须准确地进行目标市场的评估，在充分分析目标市场的竞争态势后，确定目标市场的定位策略与营销策略。

目标市场选择策略通常有以下五种。

1. 市场集中化

市场集中化是指企业选择一个细分市场，集中力量为之服务。较小的企业一般采取这种措施来专门填补市场的某一部分。集中营销可使企业深刻了解该细分市场的需求特点，采用有针对性的产品、价格、渠道和促销策略，从而获得强有力的市场地位和良好的声誉，但它同时隐含较大的经营风险。

2. 产品专门化

产品专门化是指企业集中生产一种产品，并向所有顾客销售这种产品。例如，某刀具厂商专门制造各种铣刀，为铣削加工提供不同类型的铣刀服务，而不生产其他类型的刀具。这样，该企业在铣刀方面树立了很高的声誉，但一旦出现其他品牌的替代品或用户的偏好转移,它将面临巨大的威胁。

3. 市场专门化

市场专门化是指企业专门服务于某一特定客户群,尽力满足他们的各种需求。例如,某企业专门为小企业生产经济的数控机床。该企业专门为这个用户群服务,建立了良好的声誉。但一旦这个用户群的需求潜量和特点发生突然变化,它将承担较大风险。

4. 有选择的专门化

有选择的专门化是指企业选择几个细分市场,每一个细分市场对企业的目标和资源利用都有一定的吸引力,但各细分市场彼此之间很少或根本没有任何联系。这种策略能分散企业经营风险,即使其中某个细分市场失去了吸引力,企业还能在其他细分市场盈利。

5. 完全市场覆盖

完全市场覆盖是指企业力图用各种产品满足各种顾客群体的需求,即以所有的细分市场作为目标市场,如机床生产各种类型、各种档次的机床。一般只有实力强大的企业才能采用这种策略。例如,德国博世公司在机械制造行业生产各类机电产品,满足各种用户的需求。

最安全的汽车

一个企业、一个品牌要想获得长久的竞争优势,就必须有明确清晰的定位。在汽车行业,沃尔沃(VOLVO)汽车的定位是"安全",它的目标就是"制造世界上最安全的汽车"。在"最安全的汽车"这个领域,沃尔沃汽车是绝对的领导品牌,沃尔沃公司认为安全不仅反映在单一的零部件上,还反映在整车行驶过程中的总体表现。一旦发生碰撞,沃尔沃汽车对人身及生命安全提供最大程度的保护,把危险降到最低。整个车身和内部装置是在频繁的撞车实验后为客户精心设计的。这一点,无论是在造车的观念上还是企业的技术实力上,都是竞争对手无法超越的。70多年来,沃尔沃汽车的款式不断推陈出新,但是始终坚持行车安全的理念,"最安全的汽车"这个观念已深入人心。

知识点三:目标市场的营销方法

选择好目标市场之后,企业必须决定如何为自己确定的目标市场设计营销方法,即采取怎样的方式,使自己的营销力量到达市场并影响目标市场。这时,可以考虑几点:通过无差异市场营销和差异市场营销策略,达到覆盖整个市场;借助集中市场营销策略,占领部分细分市场。

1. 无差异市场营销

所谓无差异市场营销方法,就是将整个市场视为一个整体,不考虑用户对某种产品需求的差别,它致力于顾客需求的相同之处而忽略了不同之处。为此,企业会设计一种产品,实施一种营销组合计划来迎合大多数的购买者。企业凭借单一的产品,统一的包装、价格,广泛的销售渠道和大规模的广告宣传,树立该产品长期稳定的市场形象。

无差异市场营销方法曾被视为"制造业中的标准化生产和大批量生产在营销方面的化身"。其最大的优点在于成本的经济性：单一的产品降低了生产、存货和运输的成本；统一的广告促销节约了市场开发费用。机电产品中的标准件如齿轮、轴承、皮带等的营销就采取了这种方法。

这种目标市场覆盖方法的缺点也十分明显，即它只停留在大众市场的表层，无法满足用户的个性化需求，面对市场的频繁变化则缺乏弹性。

2. 差异市场营销

差异市场营销方法与无差异市场营销方法截然相反，它充分肯定用户需求的不同，并针对不同的细分市场分别从事营销活动。采取差异市场营销方法的企业会根据不同的用户推出多种产品并配合多种促销手段，力图满足各种用户不同的偏好和需求。

差异市场营销方法的优点很明显，即企业同时为多个细分市场服务，有较高的适应能力和应变能力，经营风险也被分散和降低；由于针对用户的特色开展营销，能够更好地满足市场深层次的需求，从而有利于市场的发掘、销量的提高。这种方法的不足之处在于目标市场多，经营品种多，管理复杂，成本大，还可能造成企业经营资源和注意力分散，顾此失彼。

3. 集中市场营销

集中市场营销方法指企业集中所有力量，在某一细分市场上实行专业生产和营销，力图在该细分市场上拥有较大的市场占有率。企业运用此方法时遵循"与其四面出击，不如一点突破"的原则，如德国的大众汽车公司集中于小型汽车市场的开拓和经营，美国的惠普公司专攻高端打印机市场，这些都是集中市场营销的成功范例。

集中市场营销的优点是：服务对象比较专一，企业对其特定的目标市场有较深刻的了解，可以深入地发掘用户的潜在需求；企业将其资源集中于较小的范围，进行"精耕细作"，有利于形成积聚力量，建立竞争优势，获得较高的投资收益率。但这种策略的风险较大，一旦企业选择的细分市场发生突然变化，如用户偏好转移或竞争者的策略改变等，企业将缺少回旋余地。

知识点四：选择目标市场方法应考虑的因素

企业在进行决策时要具体分析产品、市场状况和企业本身的特点。影响企业选择目标市场策略的因素主要有企业资源、产品特点、市场特点和竞争对手的方法四类。

1. 企业资源

资源雄厚的企业，如果拥有大规模的生产能力、广泛的分销渠道、程度很高的产品标准化、好的内在质量和品牌信誉等，可以考虑采用无差异市场营销方法；如果企业拥有雄厚的设计能力和优秀的管理方法，则可以考虑采用差异市场营销方法；而对于实力较弱的中小型企业来说，适合集中力量进行集中市场营销。企业初次进入市场时，往往采用集中市场营销方法，在积累了一定的成功经验后再采用差异市场营销方法，从而扩大市场份额。

2. 产品特点

产品的同质性表明了产品在性能、特点等方面差异性的大小，是企业选择目标市场时不可不考虑的因素之一。一般对于同质性高的产品（如轴承等），宜实施无差异市场营销；对于同质性低或异质性产品（如工控产品），选择差异市场营销或集中市场营销是恰当的。

此外，产品因所处的生命周期阶段的不同而表现出的不同特点也不容忽视。当产品处于导入期和成长期时，用户刚刚接触新产品，对它的了解还停留在较初浅的层次，竞争尚不激烈，企业这时的营销重点是挖掘市场对产品的基本需求，此时往往采用无差异市场营销方法。等产品进入成长后期和成熟期时，用户已经熟悉产品的特性，需求向深层次发展，表现出多样性和不同的个性，竞争便空前激烈，企业应适时地转变为差异市场营销方法或集中市场营销方法。

3. 市场特点

供与求是市场的两方面，它们的变化趋势往往是决定市场发展方向的根本原因。当供不应求时，企业重在扩大供给，无暇考虑需求差异，因此采用无差异市场营销方法；当供过于求时，企业为刺激需求、扩大市场份额，多采用差异市场营销方法或集中市场营销方法。

从市场需求的角度来看，如果用户对某产品的需求偏好、购买力行为相似，则称该市场为同质市场，可采用无差异市场营销方法；反之，市场为异质市场，差异市场营销方法和集中营销方法更合适。

4. 竞争对手的方法

企业可与竞争对手选择不同的目标市场覆盖方法。例如，竞争对手采用无差异市场营销方法时，企业选用差异市场营销方法或集中市场营销方法更容易发挥优势。

企业应慎重选择目标市场方法，一旦确定，应该有相对的稳定性，不能朝令夕改。但其灵活性也不容忽视，因为没有永远正确的方法，一定要密切注意市场需求的变化和竞争态势。

选择卧式车床等的目标市场

1. 任务组织

以小组为单位，小组规模一般为 3~5 人，每小组选举 1 名小组长，协调小组的各项工作，教师提出必要的指导和建议，组织学生进行经验交流，并针对共性问题在课堂上组织讨论和专门讲解。

2. 任务内容

东北某机床厂决定在华东地区开营销分公司，请为该厂做市场细分调查。每组根据不同的机电产品（备选机电产品：①叉车；②轴承；③机床配件；④钻床；⑤加工中心；⑥机床刀具；⑦液压泵；⑧卧式铣床；⑨PLC 等）对其进行目标市场选择（注：本任务是在市场细分的基础上进行的，所以各组选定的机电产品应与上一个任务相同）。

各组对所选定的机电产品在市场细分的基础上，对细分市场评价、目标市场的选择方法、目标市场的营销方法等方面进行深入调研，小组内成员进行充分讨论，根据分析结果，提交本组机电产品目标市场选择分析报告。

3. 任务考核

每小组由组长代表本组汇报任务完成情况，同学互评，教师点评，然后综合评定各小组本次任务的实训成绩。具体考核见表2-5。

表2-5 目标市场定位任务考核表

考核项目	考核内容	分　　数	得　　分
工作态度	按时完成任务	5分	
	格式符合要求	5分	
任务内容	细分市场评价准确	15分	
	选择目标市场考虑因素全面	15分	
	目标市场选择方法得当	10分	
	目标市场营销方法恰当	10分	
	方案适合企业与市场情况	15分	
团队合作精神	团队凝聚力强	5分	
	同学间有良好的协作精神	5分	
	同学间有相互服务的意识	5分	
团队间互评	该团队较好地完成了本任务	10分	

职业能力训练

一、填空题

1. 市场调查的特点有_____、_____、_____、_____和_____。
2. 常见市场调查方法有_____、_____、_____、_____和_____。
3. 市场预测的基本原理有_____、_____、_____和_____。
4. 机电产品细分的方法有_____、_____、_____和_____。
5. 目标市场选择的方法有_____、_____、_____和_____。

二、简答题

1. 如何设计机电产品市场调研方案？
2. 简要说明机电产品细分市场的作用。
3. 如何进行机电产品市场细分？
4. 举例说明各种目标市场的营销方法。
5. 选择目标市场营销方法时应考虑的因素有哪些？

项目三

分析机电产品的客户购买行为

▶ 知识目标

1. 理解机电产品的营销环境。
2. 熟悉机电产品的市场特点。
3. 熟悉机电产品的市场购买行为。
4. 熟悉机电产品营销的步骤。

▶ 技能目标

1. 会用 SWOT 方法分析机电企业的营销环境。
2. 能撰写机电产品客户购买行为分析报告。

▶ 提交成果

1. 机电产品营销环境分析报告。
2. 机电产品客户购买行为分析报告。

某公司业务员推销误区

李宾负责销售一种安装在发电设备上的仪表,他工作非常努力,不辞劳苦地四处奔波,但是销售成绩却不好。你能从他的推销过程找出失败的原因吗?

1. 李宾得悉某发电厂需要仪表,就找到该厂的采购部人员详细介绍产品,经常请他们共同进餐和娱乐,双方关系相当融洽,采购人员答应购买却总是一拖再拖,始终未付诸行动。李宾很灰心,却不知原因何在。

2. 在一次推销中,李宾向发电厂的技术人员介绍说,这是一款新发明的先进仪表。技术人员请他提供详细技术资料并与现有同类产品作一个对比。可是他所带资料不全,只是根据记忆大致作了介绍,对现有同类产品和竞争者的情况也不太清楚。

3. 李宾向发电厂的采购部经理介绍现有的各种仪表，采购部经理认为都不太适合本厂使用，说如果能在性能方面做一些小的改进就有可能购买。但是李宾反复强调本厂的仪表性能优异，认为对方提出的问题无关紧要，劝说对方立刻购买。

4. 某发电厂是李宾所在公司的长期客户，需购仪表时就直接发传真通知送货。该发电厂原来由别的推销员负责销售业务，后转由李宾负责。李宾接手后采用许多办法与该公司的采购人员和技术人员建立了密切关系。一次，发电厂的技术人员反映一台新购的仪表有质量问题，要求给予调换。李宾当时正在忙于同另一个重要的客户洽谈业务，拖了几天才处理这件事情，认为凭着双方的密切关系，发电厂的技术人员不会介意。可是那家发电厂以后购买仪表时，又转向了其他供应商。

5. 李宾去一家小型发电厂推销一款受到较多用户欢迎的优质高价仪表，可是磨破了嘴皮，对方依然不为所动。

6. 某发电厂同时购买了李宾公司的仪表和另一品牌的仪表，技术人员、采购人员和使用人员在使用两年以后对两种品牌进行绩效评价，列举事实说明李宾公司的仪表耐用性不如那个竞争性品牌。李宾听后认为事实如此，无话可说，任凭该发电厂终止了同本公司的生意关系而转向竞争者购买。

思考：
请找出李宾销售失败的原因。

任务一　分析机电企业营销环境

熟悉营销环境的重要性

小张是天津某混凝土和石材大型切割设备厂的一名销售人员，最近了解到北京某大型建筑承包商承接了一项高速公路改扩建工程，需要用到大型的切割设备，而且极有可能一订就是十几台。

见面后刘经理倒也热情，说公司目前正处于供应商调查、初选阶段，有几个切割设备厂已经开始与他们接洽，小张可以把他们公司的一些资料报过来。在随后与刘经理的交谈中，小张进一步了解到，由于高速公路要在明年年底通车，时间紧、作业面的工程量大，所以初步考虑采购功率在5000W以上的大型切割设备，采购数量为10台左右。

在了解客户采购进度、预算等情况后，小张与刘经理约好下周见面的时间，便匆匆赶回天津工厂，并立刻向负责销售的副总做了汇报，随后又与生产部门和技术部门作了初步的沟通。生产部门承诺：在客户规定的时间内别说生产10台，就是20台也问题不大；但技术部门却认为，工厂从没有生产过5000W以上的设备，技术上没有把握，就是研发也是需要时间的。

随后的4个月内，小张放弃了其他客户，集中精力在这个订单上。为节省北京与天津来回路途上的时间，小张在客户公司附近找了一家宾馆住了下来，隔三岔五地拜访刘经理，当然请客吃饭是经常性的，其间小张还设法请刘经理和建筑公司领导专门去天津的工厂参观。于是小张和刘经理也成了无话不谈的朋友，但在订单问题上，刘经理始终没有明确的表态，一直承诺一定会给他参加投标的机会。

几个月过去了，这天刘经理通知小张去取投标书，但小张发现在标书的技术部分明确要求：供应商应具备生产5000W以上设备的能力和正在实际使用的案例。刘经理解释道：这是公司的施工技术部门的要求。投标的结果很快揭晓了，虽然小张的报价很低，但因无法满足客户的技术要求而最终落选了。

思考：
对机电产品进行营销时应如何分析营销环境？

知识点一：机电企业营销环境的特征

营销环境是指直接或间接影响企业营销投入、产出活动的外部力量，是企业营销职能外部不可控制的因素和力量，如竞争、经济、政治、法律规定、技术和社会文化因素。

机电企业营销环境有以下特征。

1）客观性：具有不可控制性和强制性，企业可以适应环境的变化和要求，适应"物竞天择，适者生存"的规律。
2）差异性：不同的企业受不同环境的影响，同一环境对不同企业的影响不相同。
3）复杂性：各种因素之间经常存在着矛盾关系。
4）多变性：营销环境总是处在不断变化的过程中。
5）相关性：营销环境因素之间是相互影响、相互制约的。
6）动态性：市场营销环境是一个动态系统。

营销环境的特征决定了它对企业的生存与发展、营销活动及决策产生有利还是不利的影响，具有不同的制约作用和效果。一方面，它为企业提供了市场营销机会；另一方面，市场营销环境也对企业造成某种威胁。

企业的市场营销环境主要分为两类。一类是微观营销环境（营销直接环境）：即与企业紧密相连，直接影响其营销能力的各种参与者，包括供应商、营销中介、目标客户、竞争者及公众和影响营销管理决策的企业内部各个部门；第二类是宏观营销环境（营销间接环境）：即影响企业微观环境的巨大社会力量，包括人口、经济、自然、政治法律、科学技术及社会文化等多方面的因素。

知识点二：企业微观营销环境（营销直接环境）

企业微观营销环境又称为营销直接环境，是指那些直接影响与制约市场营销的环境因素。它对企业营销的影响迅速而直接。微观营销环境的内涵示意图如图3-1所示。

1. 供应商

供应商是向企业提供生产产品和服务所需资源的企业或个人。供应商是微观营销环境的重要因素。供应商对企业营销活动的影响主要体现在以下几个方面。

（1）供货的及时性和稳定性

现代市场经济中，市场需求千变万化且变化迅速，企业必须针对瞬息万变的市场及时调整计划，而这一调整又需要及时地提供相应的生产资料，否则，调整只是一句空话。企业为了及时并连续性地得到适当的货源，就应该和供应商保持良好的关系。

图3-1 微观营销环境内涵示意图

（2）供货的质量水平

任何企业要保证生产的产品质量，除了严格的管理以外，与供应商供应的货源本身的质量有密切的联系。当然，供货的质量还包括各种服务，尤其是一些机器设备的供应，如果没有配套的服务（如装备、调试及零部件供应等），供货的质量就成了空话。

（3）供货的价格水平

供货的价格直接影响到产品的成本，最终会影响到产品在市场上的竞争能力。企业在营销中应密切注意供货价格变动的趋势，特别要密切注意对构成产品重要部分的原材料和零部件的变化，做到应变自如，防止措手不及。

2. 营销中介和服务商

营销中介是指协助企业推广、销售产品给最终购买者、融通资金、提供各种营销服务的企业和个人。它包括商人中间商、代理中间商、实体分配公司、营销服务机构及金融机构。

任何企业的营销活动都离不开营销中介，有了营销中介提供的服务才能使企业的产品顺利地到达目标客户手中，所以营销中介对企业营销活动产生直接的影响。

服务商包括各种运输公司、仓储公司和配送中心，以及市场营销服务机构，直接影响企业能否及时交货等。

3. 目标客户

企业的所有营销活动都是以满足客户的需求为中心的。所以说，客户是企业最重要的微观环境因素。对于一个企业而言，客户就是营销活动的核心目标，其影响程度巨大，因为失去了客户就意味着失去了市场，赢得了客户就赢得了市场。

企业的客户一般来自以下五个市场。

1）消费者市场。
2）制造商市场。
3）中间商市场。
4）非营利组织市场。
5）国际市场。

4. 政府

政府是企业营销的另一个重要环境因素。那么，企业应如何处理与政府的关系呢？

（1）经常沟通信息

政府作为行政管理机构，对企业一般不实行直接管理，但也需要掌握各企业的动态，以便归纳出带有普遍倾向性的问题，为宏观调控打下基础。因而，企业在举行庆典、产品投产、联谊活动、周年庆祝等活动时应告之政府有关部门，与政府相关部门进行良好的沟通，并经常上门汇报企业动态。

（2）争取良好的经济效益

企业是以营利为目的的经济组织，它是国家、企业、个人三者利益的交织点，企业只有取得良好的经济效益，国家才能以利税形式取得管理国民经济所需的经费，企业职工的生活水平有了保障，企业本身也能得到更大的发展。因而，经济效益好的企业往往备受政府公众的重视。

（3）良好的社会表现

企业热心公益事业，积极参与社区事务，坚持企业利益服从国家利益等，均有助于政府对其产生良好的印象。

5. 竞争对手

竞争对手是指在同一目标市场争夺顾客群体的其他企业或类似的组织。竞争是商品经济的必然现象。在商品经济条件下，任何企业在目标市场进行营销活动时，不可避免地会遇到竞争对手的挑战。在健全的市场环境中，一个企业不可能长期垄断一个市场。因而，竞争对手的营销策略及营销活动（如价格、广告宣传、促销手段变化、新产品开发及销售服务等）都将直接对企业造成威胁。为此，企业不能放松对竞争对手的观察，并应及时做出相应的对策。

企业面临四类竞争：

1）欲望竞争者，即客户想要满足的各种欲望之间的可替代的竞争者；
2）行业竞争者，指提供能满足同一种需求的不同竞争者；
3）产品形式竞争者，客户在满足同一需求的产品中进一步要决定购买某一类产品；
4）品牌竞争，也称为企业竞争，是指在质量、特色、价格、服务及外观等方面所展开的竞争。

知识点三：企业宏观营销环境（营销间接环境）

企业必须适应宏观环境。宏观环境的影响主要来自六个方面：政治法律环境、人口环境、经济环境、社会文化环境、自然环境和技术环境。

1. 政治法律环境

政治法律环境包括国内、国际环境。企业的市场营销活动是受一定的政治环境制约的。具体体现为：执政党的路线、方针政策的制订和调整对企业营销活动产生的深远影响。

主要包括政府的有关经济方针政策（人口政策、产业政策、能源政策、财政及金融货币政策等），政府颁布的各项经济法令法规及群众团体诉求（这是指为了维护某一部分社会成员的利益而组织起来的，旨在影响立法、政策和舆论的各种社会团体）。

2. 人口环境

企业要关注的第一个因素是人口，因为市场是由人组成的。营销人员主要会对以下几方面感兴趣：

1）不同城市、地区和国家的人口规模和增长率。
2）人口年龄分布和种族组合。
3）人口教育水平。
4）家庭类型。
5）人口地区特征和流动。

人口规模迅速增长、人口老龄化日趋严重、家庭规模日趋小型化、人口教育程度提高、人口的地理分布及区间流动、女性就业水平提高，这些都影响企业的营销活动。

3. 经济环境

（1）经济结构类型

不同国家或地区在收入水平和经济结构上有很大的差异。一个决定性因素是这些国家或地区的产业结构，一般有四种，分别是：①自给型经济；②原料出口型经济；③工业化进程中的经济；④工业化经济。

（2）收入分配

收入因素是影响社会购买力的主要因素。

1）国内生产总值是指一个国家或一个地区（所有常住单位）在一定时期内所生产和提供的以市场价格计算的最终产品与劳务的市场价值总和。它反映一定时期内生产活动的最终成果。GDP增长率很大程度上取决于一个国家或地区的个人收入水平、就业率、消费结构、投资规模等，市场受此影响非常大。

2）人均国民收入是一个国家在一定时期（通常为1年）内按人口平均计算的国民收入占有量。

3）个人可支配收入。扣除消费者个人缴纳的各种费用（医疗保险、公积金、个人所得税等）之后用于消费或储蓄的所得。

4）个人可任意支配收入。在可支配收入中再减去消费者用于购买生活必需品的支出和固定支出（如房租、保险费、分期付款及抵押借款等）后所余下的才是个人可任意支配的收入，这是影响消费需求变化最活跃的因素。

5）储蓄、债务、信贷的适用性。这是指消费者的支出受消费者储蓄、债务和信贷适用性，以及消费者储蓄和信贷情况变化的影响。

4. 社会文化环境

社会文化环境是指由价值观念、生活方式、宗教信仰、职业与教育程度、相关群体、风俗习惯及社会道德风尚等因素构成的环境。各国各地区各民族的文化背景不同，风俗习惯、教育水平、语言文字、宗教信仰及价值观念等差异均很大，这种环境不像其他营销环境那样显而易见和易于理解，但对消费者的市场需求和购买行为会产生强烈而持续的影响，进而影响到企业的市场营销活动。

5. 自然环境

企业在市场营销研究中涉及的自然环境，主要是指企业本身的资源环境，如气候、地形、自然资源等对市场经营活动发生直接或间接的影响。对企业营销者来说，要研究和分析自然环境趋势给市场营销带来的威胁与机会，主要看以下几个方面：自然资源的日益短缺；资源成本不稳定；环境污染严重；政府对环境保护、干预力度加强。

6. 技术环境

科技发展速度对市场营销有显著的、多方面的影响。可以说，对人类生活最有影响力的是科学技术，人类历史上的每一次技术革命，都会改变社会经济生活。作为营销环境的一部分，技术环境不仅直接影响企业内部的生产与经营，还同时与其他环境因素互相依赖、互相作用。

知识点四：企业综合营销环境分析

企业内外情况是相互联系的，将外部环境所提供的有利条件（机会）和不利条件（威胁）与企业内部条件形成的优势与劣势结合起来分析，将有利于制定出正确的经营战略。

1. 环境威胁与市场机会

企业所处的环境基本上有两种发展变化趋势：环境威胁与市场机会。企业综合营销环境分析的目的就是要寻找机会规避威胁。

（1）环境威胁

环境威胁是指环境中不利于企业营销活动甚至限制企业营销活动发展的因素，对企业已经形成挑战，如果置之不理将会对企业的市场地位造成不利影响。环境威胁主要有三个方面：一是直接威胁着企业生产经营；二是企业的目标与任务或企业资源与环境因素相矛盾；三是可能来自于国际经济形势的变化。

威胁矩阵如图3-2所示。图中，1是严重或关键性威胁；2、3是密切关注的威胁；4是不必考虑的威胁。

企业面对威胁有以下三种可选择的对策。

1）反抗：即试图抵制或扭转不利因素的发展。
2）减轻：通过调整经营策略来适应环境的变化，以减轻环境威胁的严重性。
3）转移：决定转向其他能获利的业务或市场。

（2）市场机会

市场机会是指对环境中出现有利条件，企业通过努力可能获得盈利的需求领域。

机会分析的思路：一是考虑机会给企业带来的潜在利益的大小。二是考虑机会出现概率的大小。机会矩阵如图3-3所示。图中，1是最佳机会；2、3是密切关注的机会；4是不必考虑的机会。

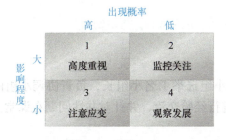

图3-2 威胁矩阵

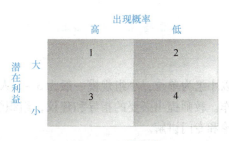

图3-3 机会矩阵

评价市场机会的步骤：①从环境中挑选出公司的机会群；②从公司机会群中挑选出可以发展的市场机会；③对入选的市场机会制定发展策略。

企业面对机会有以下三种可选择的对策：

1）利用机会：要求企业具备利用该机会的能力和资源，具有或能够培育核心竞争力和竞争优势。

2）等待观望：即等待最佳的时机。

3）放弃机会：通过评价该环境机会，若认为不能成为企业机会的，则应放弃。

2. 优势与劣势

对企业内部环境进行分析，就是要了解企业的优势和劣势，预测现有资源和能力与环境机会的适应程度或匹配程度。企业内部环境分析最重要的是企业能力分析。企业能力是企业能够把资源加以统筹整合以完成预期任务和目标的技能。企业能力主要包括市场营销能力、财务能力、制造能力和组织能力等。

企业能力分析的步骤如下。

1）明确利用机会所需要的能力结构，找出反映这种能力的具体因素，并判断每一个因素的相对重要性。

2）分析现有能力的实际情况，找出经营该业务的优势和劣势。

3）进行评价和制定措施。

3. SWOT 分析法

在国际上，通用的营销环境分析方法为 SWOT 法（优势—Strengths、劣势—Weaknesses、机会—Opportunities、威胁—Threats）。

SWOT 矩阵如图 3-4 所示。SO 战略：利用企业内部的长处去抓住外部机会，是最佳组合。WO 战略：抓住机会弥补自身资源或能力的不足。如果自身资源或能力得不到改进，机会只能让给竞争对手。ST 战略：巧妙利用企业自身优势来对付环境中的威胁，降低威胁可能产生的不利影响，不是上策。WT 战略：应尽可能避免。如果企业一旦处于这样的位置，在制定战略时就要设法降低环境因素对企业的冲击，使损失降到最小。

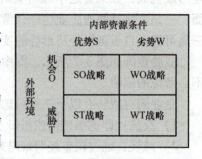

图 3-4 SWOT 矩阵

撰写《×××加工中心制造商营销环境的 SWOT 分析报告》

1. 任务组织

以小组为单位，小组规模一般为 3~5 人，每小组选举 1 名小组长，负责协调小组的各项工作。教师提出必要的指导和建议，组织学生进行经验交流，并针对共性问题在课堂上组织讨论和专门讲解。

2. 任务内容

每组从教师处领取不同的机电产品制造商（备选：①卧式车床制造商；②轴承制造商；③液压元件制造商；④钻床制造商；⑤数控车床制造商；⑥机床刀具制造商；⑦液压泵制造商；⑧卧式铣床制造商；⑨电气元件制造商等）的营销环境资料，对其进行 SWOT 分析。

各组从所选产品制造商的优势与劣势、机会与威胁等方面进行深入地调研，小组内成员进行充分讨论，根据分析结果撰写本组的《×××加工中心制造商营销环境的 SWOT 分析报告》（格式参见"样本"）。

3. 任务考核

每小组由组长代表本组汇报任务完成情况，同学互评，教师点评，然后综合评定各小组本次任务的实训成绩。具体考核见表 3-1。

表 3-1　营销环境分析任务考核表

考核项目	考核内容	分　　数	得　　分
工作态度	按时完成任务	5 分	
	格式符合要求	5 分	
任务内容	企业优势分析到位	15 分	
	企业劣势总结完全	15 分	
	外部机会分析恰当	15 分	
	外部威胁清楚全面	10 分	
	结论适合企业与市场实际情况	10 分	
团队合作精神	团队凝聚力强	5 分	
	同学间有良好的协作精神	5 分	
	同学间有相互服务的意识	5 分	
团队间互评	该团队较好地完成了本任务	10 分	

样本：

海尔集团营销环境的 SWOT 分析

海尔是全球大型家电第一品牌，1984 年创立于青岛。目前，海尔集团在全球建立了 21 个工业园，5 大研发中心，19 个海外贸易公司，全球员工超过 8 万人。2011 年，海尔集团全球营业额实现 1509 亿元，品牌价值 962.8 亿元，连续 11 年蝉联中国最有价值品牌榜首。海尔集团援建了 164 所希望小学和 1 所希望中学，制作 212 集科教动画片《海尔兄弟》，是 2008 年北京奥运会全球唯一白色家电赞助商。下面是有关海尔的 SWOT 分析。

（1）优势（S）

1）海尔有 9 种产品在中国市场位居行业之首，3 种产品在世界市场占有率居行业前三位。

2）技术领域处于世界领先水平。

3）目前，海尔累计申请专利6189项（其中发明专利819项），拥有软件著作权589项。

4）海尔"市场链"管理还被纳入欧盟案例库。

5）由于受海尔良好的管理模式和悠久的企业文化的长期熏陶，员工的素质相对较高，规范化管理的基础相当好。

(2) 劣势（W）

1）在传播和公关技巧方面十分欠缺。海尔公关方面的欠缺很大一部分原因在于海尔在聘任机制上存在一定的问题，只注重对技术、知识的考察，而忽略了对个人能力的考察。

2）海尔外部的信息化，尤其是与国内供应商、分销商的电子数据交换，一直处于两难境地！

(3) 机会（O）

1）科技创新实现企业信息化。

2）同时伴随着国际化的趋势越来越强，海尔面临转向国际市场、产品出口、海外建厂等机会，海尔迎接挑战，争创世界名牌。

(4) 威胁（T）

1）家电企业的不断兴起。

2）技术的不断更新换代，海尔必须不断地提高科学技术创新水平，进而提高自身优势。

结论：海尔集团的营销环境处于 SO 状态，企业应抓住机会，充分发挥企业优势，同时密切注意威胁因素的变动情况。

任务二　分析制造商购买行为

英格索兰公司，专业工具拓展 DIY 市场

美国的英格索兰公司（Ingersoll-Rand）成立于1871年，至今已经有130多年的历史。它主要向汽车行业、建筑业、能源和一般工业提供各种空气及气体压缩机、矿山机械、气动工具、泵浦机械和设备，是一家名列前茅的跨国工业企业。

英格索兰公司在仔细研究了气动工具市场后发现，公司虽然在专业市场上已经是气动工具销售的龙头老大，但是在 DIY（英文 Do it yourself 的缩写，意思是"自己动手做"）工具的市场上却几乎无声无息。为了保护已建立的市场地位和份额，英格索兰公司的 DIY 品牌需要跟公司的专业工具品牌拉开距离。英格索兰公司决定为 DIY 产品系列起用一个从未问世的品牌——PowerForce。

英格索兰公司从 PowerForce 上市开始就将其定位为 DIY 市场的高端品牌，并将"专业性"作为 PowerForce 的主要体现方式。根据市场调查机构的调查显示，大部分 DIY 消费者都希望表现出"自己非常专业"，这种思想甚至导致了近年来 DIY 工具市场和专业工具市场的一些重叠——很多 DIY 消费者愿意花钱购买更加专业的工具。PowerForce 的这种定位正好满足了消费者的这种心理。同时，英格索兰公司借助专业气动工具与三届温斯顿杯冠军车队队长 Ray Evernham 有长期合作的关系，在 PowerForce 工具的包装盒上特地印上了 Evernham 赛车车队维修保养人员在赛车场上工作的画面，以增加其专业性。

为了方便消费者使用，在 PowerForce 工具的外包装上都比较详细地印上了简单清晰的"该工具应如何使用"的照片，让那些并不熟悉气动工具使用方法的用户一目了然。并且，由于 PowerForce 是在超市等连锁店销售的，会出现在专业工具经销网络中不存在的顾客"顺手牵羊"的新问题，所以英格索兰对 PowerForce 外包装盒的形状和尺寸进行了大幅度的改动，这种做法在一定程度上既解决了问题，也保证了销售商的利益，使他们愿意销售 PowerForce 产品。

英格索兰公司在 DIY 市场的迅速扩展，与其品牌在普通消费者中强大的声誉及谨慎地组织市场规划和品牌管理是密不可分的，使他们能在成功利用品牌知名度的同时保证 Ingersoll-Rand 工具在专业技师核心市场上的高档身价。

思考：
英格索兰公司是如何分析客户行为的。

知识准备

知识点一：机电产品市场的特点

按照市场的性质不同，可以将其分为组织市场和消费者市场两大类。其中消费者市场由为了满足个人或家庭需要而购买产品和服务的顾客组成；组织市场则由那些为了生产、销售、维持组织运作或履行组织职能而购买产品或服务的用户（制造商、中间商、政府及组织机构等）所构成，而用户购买的目的是用于再生产、转售、开展公益事业等。机电产品的市场主要是组织市场，尤其是制造商（企业）市场和中间商市场。

1. 机电产品市场需求的本质

（1）需求的派生性

机电产品的客户购买产品或服务是为了给自己的服务对象提供所需的商品和服务。制造商（生产者）的需求取决于其用户的相应需求，也就是说，没有用户的相应需求，就不会有制造商（生产者）的需求。如全自动洗衣机制造商需要某电动机公司生产的电动机，然而其需求的数量则取决于对未来用户需求量的预测。

（2）需求缺乏弹性

机电产品市场对产品和服务的需求总量受价格变动的影响较小。决定制造商（生产者）需求量变化的主要因素是用户相应需求的变化，制造商（生产者）需求对价格的敏感程度较弱，除非原材料成本成为产品价格的主要因素，企业需要考虑成本控制时才会在意价格的变动。

(3) 需求波动大

机电产品市场需求的波动幅度大于消费者市场需求的波动幅度，一些新企业和新设备更是这样。由于制造商（生产者）市场与消费者市场的时间与空间差异，制造商（生产者）的需求变化要滞后于消费者相应需求的变化。并且制造商（生产者）需求的变动幅度要大于消费者相应需求的变动幅度。有资料表明，消费者相应需求升幅10%，就有可能使下一阶段制造商（生产者）的需求增加200%；消费品需求下降10%，就可能导致工业需求全面暴跌。

(4) 联合需求

制造商（生产者）的需求通常与其他制造商（生产者）的需求紧密相关。例如，对普通车床主轴箱壳体的需求与其使用的各变速齿轮有关；如果各个变速齿轮的供应有问题或推迟，生产机床的公司可能不得不暂时停止购买主轴箱壳体。也就是说，买方需要与许多供应商协调产品进度，而不是仅与一个供应商进行协调。

2. 机电产品市场需求的结构

(1) 客户少，但购买数量和金额都很大

机电产品制造行业比较集中，通常易于辨认目标客户。制造商（生产者）市场上客户的数量比消费者市场的购买者少得多，如发电设备制造商的客户是各地极其有限的发电厂。由于制造商购买的目的是为了再生产，所以每次购买数量都比较大，有时一位买主就能买下一个企业较长时期内的全部产量。

(2) 客户在地理区域上相对集中

机电产品制造行业具有比较强的地理位置依赖性，其市场集中有利于降低销售和运输成本，便于企业间在生产、供应上的协作。重工业与大规模制造商（如造船工业、钢铁工业、汽车工业）充当着一系列相关产品供应商的龙头，带动整个产业链的地理位置相对集中。例如，我国长三角地区已成为中国乃至世界制造业集中区，如广东的顺德等地现在已成为世界小家电生产基地。地域集中通常意味着为机电产品和服务提供了较多的机会。

3. 机电产品购买过程的特殊性

(1) 专业人员购买

制造商（生产者）购买产品通常由专业人员完成，大多数企业有专门的采购中心，重要的采购决策往往由技术专家和高层管理人员组成的设备招投标委员会做出决定，其他还有一些相关的人员也直接或间接地参与。专业采购者经过专门的训练，具有丰富的产品及购买知识，清楚地了解产品的性能、质量、规格和有关技术要求。

(2) 直接采购

由于购买规模大，客户往往向供应方直接采购，而不经过中间环节，价格昂贵或技术复杂的项目更是如此。

(3) 以租代买

许多大型机电产品，若企业无力购买或为了节约成本往往会采用租赁的方式。如地铁建设单位很少购买昂贵的盾构机，一般选择租赁的方式。

(4)供需双方关系密切

由于机电产品市场购买者的上述特性,以及购买的连续性,要求机电产品市场的买卖双方建立密切的合作关系。买卖双方通过有效的合作来满足各自的需要,从而实现共赢。

机电产品市场相对于消费者市场的购买行为更加理性、专业,参与购买决策的人更多,详见表 3-2。

表 3-2　机电产品市场与消费者市场营销差异

市场分类 市场因素	机电产品市场	消费者市场
产品	产品更专业	标准化形式、服务因素重要
价格	多采用招标方式决定	按标价销售
分销渠道	较短、多采用市场直销	多通过中间商接触
促销	强调人员销售	强调广告
顾客关系	长久而复杂	较少接触、关系浅
决策过程	多采用群体决策	个人或家庭决策

知识点二:制造商市场的购买类型

制造商市场的购买类型如图 3-5 所示。

1. 新购

新购是指购买者首次购买某种产品或服务。由于是第一次购买,购买者没有以前的经验做基础,购买具有不确定性和风险性,因此在购买决策前,购买者需要花费很多精力去收集大量的信息。新购花费的成本越高,风险就越大。新购是所有供应商的机会,因此,供应商要采取措施影响能够做出新购决策的中心人物,争取获得新购订单。

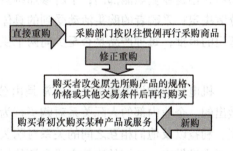

图 3-5　制造商市场的购买类型

2. 修正重购

修正重购是指购买者由于想改变产品的规格、价格、交货条件等购买要素,需要调整或修订采购方案的购买类型。修正重购比直接重购需要花费更多的时间和精力,通常扩大了采购决策参与者的人数,主要了解购买的需求和潜在的供应商。对于这样的购买类型,原有的供应商要清醒地认识自己所面临的挑战,积极改进产品规格和提高服务质量,大力提高生产率,降低成本,以维护现有客户。名单外的供应商则应把修正重购看成是一次机会,积极开拓市场,获得相应的业务。

3. 直接重购

直接重购是一种在供应商、购买对象、购买方式都不变的情况下,购买者直接购买以前曾经购买过的产品的购买类型。当供应不足时,买主会按照"供应商名单"再次与同样的供应商续签订单。对这种类型的采购,名单内的供应商不必重复推销,而应努力使产品的质量和服务保持原有的水平,争取同购买者保持稳定的关系。

不同购买决策类型对应的决策项目和购买决策的复杂程度是不同的,具体见表 3-3。

表 3-3　制造商购买决策类型

购买决策类型	复杂程度	时间	供应商数量
直接重购	简单	短	一个
修正重购	中等	中等	少
新购	复杂	长	多

知识点三：影响制造商购买行为的因素

1. 环境因素

环境因素主要是指一些宏观环境因素，包括市场需求水平、经济环境、技术环境、政治法律环境和文化环境等。其中，经济环境是最主要的，当经济不景气的时候，投资就会缩减，制造商就会减少采购，这时应压缩零部件的备件库存；当经济前景颇佳时，制造商为了赶订单，就会增加采购，加大零部件的备件库存。

2. 组织因素

组织因素是指市场企业自身的有关因素，包括营销目标、采购政策、工作程序、组织结构和管理机制等。营销人员应了解生产企业内部的采购部门在企业中的地位，是一般的参谋部门，还是专业职能部门；了解参加购买决策过程的人员构成，购买决策权是集中决定还是分散决定；采购者的购买活动受到的具体约束等，如购买金额超过一定限度是否要经过上级部门的审批，每种产品是否至少向两个供应商采购等。

3. 人际因素

机电企业的设备购买决定通常是由公司各个部门和不同层次人员组成的"采购中心"做出的。企业内部的人际关系对购买行为的影响，包括采购中心不同角色的职权、地位、态度、利益以及他们相互之间的关系对购买决策都有较大的影响。营销人员必须了解购买决策主要由谁做出、他们的决策方式和评价标准如何，以及采购中心成员间相互影响的程度等，以便采取有效的营销措施，促使顾客做出购买决策。

4. 个人因素

制造商的购买行为虽是理性活动，但做出购买决策的仍然是具体的人。参与购买决策的个人，在购买决策中又不可避免地受其年龄、收入、受教育程度、职位和个人特性等的影响。因此，市场营销人员应了解具体决策的参加者，以便采取因人而异的营销措施。

制造商购买过程中的影响因素如图 3-6 所示。

知识点四：制造商（企业）购买行为分析

1. 制造商（企业）市场购买过程的参与者

在直接重购和修正重购中，采购代理的影响作用最大，而在全新采购过程中，其他部门的人员将更具影响力。在进行商品与部件的选择决策时，工程技术人员的影响通常最具效力，而采购代理却控制着选择供应商的决策权。作为产业营销人员，必须首先向工程技术人员通报产品信息，在采购与供应商选择时期，应主要由采购代理商联系。

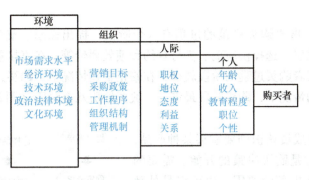

图 3-6　制造商购买过程中的影响因素

各企业采购组织不同，小企业只有几个采购人员，大公司有很大规模的采购部门，并由一位副总裁主管。有些公司的采购经理有权决定采购什么规格的产品、由谁供应，而有些采购经理只是负责把订货单交给供应商。通常，采购经理只对小量或小额的机电产品有决策权，至于主要设备或金额较大的产品的采购，采购经理只能按决策者或招投标小组的意见办事。企业的"采购中心"一般由下列五种人组成。

（1）使用者

使用者指那些将要使用产品或劳务的人。多数情况下，使用者首先提出购买建议，并协助决定产品价格。

（2）影响者

影响者指那些影响购买决策的人员。他们可协助决定产品规格，并提供活动所需的评价信息。技术人员是特别重要的影响者。

（3）采购者

采购者是指有正式的权利来选择供应商并商定购买条件的人。采购者对产品规格有一定的辅助决定作用，但他们最主要的职能是选择供应商并进行谈判。在许多复杂的购买活动中，甚至有高层次的经理充当购买者参与谈判的情况。

（4）决定者

决定者指那些有权决定产品需求及供应商的人。在一般的采购工作中，采购者就是决定者，而在复杂的采购工作中，决定者通常是公司主管。

（5）控制者（把门者、信息控制者）

控制者是有权阻止销售商或其信息流向采购中心成员的人。如采购代理商、技术人员、秘书等都可以阻止推销者与使用者或决策者的联系。

在任何企业内，所采购的商品不同，采购中心成员的数量和类型会有所不同。购买一台机床当然要比购买一个文件夹所需的参与者更多。机电产品营销人员必须弄清以下问题：谁是主要的决策参与者？他们影响哪些决策？他们影响决策的程度如何？每位决策参与者使用什么样的评价标准？

2. 制造商的购买决策过程

制造商（企业）做出购买决策的过程有八个阶段：提出需求、确定需求、说明需求、寻找供应商、征求建议、选择供应商、签订合约和绩效评价等。在直接重购这种最简单的购买情况下，企业购买者购买过程的阶段较少；在修正重购情况下，购买过程阶段少一些；而在新购这种最复杂的情况下，购买阶段最多，一般要经历八个阶段（图 3-7）。

（1）提出需求

企业内部的某些成员认识到要购买某种产品，以满足某种需要，这是购买决策的开始。需要的提出，既可以是企业内部的原因，也可以是外部的刺激。内部原因如制造商决定生产新产品，需要采购新的设备和原材料；原有供应商的价格、技术指标和售后服务不能令人满意，制造商希望能够寻求替代供应商；或者因为一些机器发生故障或损坏报废，需要购买某些零部件或新的机器

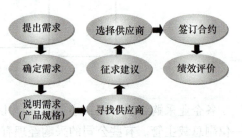

图 3-7 制造商的购买决策流程

设备等。外部刺激如产品广告、产品展览会，或采购者发现市场上出现了质量更好、价格更低的产品等。

（2）确定需求

需要提出后，采购者就要确定所需项目的总特征和需要的数量。对标准或常规项目的采购，一般都是采购者直接决定，而复杂项目的采购，应由使用者和工程技术人员以及相关负责人共同决定。包括确定需求产品的种类、特征和数量。

（3）说明需求

总体需求确定后，还要由专业技术人员对所需产品的规格、型号、功能等技术指标作具体分析，并做出详细的说明，供采购者参考。对于供应商来说，也要向其产品的潜在购买者说明产品的良好特性、规格和型号。如果供应商的营销人员能够尽早地介入制造商购买决策过程，并且通过与有关人员的密切交流来使做出的购买决策朝着有利于自身的方向发展是至关重要的。

（4）寻找供应商

采购者根据产品的规格要求，通过各种途径（如采购档案、其他部门信息、采购指南、广告、推销员的电话访问和亲自访问等）寻找服务周到、产品质量高、声誉好的供应商。为此，供应商应通过各种方式努力提高企业在市场上的知名度，以争取进入采购者的备选范围。

（5）征求建议

如果购买的产品不需要较高的信息量，"寻找供应商"和"征求建议"两个阶段会同时发生。当所购买的产品很复杂时，就存在许多经济、交易和技术上的问题。此时，购买者会邀请供应商提交供应建议书，并对他们的建议进行分析评价。对经过筛选后留下的供应商，购买者会要求他们写出正式的产品说明。因此，供应商的营销人员必须擅长调查研究、撰写报告等工作。

阅读材料

施乐的供应商队伍

施乐的供应商必须要通过 ISO9000 质量标准认证。为了赢得施乐公司的最高授权——施乐供应商证书，供应商首先要通过"施乐跨国供应商质量调查"。这个调查要求供应商提交一个质量保证手册，内容包括不断改进原则和对有效改进系统的论证。当供应商被审查合格后，它必须参加"施乐供应商连续参与"过程，这时两家公司一起工作以创立对质量、成本、交货时间和处理能力的标准。最后一步是供应商必须进行严格的质量培训，并通过与美国马尔科姆·鲍德里奇（Malcolm Baldrige）国家质量奖相同的标准认证，全世界只有176家供应商达到了施乐供应商证书95%的要求。

（6）选择供应商

在收到多个供应商的有关资料后，采购者将根据资料选择比较满意的供应商。在选择供应商时，采购者考虑的主要因素包括产品质量、性能、产量、技术能力、产品价格、企业信誉与历史背景、服务、交货能力以及企业的地理位置等，各因素的重要性随着购买类型的不同而不同。在最后确定供应商之前，采购者有时还要和供应商面谈，争取更优惠的条件。选择供应商的数量一般为2～3家。

（7）签订合约

当供应商选定后，采购者便向他们发出正式订货单，其中应包括所需产品规格、数量、付款方式、交货日期与地点、退货、保修、运输及保证等方面的内容。对复杂的采购项目需要考虑保养、维护和技术服务等内容，采购人员越来越多地倾向签订长期合同以代替短期购买订单。

（8）绩效评价

产品购进后，会在使用中了解所购买的产品是否起到了应有的作用，并以此来确定合同履行情况的评价，成为再采购、修改或取消与对方合作的依据。这一过程不仅仅涉及采购部门，也涉及营销、生产部门。

制造商购买决策的八个阶段并非适用于所有购买类型，而要根据不同类型的采购业务和决策来决定取舍。一般说来，上述过程主要适用于新购，对其他类型的购买可省去其中某些步骤，具体见表3-4。

表3-4 不同购买行为情况下的购买过程

购买阶段 \ 购买类型	新 购	修正重购	直接重购
提出需求	需要	可能需要	不需要
确定需求	需要	可能需要	不需要
说明需求	需要	需要	需要
寻找供应商	需要	可能需要	不需要

(续)

购买阶段 \ 购买类型	新　　购	修正重购	直接重购
征求建议	需要	可能需要	不需要
选择供应商	需要	可能需要	不需要
签订合约	需要	需要	需要
绩效评价	需要	需要	需要

机电产品市场营销的技巧

1) 了解你的顾客如何经营他们的业务；
2) 展示你的物品和服务如何适合顾客的业务；
3) 确认你的销售眼前会获益；
4) 了解顾客如何采购，使你的销售适合他们的采购过程；
5) 在销售过程中，应同顾客一方中参与采购决策的每个人进行接触；
6) 同每个决策者就其最关心的信息进行交流；
7) 成为你的顾客愿意与之建立关系的人或公司；
8) 确保你所做的每件事情都与你所选定的质量、服务、价格和性能相一致；
9) 了解竞争对手的优势和劣势；
10) 努力发挥你的优势；
11) 训练你的工作人员，使他们了解你的公司以及你的客户各方面的业务情况；
12) 掌握一个既符合你又符合顾客要求的分销系统；
13) 为已有的产品开辟新的市场及新的用途；
14) 用客户服务强化你的产品；
15) 心中明确牢记你的目标。

撰写《×××（机电产品名称）客户购买行为分析报告》

1. 任务组织

以小组为单位，小组规模一般为3~5人，每小组选举1名小组长，协调小组的各项工作。教师提出必要的指导和建议，组织学生进行经验交流，并针对共性问题在课堂上组织讨论和专门讲解。

2. 任务内容

每组从教师处领取不同的机电产品（备选机电产品：①叉车；②轴承；③机床配件；④钻床；⑤加工中心；⑥机床刀具；⑦液压泵；⑧卧式铣床；⑨PLC 等），对其进行购买行为分析。

各组从所选产品的购买类型、影响因素、参与者、购买决策过程等方面对客户购买行为进行深入的调查与分析，小组内成员进行充分讨论，根据分析结果撰写本组的《×××（机电产品名称）客户购买行为分析报告》（格式参见"样本"）。

3. 任务考核

每小组由组长代表本组汇报任务完成情况，同学互评，教师点评，然后综合评定各小组本次任务的实训成绩。具体考核见表 3-5。

表 3-5 客户购买行为分析任务考核表

考核项目	考核内容	分　数	得　分
工作态度	按时完成任务	5 分	
	格式符合要求	5 分	
任务内容	产品现状分析正确	10 分	
	品牌竞争分析清晰	5 分	
	用户对现用产品评价调查完整	5 分	
	有对产品期望的价格、性能与服务分析	5 分	
	影响购买行为的决定因素分析恰当	10 分	
	对产品购买决策过程分析正确	10 分	
	结论符合实际情况	20 分	
团队合作精神	团队凝聚力强	5 分	
	同学间有良好的协作精神	5 分	
	同学间有相互服务的意识	5 分	
团队间互评	该团队较好地完成了本任务	10 分	

样本：

×××（机电产品名称）客户购买行为分析报告

一、概述

1. 调研目的
2. 调研说明（时间、方式等）
3. 样本描述（被调研企业的类型、规模、主要产品）

二、本产品使用状况分析

1. 产品现状分析
2. 品牌竞争状况（各品牌市场占有率及地理分布）
3. 用户对现用产品的评价（技术规格、性能、购买渠道及服务等）

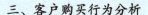

三、客户购买行为分析
1. 对产品期望的价格、性能与服务
2. 影响购买行为的决定因素（价格、性能、服务及其他）
3. 获得产品信息的渠道
4. 购买决策过程
四、结论
1. 产品方面
2. 购买行为方面
3. 品牌方面

任务三　分析其他组织购买行为

中国政府采购工作统计

从财政部获悉，2016年全国政府采购规模继续保持快速增长，采购规模为31089.8亿元，剔除一些地方以政府购买服务方式实施的棚户区改造和轨道交通等工程建设项目相关支出5358.5亿元，全国政府采购同口径规模为25731.3亿元，较上年增加4660.9亿元，增长22.1%，占全国财政支出和GDP的比例分别为11%和3.5%。

从政府采购结构来看，货物类采购规模占政府采购总规模比例下降，工程类采购比例相对稳定，服务类采购比例上升明显。货物类采购规模为7240亿元，较上年增加668.6亿元，增长10.2%，占全国政府采购同口径规模的28.1%，较上年下降3.1%。其中，台式计算机、车辆等通用设备采购规模下降8.4%；医疗卫生、教育科技领域的专用设备采购规模增长6.9%；医药品采购规模增长19.5%。工程类采购规模为13630.4亿元，较上年增加2475.2亿元，增长22.2%，占全国政府采购同口径规模的53%，与上年基本持平。服务类采购规模为10219.3亿元，剔除以政府购买服务方式实施的棚户区改造和轨道交通等工程建设项目相关支出5358.5亿元后，服务类采购同口径规模为4860.8亿元，较上年增加1516.9亿元，增长45.4%，占全国政府采购同口径规模的18.9%，较上年提高3%。

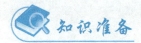

知识点一：中间商市场购买行为分析

中间商市场也称为转卖者市场，由购买为了直接转卖而盈利的买主组成。中间商市场的顾客主要是各种商业中间商（买卖中间商）和代理中间商。它们介于制造商（生产者）和消费者或用户之间，作为商品流通的媒介，并由此获取盈利。

中间商用户的需求，主要也是消费者市场引申或派生的需求，且多带有组织购买的性质，与制造商（生产者）市场有较多的相似特征。

1. 中间商市场的特点

（1）衍生需求与原生需求的一致性

中间商对商品的需求是衍生需求，中间商购买产品是为了直接转卖。中间商的需求和制造商的需求是一致的、统一的。

（2）以"好卖"为主要购买决策标准

制造商的购买关注的是产品质量、技术参数及适销对路，而中间商只关心购买的商品是否"好卖"，他们关心商品的质量与款式也是从是否"好卖"的角度考虑的。

（3）时间、地点的限制性强

中间商主要负责产品的物流配送、信息传递、供需对接。中间商市场的需求应该与原始需求的时间保持某种一致性，以避免库存积压和失去时效；中间商所在地点应与所购商品的原生市场区域相一致，因为他们的专卖对象主要是本地或附近地区的某些客户。

（4）购买时要求品种丰富、配套齐全

只有这样才能使客户有广泛的选择性，以增强吸引力，扩大营业额。一般中间商同时与多个供应商保持业务关系，这样才能保证品种齐全。

（5）购买者地区分布的规律性强

中间商市场的购买者，其数目多于制造商而少于消费者，其地理位置分布也较制造商分散而比消费者市场集中。

（6）中间商需要供应商提供配合和协助

中间商往往因为财力等因素无法对各种产品进行推广，常常需要供应商协助其做产品推广，帮助其销售。另外，中间商因为不制造产品，对产品技术不擅长，一般需要供应商协助其为用户提供技术服务、产品维修服务和退货服务。

2. 中间商的购买类型

（1）新产品采购

新产品采购是指中间商对是否购进以及向谁购进以前未经营过的某一新产品做出决策，即首先考虑"买"与"不买"，然后再考虑"向谁购买"。

（2）最佳供应商选择

最佳供应商选择是指中间商已经确定需要购进的产品，在寻找最合适的供应商。这种购买一般是因为各种品牌货源充裕或中间商打算自创品牌销售产品，选择愿意为自己定制品牌产品的生产企业。

（3）改善交易条件的采购

改善交易条件的采购是指中间商希望现有供应商在原交易条件上再做些让步，使自己得到更多的利益。如果同类产品的供应商增多或其他供应商提出了更有诱惑力的价格或条件，中间商就会要求现有供应商加大折扣、给予优惠信贷等。

（4）直接重购

直接重购是指中间商的采购部门按照过去的订货目录和交易条件继续向原先的供应商购买产品。中间商会对以往供应商进行评估，选择满意的作为直接重购的供应商。

3. 中间商购买过程的参与者

在中间商市场，实际沟通制造商（生产者）和中间商关系的是中间商内部那些决定购买和实际购买的人员及组织。他们同样形成了"采购中心"，并在不同程度上直接左右制造商的命运。中小批发商和零售商一般不配备专职采购人员，选择与采购任务通常由店主（经理）承担，或由熟悉业务的员工负责，同时兼做其他工作。对于较大的批发商、零售商，采购成为专门职能，采购人员设有专职岗位。购买过程的参与者如图 3-8 所示。

☺ 商品经理
☺ 采购委员会
☺ 分店经理

图 3-8　中间商购买过程的参与者

4. 中间商购买决策的内容

（1）进货时机决策

中间商根据库存水平、市场前景预测、自身财务状况决定是否进货。例如，中间商判断未来半年制造业增长会加速且自身的周转资金比较多，这时就会抓住时机补充机加工设备方面的库存。

（2）配货决策

配货决策是指中间商所经销产品的品种，即中间商的产品组合。它直接影响到中间商的供应商组合、营销组合和用户组合。通常有四种组合供中间商选择：一是单一组合，即只经销某一制造商的产品；二是深度组合，即经销许多厂家生产的同类产品；三是广度组合，即经销多种系列的相关产品；四是混杂组合，即经销多种系列彼此无关的产品。

（3）供应商组合决策

供应商组合决策是指决定与之从事交换活动的各有关供应商。中间商将要购买的品种确定以后，往往需要挑选合适的供应商，确定从哪个供应商进货，要在众多的供应商中选择最优者。

（4）供货条件决策

供货条件决策是指确定具体采购时所需要的价格、交货期、相关服务及其他交易条件。中间商总是试图争取更为有利的条件。

5. 影响中间商购买行为的主要因素

1）产品适销对路与否：市场前景看好，消费者及用户欢迎的品牌，是他们求购的对象。

2）预期收益和利润率较高的产品。

3）能够得到供应商的促销支持。

4）与自己的市场定位一致或接近。

5）供应商具有良好的商誉和形象。

6）购买风格的不同。

① 忠实采购者：多年来忠于同一商品来源。

② 机会主义采购者：选择能符合长远利益的供应商，随时选择最划算的供应来源。

③ 最佳交易采购者：选择该时期的最佳交易。
④ 创造性采购者：直接要求某种产品的服务和价格。
⑤ 追求广告支持的采购者：每次交易都希望得到广告费用补贴。
⑥ 斤斤计较的采购者：每次交易都希望得到价格等方面的优惠。
⑦ 琐碎的采购者。

知识点二：政府市场购买行为分析

无论哪个国家，政府购买总是国家财政支出的一大组成部分，特别是在宏观经济不景气时，政府常常用增加政府购买开支的手段来达到启动经济的目的，故政府对企业来讲，实际上也形成了一个独特的市场——政府市场。政府购买品种繁杂，数量极大，它们购买轰炸机、雕塑品、黑板、家具、卫生设备、服装、材料搬运设备、灭火机、汽车设备及燃料等。政府常常会直接发布需求信息，作为供应商必须了解政府采购信息的发布渠道。

1. 政府市场的构成

政府市场由各级政府的采购者构成。各级政府一般都有自己的采购单位——各级办公厅、办公室或后勤办事处，当然还包括一些专门的采购机构。政府采购通常包括一般物资和军用物资两部分。一般物资主要是为保证政府部门的日常运转而购买的，由各级政府及其下属部门的办公部门和后勤物资部门负责采购，诸如车辆、办公室设备、办公消耗用品等。军用物资是指军队为了满足国防需求，通过购买或租赁等方式获得军用产品。军用物资主要包括军事专用品（如武器、弹药等）、纯民用品和军民通用物资（如药品、粮食及油料等）。

2. 影响政府采购的主要因素

政府采购人员也受到环境、组织、人际和个人等因素的影响。但特殊的是政府采购还受公众的监视。

首先，受各国议会的监督。如美国的国会，许多议员的职责就是监督政府的开支、避免采购浪费。

其次，受财政预算的制约。政府开支一般都作为财政预算的重要项目需经政府审定通过，一旦确定便具有法律效应，不能随意改变。

最后是政府的自我监督。在中国，政府开支的许多项目属于"社会集团购买"，在反腐倡廉和宏观经济紧缩的形势下，通常对社会集团购买采取限额审批、严格管理，各级政府只有相应的一定限额的审批权力，重大项目的购买必须由国务院审批。由于政府采购必须让公众知晓，因而涉及许多文书作业和表格填写，并要进行层层审批。

另外，政府采购还受到其他因素的影响。如各地遭遇的自然灾害损失会增加政府对救灾物品的采购规模。

3. 政府采购方式

政府采购方式通常分为两种，即公开招标和协议合同。

公开招标是指政府采购办事处邀请合格的供应商对政府所购产品或服务进行投标，政府一般选择出价最低者。如中国政府的大型公共工程项目，一般就是通过国内外招标而确定供应商的。

在协议合同的采购中，政府采购办事处同几家供应商接触，并就采购项目和交易条件与

其中一家企业进行直接谈判。这种采购类型主要发生在复杂项目的交易中,涉及巨大的研究与开发费用及风险,或发生在缺乏有效竞争的产品市场。

撰写《×××(机床类产品中间商名称)购买行为分析报告》

1. 任务组织

以小组为单位,小组规模一般为 3~5 人,每小组选举 1 名小组长,负责协调小组的各项工作。教师提出必要的指导和建议,组织学生进行经验交流,并针对共性问题在课堂上组织讨论和专门讲解。

2. 任务内容

每组从教师处领取不同类型的机电产品(备选机电产品:①电器元件类;②通用零件类;③汽车配件类;④叉车类;⑤机床配件类;⑥机床刀具类;⑦液压与气动元件类;⑧控制元件类;⑨工具类等),进行中间商购买行为分析。

各组从所选产品的购买类型、影响因素、参与者、购买决策过程等方面对中间商市场购买行为进行深入地调研,小组内成员进行充分讨论,根据分析结果撰写本组的《×××(机床类产品中间商名称)购买行为分析报告》(格式参见"样本")。

3. 任务考核

每小组由组长代表本组汇报任务完成情况,同学互评,教师点评,然后综合评定各小组本次任务的实训成绩。具体考核见表 3-6。

表 3-6 中间商购买行为分析任务考核表

考核项目	考核内容	分　数	得　分
工作态度	按时完成任务	5 分	
	格式符合要求	5 分	
任务内容	产品现状分析正确	10 分	
	当地中间商竞争分析清晰	5 分	
	用户对中间商评价调查完整	5 分	
	有对产品期望的价格、性能与服务分析	5 分	
	影响购买行为的决定因素分析恰当	10 分	
	对产品购买决策过程分析正确	10 分	
	结论符合实际情况	20 分	
团队合作精神	团队凝聚力强	5 分	
	同学间有良好的协作精神	5 分	
	同学间有相互服务的意识	5 分	
团队间互评	该团队较好地完成了本任务	10 分	

样本：

×××（机床类中间商名称）购买行为分析报告

一、概述
1. 调研目的
2. 调研说明（时间、方式等）
3. 样本描述（被调研企业的类型、规模及主要产品）

二、经营产品状况分析
1. 经营产品现状分析
2. 当地本产品中间商竞争状况（各品牌中间商市场占有率及地理分布）
3. 用户对现用中间商的评价（价格、技术规格、购买渠道及服务等）

三、客户购买行为分析
1. 对产品期望的价格、性能与服务
2. 影响购买行为的决定因素（价格、性能、服务及其他）
3. 获得产品信息的渠道
4. 购买决策过程

四、结论
1. 产品方面
2. 购买行为方面
3. 品牌方面

任务四　模拟机电产品营销的基本流程

　　某大型机床生产企业的推销员甲为完成企业下达的业务指标，主动寻找到某专门从事机床出口的外贸企业的采购员乙。

　　推销员甲经过收集信息和仔细研究，掌握了该外贸企业的订单规模、交货条款等成交细节，在此基础上与采购员乙进行沟通联系，并投其所好取得了乙的好感与信任。双方关系融洽，并对交易事宜达成了共识。

　　推销员甲满怀信心，预计交易必能达成。不料，当推销员甲一再提出签订合同之际，采购员乙却以各种借口三番几次推却，交易最后以失败告终。推销员甲百般不解，认为自己在注重建立双方融洽关系的同时，也对交易合同的各项细则交换了意见。

> 究其原因，在于推销员甲没有对该外贸企业的采购参与者进行研究，而把注意力全部集中在某一种采购角色——采购者的身上，忽略了其他对采购决策有重要影响的人，如决策者和批准者等。
>
> 可见，面对产业顾客的营销工作比较复杂，要同时取得多方的支持方可使交易成功。

思考：
交易失败的原因何在？

知识点：机电产品营销的基本流程

机电产品的营销除了收集反馈市场信息、商务谈判外，还需要承担技术指导工作和售前、售后的服务工作，必须与客户的各个不同的职能部门打交道，这远比消费品的营销复杂得多、困难得多，同时营销数量也大得多。

机电产品用户采购有固定的流程，一般可分为六大步骤：①内部需求和立项；②对供应商初步调查、筛选；③制定采购指标；④招标、评标；⑤购买承诺；⑥安装实施。

尽管机电产品营销面向的采购对象特点不一，难以形成统一营销模式，但是，根据机电产品市场的共性就可以归纳出机电产品营销的基本模式。

由于客户在采购流程中的不同阶段所关心的侧重点不同，销售人员需要针对客户采购的六大步骤，形成一一对应的销售流程六个阶段：①开发阶段——收集客户信息和评估；②销售进入阶段——清理客户组织和角色，与关键人物建立良好关系；③提案阶段——影响客户采购标准，提供解决方案；④投标阶段；⑤商务谈判阶段；⑥工程实施阶段。

上述机电产品销售"标准流程"的实质就是：销售人员通过对客户开发、销售进入、提案、投标、商务谈判和工程实施六个阶段中每个阶段主要工作内容的实施和关键点的控制，依次推进到下一个销售流程，最终达到成功获得订单的目的。例如，客户需要个性化解决方案、非标准的产品时，销售人员进入项目越早，成功的概率越大。

1. **市场开发阶段**

市场开发是机电产品生产企业营销活动最重要的环节，是实现机电产品进入市场"惊险的一跳"的关键。

当目标市场确定后，客户群的寻找就成为必须做的工作。客户寻找的过程也是客户归类和评价的过程，只有按照企业的要求筛选出合适的客户，后面的销售工作才能顺利进行。

（1）客户线索寻找

在客户的项目立项前，及时掌握客户可能的项目信息将为下面的工作打下基础。客户线索一般是从行业杂志广告、行业展销会、行业协会、电信黄页及有特殊关系的人去发现。

（2）判断客户级别，评估销售机会

不是所有项目都有销售机会，有些项目有资金的风险；有些项目很小，不值得跟进和投资；有些项目的技术要求无法达到。所以，首先需要收集与拟进入项目有关的资料信息，如项目等级、资金状况、技术要求、客户关系、客户信誉等，以及与竞争有关的因素，如产品、价格、技术方案、售货服务等，在事先建立好的评估模型中进行评估。

评估通过的，准备进入下一销售阶段；没有通过的，考虑放弃或降低接触级别。其次，由于不同客户对解决问题的紧迫性和成交时间存在较大的差异，有必要对客户进行优先排序，按成交可能性的大小和时间将客户区分为 A 级、B 级、C 级、D 级，分清主次，合理调配资源。

A 级客户：全力以赴，进行销售流程。

B 级客户：控制投入时间，客户维护。

C 级客户：关注变化，客户维护。

D 级客户：最后考虑，客户维护。

有哪些方法能帮助我们上门进行企业调查？

2. 销售进入阶段

这一阶段需要在对前期获得的项目信息进一步确认和分析的基础上，理清机电产品客户的组织和角色，与关键人建立良好关系。

通过机电产品推销人员的拜访，寻求内线，通过内线了解客户内部采购的组织结构图，明确客户的角色与职能分工，确定影响项目采购决策关键人物所占的比重，与关键人物建立良好关系。同时，由于机电产品项目采购客户参与人员多，还应与客户中的其他决策者、技术选型者、使用者保持良好关系，培养支持者并避免反对者。

这一阶段的目标是成为客户的候选供应商。

机电产品市场营销的开展过程就是一个信息传递和收集的过程，只有通过市场营销过程把企业的信息传递给市场，并从市场上收集到有效的客户信息，才可以促进市场营销策略的制定与实施。

一般而言，机电产品的营销信息主要包括以下内容。

1）产品信息——名称、规格、型号、准确度等级、含量及生产企业。

2）技术信息——产品说明书、技术说明书、安装说明书、调试说明书、国家认证证书及企业认证证书。

3）客户信息——客户名称、客户地址、邮政编码、企业主管领导、联系方式、企业采购负责部门、采购负责人、采购联系人、联系电话、传真、E-mail、技术负责人、客户级别（等级）（根据行业地位、年用量、财务信用以及对本公司产品认知度和评价度等指标进行综合评价）及财务负责人。

4）财务信息——开户行、账号、客户信用等级、客户欠款信息及客户订购数量信息。

5）订单信息——订单 ID、订单生成时间、订单完成时间、订单结款时间及订单结款额。

有哪些方法能帮助我们更好地了解客户企业信息？

3. 提案阶段

利用产品或系统解决方案演示、参观公司、参观已使用过产品的示范客户、体验建议书等形式，对客户进行影响，使之对自己的工业产品和服务充分了解，并建立竞争优势。影响或参与制定客户的采购标准，如果销售人员没有在提案阶段影响客户的采购标准，在下阶段将面临激烈的价格竞争。对客户主要决策人和关键人进一步展开必要的影响工作。

机电产品推销人员通过有效地咨询，了解客户的需求，使自己产品和解决方案恰好能满足客户的需求，而竞争对手不一定能做到；说服客户以自己公司产品的特点、技术标准作为采购标准；或者以销售人员的专业水平影响和参与制定客户采购标准，使之对自己的产品有利。这样做能有效地阻止竞争对手，对随后的投标阶段工作将十分有利。

本阶段的关键点是影响或参与制定客户采购标准。

4. 投标阶段

在拜访客户时要时刻关注设备招标书的发布时间，及时领取招标书，并认真研读，对不太清楚的条款一定要找有关人员咨询。领取标书后，公司要组织有关人员根据招标书要求准备标准招投标文件和招标应答书，同时要注意投标书的保密工作。

客户是通过投标书判断供应商方案的可行性和合理性的，所以投标书要能体现自己的方案是最能满足客户需求的。

在招标会现场主要开展的工作有：公司资质及文件演示；商务发言陈述；产品实物模板演示；回答评委提问。如果发现客户的购买指标确实对自己不利，可以选择退出竞争，或者利用这次机会与其建立联系，等待下次机会。

5. 商务谈判阶段

在投标成功后要及时请本公司高层拜访客户，与客户交流。根据招标书和投标书的约定与客户进行商务谈判，必须围绕客户采购标准把后续执行中涉及的一些细节问题进行安排处理，如产品的详细技术规格、交货时间与地点、违约认定、商务仲裁的机构与地点及售后服务等，待双方对这些细节问题达成共识后才能签订供货合同。

6. 工程实施阶段

在工程实施阶段要与用户紧密配合，完全按照双方所签订的合同条款进行安装与调试，以达到客户的验收条件。在工程实施过程中遇到问题要与客户充分沟通，提出解决问题的方法，并得到客户的认可。工程的顺利实施并投入使用将有利于与客户建立长期合作关系，为下一步的营销工作打下坚实的基础。

树立典型，以点带面

1. 树榜样——持续公关，双赢结盟

"榜样的力量是无穷"。机电产品客户集中的特点更容易利用"榜样客户"来树立标杆，重点区域中找重点城市、重点城市中找重点行业、重点行业中找重点客户，利用"行

业样板"迅速推进机电产品营销。在找准行业突破点的基础上，打造示范客户、树立行业亮点将是机电产品营销策略中的一把利刃。

(1) 如何选榜样客户

1）区域明星。选择走在行业内发展前列、对区域有一定影响力与辐射力的国家大型机构或区域省级机构，在完成销量突破、赢得稳定客户的同时，有效提升品牌在行业中的权威地位，对区域市场实现从上到下的行业引导。

2）找大型项目。选择政府投资的大型项目与形象工程，在甲方、乙方单位中进行点突破切入，进而影响横向的乙方企业机构，争取更多的订单。同时树立产品质量、形象的样板工程，在竞争中增加分量。

3）做系统突破。选择有一定影响、有一定经济实力、思路与时俱进的行业中型客户，可以通过产品系统应用形成在行业技术、设备上的新突破，通过推广来影响同行业客户。

(2) 如何树榜样客户

1）商务、技术公关拿订单。对于圈内的行业榜样客户信息，要充分利用企业总部与区域分支联合重点跟进，不惜代价拿到订单。这将是树立榜样客户最关键的一点，只有进得去，才能做得深，要以产品价格、服务等附加值的综合利用为首要任务，要注意跟进的持续性。

2）持续跟进再结合作联盟。对于榜样客户进行重点服务、重点支持，特别是对企业的决策层与使用层，利用商务、技术的分层渗透来加强关系与服务，并可以与榜样客户结盟，做成样板基地，供区域客户参观考察，以鲜活实例增强企业销售力。

3）返聘重要人员顾问指导。榜样客户中的重要专业人士均在区域行业中具有一定的知名度与权威，在与客户合作过程中，可以返聘其为区域的技术顾问与宣传大使，以互惠互利的原则借势推广，增强产品品牌在区域的人气与竞争力。

2. 做延伸——顺点延伸，以点带面

机电产品市场的特点决定其更需要一种雪球式的滚动拓展，通过行业点、榜样点来造势影响市场面，即在做好榜样点的同时应迅速展开点到面的延伸。每一个客户都是一个潜力巨大的资源点，应充分挖掘拓展，将资源用足，将销售优势延伸到区域行业各个层面，将更有助于企业在区域或行业内的快速启动与市场切入。

(1) 以产品延伸形成持续购买面

重点对购买客户与老用户进行维系巩固，通过服务与技术沟通挖掘客户深层次需求，围绕客户需求增加其余产品型号、新产品的购买可能性，形成持续性购买与品牌忠诚度，持续与销售形成稳定客户群。

(2) 以行业延伸形成行业优势面

重点针对榜样客户所在的行业面进行拓展，采取从上到下或纵向拓展的原则进行需求引导，将已形成的榜样客户或新的突破形成范例，在行业内传播。借助榜样客户的资源与知名度影响其他潜在客户，借势提升品牌知名度与美誉度。

(3) 以客户延伸形成资源信息面

针对形成购买、关系好的客户团队（决策层、使用层及采购层）进行资源挖掘，挖掘他们的人脉（同学、朋友及亲人），他们有可能同属于一个行业，增加机电产品的多元传播渠道。

成交法宝——先做朋友后做生意
生意是暂时的，朋友是永恒的。

模拟普通车床等机电产品的销售过程

1. 任务组织

以小组为单位，小组规模一般为3~5人，每小组选举1名小组长，负责协调小组的各项工作。教师提出必要的指导和建议，组织学生进行经验交流，并针对共性问题在课堂上组织讨论和专门讲解。

2. 任务内容

每组从教师处领取不同的机电产品（备选机电产品：①齿轮；②轴承；③车刀；④钻床；⑤数控车床；⑥时间继电器；⑦液压泵；⑧卧式铣床；⑨三坐标测量仪等），完成购买任务。

由每组组长分配每个人在销售中的模拟角色，要求掌握角色的岗位职责。

记录本组的购买过程：为什么要购买某一品牌的产品，如何购买的，怎么达成交易的，有什么感受，找出决定购买最关键的因素。

小组内成员讨论，初步制定本组所购机电产品的促销方法。

3. 任务考核

每小组由组长代表本组汇报任务完成情况，同学互评，教师点评，然后综合评定各小组本次任务的实训成绩。具体考核见表3-7。

项目三　分析机电产品的客户购买行为

表 3-7　销售过程角色分工任务考核表

考核项目	考核内容	分　数	得　分
工作态度	按时完成任务	5 分	
	格式符合要求	5 分	
任务内容	销售角色分配合适	10 分	
	各角色职责清晰	10 分	
	谈判过程无过错	15 分	
	交易条件合理	10 分	
	制定本组所购机电产品的促销方法	20 分	
团队合作精神	团队凝聚力强	5 分	
	同学间有良好的协作精神	5 分	
	同学间有相互服务的意识	5 分	
团队间互评	该团队较好地完成了本任务	10 分	

职业能力训练

一、填空题

1. 营销环境特征主要有_____、_____、_____、_____和_____。
2. 影响机电产品微观营销的因素有_____、_____、_____、_____和_____。
3. 影响机电产品宏观营销的因素有_____、_____、_____、_____和_____。
4. 影响机电产品购买行为的因素主要有_____、_____、_____和_____。
5. 机电产品市场的购买类型有_____、_____和_____。
6. 制造商（企业）市场购买过程的参与者主要有_____、_____、_____、_____和信息控制者。
7. 中间商购买的类型有_____、_____、_____和_____。

二、简答题

1. 什么是 SWOT 分析法？
2. 制造商的购买决策过程是什么？你认为各环节的关键点是什么？
3. 中间商市场有何特点？
4. 中间商购买决策的内容有哪些？
5. 阐述机电产品市场营销基本模式的主要内容和关键点。

三、试用 SWOT 分析法分析自己的就业环境。

项目四

机电产品的开发与品牌培育

> 知识目标

1. 了解常见机电整体产品的概念。
2. 了解机电产品生命周期的特点。
3. 掌握机电产品生命周期中各阶段的营销策略。
4. 熟悉机电产品的开发流程。
5. 了解机电产品品牌培育的措施。
6. 熟悉机电产品的售后服务协议。

> 技能目标

1. 会分析产品生命周期案例,并能指出营销过程中存在的问题。
2. 会制定机电产品的开发方案。
3. 会为机电产品制定售后服务协议。

> 提交成果

1. 精选当地一款具体型号的机电产品进行调研,并分析其生命周期各阶段的营销策略。
2. 制定一款具体型号的机电产品开发方案。
3. 制定一款具体型号的机电产品售后服务协议。

佳能公司的产品开发

日本企业在改进产品方面提供了许多成功案例。复印机的发明者并非日本人,但复印机的许多改进却出自日本公司之手。佳能公司几十年来所推出的一系列产品就可以说明在产品成熟阶段增强产品竞争力的进程。

20世纪60年代,佳能公司开发出了一种带有绝缘层的复印机滚筒,它可以用更为敏感的感光材料完成复印工作,这使得佳能公司完全摆脱了施乐公司的模式,也为成熟阶段的复印机市场开拓了销路。

20世纪70年代初，佳能公司又推出了一种所谓液体干燥系统，它使用普通纸和输出干燥复印件的液化冲洗剂。此后不久，佳能公司又推出了一种新型的袖珍式复印机NP-200，其整体使用一个微处理器控制，并有一个一体化的干式冲洗器和纤维光学系统，从而取代了笨重的常规透视系统。佳能公司对这种产品的定价极低，并通过广告大肆宣传，结果在这种产品推出不到半年的时间内，其销量就增长了近5倍。但佳能公司并没有停止不断改进产品的步伐，不久它又成功地推出了SUPER-X系列，这种复印机的复印速度可高达135张/min，而且比市场上销售的其他大型复印机耗能都少。

佳能公司对其成熟产品的几次成功改进，侧重点并不完全相同，因此才会延长复印机成熟阶段的持续时间，并给企业带来高额的销售量和市场占有率。具体来说，佳能公司改进产品的策略表明了产品改进的三个方向：①提高质量的策略，目的是提高产品的使用性能，但它的适用条件是产品质量确实可以提高，顾客相信产品质量已经得到改进和提高，顾客确实需要这种改进的产品；②改进特性的策略，目的是使产品增加新的特性，如大小、质量、材料、附加等，以便扩大产品的多方面适用性，提高其使用安全性；③改进款式的策略，目的是提高产品的美学要求，如汽车制造商不断推出新式车型就属于款式竞争，而不是质量或特性竞争。

思考：
佳能公司是如何开发产品的？

任务一　领会机电产品的生命周期

20世纪80年代中期，大众汽车公司授权上汽大众汽车有限公司生产桑塔纳牌轿车，在1983—1998年长达15年的时间里，上汽大众汽车有限公司的主导产品一直是第一代桑塔纳轿车。20世纪90年代，中国汽车市场迅速发展，"桑塔纳"进入销售的黄金时期，其销量一直名列国内市场前茅，销售利润巨大。自1998年开始，中国的汽车市场蓬勃发展，开始出现众多品牌的竞争者。此时，"桑塔纳"的市场份额逐渐被一汽大众汽车有限公司的捷达、东风汽车集团有限公司的富康和天津汽车夏利股份有限公司的夏利等产品分割，同时，还有更多的新车型上市。1999年年底大众汽车公司将其全球流行车型——帕萨特引入上汽大众汽车有限公司，使B2级的"桑塔纳"跃升三个等级，一次性升级为B5级的帕萨特。2004年年初，替代"普桑"的桑塔纳2000也正式停产。

思考：
机电产品像生物一样有生命周期吗？

知识点一：机电整体产品

1. 整体产品的概念

产品是指能够提供给市场以满足人类需要和欲望的任何东西，包括有形物品和无形服务。消费需求不断的扩展和变化使产品的内涵和外延不断扩大。从内涵看，产品从有形实物产品扩大到服务、人员、地点、组织和观念。从外延看，产品从核心产品、形式产品向期望产品、附加产品和潜在产品拓展。从整体上对产品进行研究，人们提出了整体产品的概念，如图4-1所示。

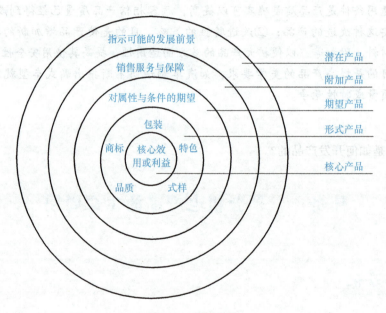

图4-1　整体产品

(1) 核心产品

核心产品是指整体产品向顾客提供的核心效用或利益，即用户所要购买的实质性内容。例如，购买洗衣机可以使消费者省时、省力、快速地清洁衣饰和其他物品。因此，企业在设计和开发新产品时，应考虑如何使产品的核心效用或利益最大化，以满足顾客的需求。

(2) 形式产品

形式产品是核心产品借以实现的具体产品的形状、方式，是产品出现在市场上时可以被消费者识别的实体和面貌。形式产品由五个特征构成，即品质、式样、特色、商标及包装。

(3) 期望产品

期望产品是指购买者在购买该整体产品时期望得到的与产品密切相关的一整套属性和条件。例如，洗衣机在省时、省力、快速清洗衣物的同时，消费者希望它安全可靠、噪声低等。

(4) 附加产品

附加产品是指整体产品提供给顾客后的一系列附加服务，包括提供信贷、免费送货、安装调试、维修保养、零配件供应及技术培训等。

(5) 潜在产品

潜在产品是指现有产品可能的演变趋势和前景。

客户对产品的质量评价是从产品整体概念的角度进行的，因此不同企业产品质量的竞争实质上是产品整体概念的竞争。例如，一个机床技术参数再优越，但供应商若不提供免费送货、安装调试及维护保养等服务，一般企业都不会购买这种机床。

2. 产品组合

(1) 产品组合的相关概念

1) 产品组合、产品线和产品项目。产品组合是由企业生产和销售的全部产品线及产品项目构成的整体，即企业的业务经营范围。产品线是指企业供给市场的所有产品中，在技术上和结构上密切相关、具有相同的使用功能、满足同类需要的一组产品。产品线是一组密切相关的产品项目。产品项目是同一类产品系列中不同品种的产品。例如，沈阳机床厂既生产普通车床，又生产数控车床，同时还提供卡盘等工艺装备。

2) 产品组合的长度、宽度、深度和关联度。产品组合的长度是指企业产品组合中产品项目的总数，以产品项目总数除以产品线数目即可得到产品线的平均长度。产品组合的宽度是指企业产品组合中产品线的数目。产品组合的深度是指企业各产品项目内不同规格、型号、花色、价格等产品的具体数量。产品组合的关联度是指企业各条产品线在最终用途、生产条件、分销渠道或其他方面相互关联的程度。

(2) 产品组合的影响因素

1) 技术：在技术和市场迅速变化的时代，成功的企业不仅要在采用新技术时处于领先地位，在处于竞争目的介绍新技术时也要处于领先地位。技术进步就像客户需求一样，会促进新产品的开发。在产品创新中，技术先进并不一定意味着产品的成功；产品创新要求的是企业各种活动的组合（资本、生产设备设施及相关人员），而不只是新技术的采用。产品使用和应用中的技术变化要求企业与客户保持不断的联系，其目的是发现客户在需求上的变化及多样化趋势。客户在需求上的变化及多样化预示着产品使用上的技术变化，是产品即将发生变化的重要迹象，同时，这种变化还意味着企业开发新产品的机会。企业的营销经理应当始终注意客户环境，寻求那些意味着可能的技术变化的迹象。

2) 竞争：竞争对手产品组合的变化可能意味着对企业的重大挑战，而如果这一变化确实是明显的改进时（如技术突破），它将会是企业的重大灾难，除非本企业能在很短时间内开发出能与之相媲美或有所超越的新产品。这些竞争变化不仅仅限于原有企业的改头换面，还包括大量新企业的出现和新型产品带来的全新变化。

3) 经营能力：如果企业发展还有未利用的潜力，则它常常会扩大产品组合的范围。没有被利用的这些潜力会存在于任何其他的职能部门中，如生产、销售或研究部门等。例如，当企业购买了新的生产设备以后，可能这些设备会有一段时间未能发挥其完全的生产能力来满足现有的市场需求，这种情况会给企业的管理层造成压力，要求他们选择新产品以使生产设备能得到充分利用。类似地，当企业为某一产品线建立了营销机构并开拓和服务于特定的市场时，常常会出现这些销售人员还有余力同时负责其他产品线销售的情况。于是，企业又面临推出能在这些销售人员负责的市场上销售并且获利的新产品的问题。

4）市场因素：有一些市场因素会影响企业的产品组合。例如，由于市场竞争或技术创新导致的产品组合变化为企业的销售提供了机会，同时也为企业开展新的经营业务创造了良机。此外，企业还能从一个行业转向它更擅长的行业，这一转变伴随着企业生产能力的提高或下降，会导致产品组合发生变化。

（3）产品组合的策略

1）拓展产品组合：企业增加产品组合的宽度，即增加产品线，扩大经营范围，既可以充分发挥企业的特长，使企业尤其是大企业的资源、技术得到充分利用，也可以分散企业的投资风险；企业增加产品组合的深度，会使各产品项目具有更多规格、型号和花色的产品，更好地满足顾客的不同需要与爱好，从而扩大市场占有率；企业增强产品组合的关联度，则可提高企业在某一地区、行业的信誉。

2）缩减产品组合：与拓展产品组合策略相反，当市场不景气或原料、能源供应紧张时，企业为了减少不必要的投资，降低成本，增加利润，必须剔除一些发展获利较少的产品线和产品项目，这样可以集中优势发展利好产品，提高专业化水平，但同时也增加了企业的市场风险。

3）产品线延伸：企业根据市场的需求重新对全部或部分产品进行市场定位，主要有以下三种实现方式。

① 向下延伸。企业可以把原来定位于高档市场的产品线向下延伸，在高档产品线中增加低档产品项目。一般来讲，高档产品的销售增长缓慢，企业的市场范围有限，资源设备没有得到充分利用，向下延伸一方面补充了企业的产品线空白，另一方面可以利用高档名牌产品的声誉吸引购买力水平较低的顾客慕名购买此产品线中的廉价产品。这种延伸极易损害原有产品的信誉，风险很大，企业应权衡之后再做决策。

② 向上延伸。原来定位于低档产品市场的企业，可以在原有的产品线内增加高档产品项目。当企业的技术设备和营销能力已具备加入高档产品市场的条件时，应重新进行产品线定位，以赢得高档产品市场的潜在增长率和较高利润率。

③ 双向延伸。原定位于中档产品市场的企业掌握了市场优势以后，可以向产品线的上下两个方向延伸，这样做一方面可以增加高档产品，另一方面可以增加低档产品。

4）产品线的现代化改造：在有些情况下，虽然产品组合恰当，但生产线的生产方式、产品性能、技术含量等可能已过时，这就需要对产品线进行现代化改造。例如，有些企业制造主要依靠半自动机床进行加工生产，影响了产品的质量和生产适应性等，这时就需要引进现代制造技术，进行数控加工、CAD/CAM 和柔性制造等改造。

知识点二：运用机电产品生命周期理论

1. 产品生命周期的含义

产品生命周期是产品从进入至最终退出市场所经历的市场生命循环过程。一般以销售量和利润额的变化来划分产品生命周期的循环过程。典型的产品生命周期可分为引入期、成长期、成熟期和衰退期四个阶段，如图 4-2 所示。

划分标准一般是：引入期销售增长率很不稳定，通常在 10% 以下；成长期销售增长率稳定上升，在 10% 以上；成熟期增长率逐步减缓，在 0.1% ~ 10% 之间；衰退期销量下降，增长率小于 0。

产品生命周期曲线是一条经验曲线，是人们在实践中总结各种不同产品在市场上的活动规律后概括出来的，具有典型性。但事实上，并不是所有产品的生命周期都呈现正态分布，如图4-3所示。

图4-3所示的产品生命周期的各种形态都是符合产品生命周期理论的，是产品生命周期曲线受产品本身的特点和特殊市场环境的影响，以变异的形式出现的结果。

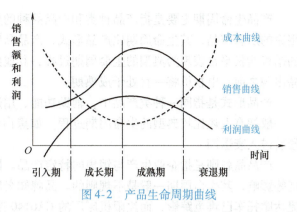

图4-2 产品生命周期曲线

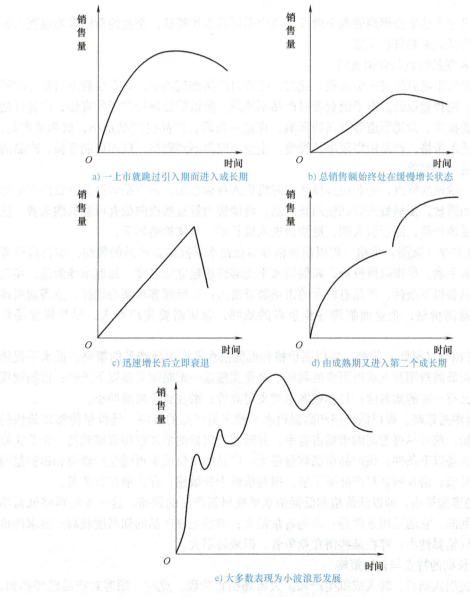

图4-3 产品生命周期的各种形态

产品生命周期主要是指产品种类和产品品种的生命周期。产品品种是指具有相同功能及用途的所有产品，其生命周期比产品形式、产品品牌的生命周期长。产品品种（如电视机）的销售增长平常表现为典型的生命周期过程，其成熟期可能无限延续，如在取代电视机的产品出现之前，电视机将一直处于成熟期。

产品形式是指同一种类产品中，辅助功能、用途或实体销售有差别的不同产品。产品形式一般拥有上述比较典型的生命周期过程。如黑白电视机经历了投入期、成长期、成熟期，最后进入衰退期。

产品品牌则是指企业生产与销售的特定产品。因受市场环境、企业营销决策、品牌知名度等影响，其生命周期一般是不规则的。品牌知名度高，产品生命周期就长，反之亦然。如捷达摩托车已难觅踪影，而沈阳机床厂的 CA6140 卧式车床已行销 50 多年。

2. 机电产品生命周期不同阶段的营销策略

典型的机电产品生命周期的四个阶段呈现出不同的市场特征，企业的营销策略也就以各阶段的特征为基点来制订和实施。

（1）引入期的特点与营销策略

新产品投放市场后便进入引入期。此时，顾客对产品感到陌生，只有少数追求新奇的顾客可能购买，销售量很低。由于消费者对产品不熟悉，所以需要进行广泛的宣传，广告促销费用较高；受技术、营销渠道等方面的影响，在这一阶段，产品生产批量小，试制成本高，难以确立合适的价格，产品销售额增长缓慢，企业不但得不到利润，反而可能亏损，产品的性能也有待进一步完善。

根据这一阶段的特点，企业应选择适当时机进入目标市场，重点是向消费者宣传产品的性能、用途和质量，使消费者尝试使用新产品；将销售力量直接投向最有可能的购买者，使市场尽快接受该产品，缩短引入期，更快地进入成长期。具体策略如下。

1）快速掠夺（撇脂）策略。即以高价格和高促销水平推出新产品的策略。实行高价策略可获取高额毛利，尽快收回投资；高促销水平能够快速建立知名度，加速市场渗透。实施这一策略须具备以下条件：产品有较大的市场需求潜力；目标顾客求新心理强，急需购买该产品而不在意高价格；企业面临潜在竞争者的威胁，急切需要先声夺人，尽早树立品牌形象。

2）缓慢掠夺（撇脂）策略。即以高价格和低促销水平推出新产品的策略。低水平促销可以用尽可能低的费用开支求得更多的利润。企业实施这一策略须具备以下条件：市场规模较小；产品已有一定的知名度；目标顾客愿意支付高价；潜在竞争的威胁小。

3）快速渗透策略。即以低价格和高促销水平推出新产品的策略。低价格能够以最快的速度进入市场，获得尽可能高的市场占有率，并随着产销量的增加取得规模效益。企业实施这一策略须具备以下条件：该产品市场容量很大；产品的单位成本可随生产规模和销售量的扩大而有效降低；潜在顾客对产品不了解，但对价格十分敏感；存在潜在竞争者。

4）缓慢渗透策略。即以低价格和低促销水平推出新产品的策略。这一策略可降低营销成本，增加利润。它的适用条件是：市场容量很大；市场上该产品的知名度较高；需求的价格弹性大，促销弹性小；存在某些潜在竞争者，但威胁不大。

（2）成长期的特点与营销策略

产品通过引入期后，转入成批生产和扩大市场销售阶段。此时，顾客对产品已经熟知，消费习惯已形成,老顾客重复购买,并带来新顾客,市场逐步扩大,销售额和利润迅速增长。产品设计和工艺定型,产品大批量生产,生产成本相对降低。竞争者看到有利可图,纷纷进入市场参与竞争,使同类产品供给量增加,价格随之下降;同类产品、仿制品和替代品开始出现;市场竞争日趋激烈,产品市场开始细分,分销渠道增加。企业利润增长速度逐步减慢,直至达到产品生命周期的利润最高点。针对以上成长期的特点,企业为维持其市场增长率,延长获取最大利润的时间,可以采取下面几种策略。

1)改善产品品质。企业为了不断适应市场需求,应集中必要的人、财、物资源改进和完善生产工艺,增加花色品种,开发新用途。这样,一方面提高了产品的竞争能力,另一方面也满足了顾客不同层面的需求。

2)寻找新的细分市场。企业可以通过市场细分扩大目标市场,根据其需要组织生产,并建立高绩效的分销渠道体系。

3)改变广告宣传的重点。企业可以把广告宣传的重心从引入期的以提高知名度为中心转为树立企业和产品形象为目的,争创名牌、维系老顾客、吸引新顾客。

4)适时降价。在适当的时机,可以采取降价策略以激发那些对价格比较敏感的消费者产生购买动机和采取购买行动,同时可以打击跟进者。

5)快速扩张,扩大市场占有率。

(3)成熟期的特点与营销策略

进入成熟期以后,市场需求趋向饱和,潜在的顾客已经很少,产品的销售量和利润增长缓慢,甚至趋于零或负增长。由于生产能力过剩,市场竞争非常激烈,各种品牌、各种款式的同类产品不断出现。此时,企业宜主动出击,使成熟期延长,或使产品生命周期出现再循环,促使已处于停滞状态的销售增长率和利润率重新得以回升,为此,可以采取下面几种策略。

1)市场调整。这种策略不是要调整产品本身,而是发现产品的新用途,即不改变产品质量、功能而将产品用于其他领域,从而延长产品的生命周期。或者企业的产品不变,将其投入新的目标市场,对产品进行再定位。

2)产品调整。即通过产品自身的调整来满足顾客的不同需要,从而为消费者寻求新用途,使销量获得回升。整体产品概念的任何层次的调整都可视为产品再推出。

3)市场营销组合调整。即通过对产品、价格、渠道和促销四个市场营销组合因素加以综合调整,刺激销售额的回升。常用的方法包括降价、增加广告、改善销售渠道和提高服务质量等。

(4)衰退期的特点与营销策略

随着科学技术的发展,新产品或新的替代品出现,使产品进入更新换代的阶段。此时,销售和利润直线下降,企业从这种产品中获得的利润很低甚至为零。新产品进入市场,竞争的突出表现为价格竞争,价格降到最低;大量竞争者退出市场,留守企业开始减少产品的附加产品。此时的企业通常有以下几种策略可供选择。

1)继续策略。企业可以按照原有的细分市场继续使用相同的分销渠道、定价及促销方式,企业不主动放弃产品。同时,企业可利用老产品的品牌、营销渠道等培植开发新产品,保持在市场中的地位。

2)收缩策略。如果企业立刻放弃该产品将会造成很大损失,则应采取收缩策略。大幅度降低促销水平,以增加目前的利润。把企业能力和资源调整至最有利的细分市场和分销渠道上,从忠实于这种产品的顾客中得到利润。

3)放弃策略。当产品已无潜在市场或企业已准备好替代的新产品,应当机立断,放弃经营。企业可以采取完全放弃的形式,如把产品完全转让或者调整生产线;也可采取逐步放弃的方式,将其所占用的资源逐步转向其他有发展前途的产品。但企业要处理好老产品的库存和员工重新培训等问题。

产品生命周期中的典型营销策略见表4-1。

表 4-1 产品生命周期中的典型营销策略

营销组合策略 \ 生命各阶段	引入阶段	成长阶段	成熟阶段	衰退阶段
产品策略	有限的原型数目;经常调整产品	增加原型数目;经常调整产品	原型数目很多	淘汰不盈利的原型和品牌
分销策略	分销通常受限,依赖于产品;需要很多的努力和高边际利润吸引批发商和零售商	经销商的数量增加,努力与批发商和零售商建立长期合作关系	大量的经销商;边际利润下降;努力留本土分销商和货架空间	逐步取消不盈利的经销网店
促销策略	提高产品知名度;刺激主要需求;对分销商采取高强度的人员销售;对消费者使用奖品和奖券销售	有选择性地刺激需求;积极做广告去宣传品牌	有选择性地刺激需求;积极做广告去宣传品牌;大力促销以保持住经销商和消费者的数量	逐步撤销所有的促销活动
定价策略	价格通常要高到可以覆盖开发成本	迫于竞争压力,价格在快到成长阶段末时开始下降	价格继续下降	价格停留在相对较低的水平;如果竞争很弱,价格有可能出现小小的回升

"桑塔纳"在进入中国前,在世界市场已经处于产品生命周期的衰退期,车型是即将遭到淘汰的产品。德国大众公司在这个阶段果断放弃该车型在世界市场的销售,集中资源将该车型引进到刚刚改革开放的中国。

此时中国汽车市场巨大,竞争压力小,技术落后,正是"桑塔纳"引入的绝佳时机。

作为国内第一款合资投产的中级轿车,处于生产生命周期投入期的"桑塔纳"并没有什么重量级的竞争对手。上汽大众汽车公司首先对"桑塔纳"制定较高的销售价格,配合大量的广告宣传。早期"桑塔纳"的目标市场就是公务用车及商务用车。随着当时上海市政府购买了100辆"桑塔纳",市场对"桑塔纳"的反应出现了空前的热情,"桑塔纳"很快打响知名度，合资厂商赚得大笔利润，并从利润中拿出钱进行扩大再生产。

从1995年开始，汽车市场由卖方市场转向买方市场。进入产品成长期的"桑塔纳"的目标市场除了公务用车及商务用车之外，更是把目光投向了私人家用车市场。虽然品牌已具备很好的知名度，销量仍处于上升阶段，但是竞争对手明显增多，市场被多家企业瓜分。

此时的上汽大众汽车有限公司采取了营销组合策略，一方面，拓展分销渠道，在深入研究了美国通用、日本丰田等公司的营销网络与商家管理模式之后，很快重组了"桑塔纳"的营销网络，创建了地区分销中心。从此，上汽大众汽车销售总公司走出了上海，直面商家，将触角伸向了各地市场。另一方面，"桑塔纳"注重提升自身产品的服务质量，拓展了服务的宽度和深度。如在营业大厅设置"儿童乐园"，为带孩子来看车的客户提供方便；将整车销售与汽车装潢美容有机地结合起来；加上"桑塔纳"大力度的广告宣传，使得其品牌形象在消费者心中印象深刻。

到20世纪末，"桑塔纳"进入到了产品生命周期的成熟期。在这个时期，"桑塔纳"遭遇了最为激烈的市场竞争。为了稳定销量，延长产品的生命周期，上汽大众汽车有限公司采用了产品、分销、价格和促销四要素营销组合策略。

首先，对"桑塔纳"的销售市场做了调整。在充分调研论证后，开发了出租车市场。"桑塔纳"凭借其结实耐用、内部空间宽敞、维修配件廉价及购买便捷、低油耗等特性，迅速占领了出租车市场。其次，在看准出租车市场后，上汽大众汽车有限公司利用其强大的销售网络开始从北到南、从东到西向全国重点区域的出租车市场发起猛攻，并取得了巨大胜利。"桑塔纳"一度成为出租车代名词。

最后，加大广告投入。为了抵制销售量下滑，"桑塔纳"在产品促销上的投入明显高于其他品牌。1999年，"桑塔纳"的广告投入量居全国榜首，达到563.2万元。另外，在"桑塔纳"销售的黄金10年里，虽然其外形和发动机没有什么改变，但公司还是在内部构造等诸多细节上进行了一些改进。

2004年，"普桑"及"桑塔纳2000"因其落后的发动机技术无力与新型发动机相抗衡，终于走到了生命的尽头。在衰退期，上汽大众汽车有限公司采用阴差阳错策略，果断投产新型替代车型。辉煌一时的"桑塔纳"轿车终于退出了生产线，但它仍然是中国消费者保有量最多的汽车之一。

思考：

上汽大众汽车有限公司在"桑塔纳"轿车的整个生命周期过程的各阶段分别采取了哪些营销策略？

撰写《×××（机电产品名称）生命周期各阶段营销策略调研报告》

1. 任务组织

以小组为单位，小组规模一般为3~5人，每小组选举1名小组长，负责协调小组的各项工作，教师提出必要的指导和建议，组织学生进行经验交流，并针对共性问题在课堂上组织讨论和专门讲解。

2. 任务内容

每组自行选择不同的机电产品,要求在备选机电产品:①电器元件类;②通用零件类;③汽车配件类;④叉车类;⑤机床配件类;⑥机床刀具类;⑦液压与气动元件类;⑧控制元件类;⑨工具类等中选定。

各组从所选具体产品的规格、性能指标及市场价格等方面进行调研分析,撰写本组的《×××(机电产品名称)生命周期各阶段营销策略调研报告》(格式参见"样本")。

3. 任务考核

每小组由组长代表本组汇报任务完成情况,同学互评,教师点评,然后综合评定各小组本次任务的实训成绩,具体考核见表4-2。

表4-2 机电产品各阶段营销策略调研任务考核表

考核项目	考核内容	分 数	得 分
工作态度	按时完成任务	5分	
	格式符合要求	5分	
任务内容	产品选型合理,其生命周期清楚正确	15分	
	各阶段营销策略分析正确	15分	
	有进一步的改善建议	15分	
	结论符合实际情况	20分	
团队合作精神	团队凝聚力强	5分	
	同学间有良好的协作精神	5分	
	同学间有相互服务的意识	5分	
团队间互评	该团队较好地完成了本任务	10分	

样本:

×××(机电产品名称)生命周期各阶段营销策略调研报告

一、概述
1. 调研目的
2. 调研说明(时间、方式等)
3. 样本描述(被调研的产品)

二、本产品销售现状
1. 产品销售现状分析(以时间为序)
2. 品牌竞争状况(各品牌市场占有率及地理分布)

三、该企业在各生命周期不同阶段的营销策略

四、总结
总结成功之处,尤其要找出营销策略的不足之处,并加以完善。

任务二　如何开发机电新产品

"小天鹅"的新产品开发

以专利为基础，推动技术创新。小天鹅股份有限公司（后简称"小天鹅公司"）认识到要开发出高科技含量的产品才能参与市场竞争，产品技术要达到世界领先水平，要有自己的知识产权。小天鹅公司上下一致认为"没有超凡的产品就不可能成为世界一流的公司"。因此，技术管理工作遵循"所有新产品、新技术都应首先取得专利保护"的基本准则。在这一准则的指导下，小天鹅公司的专利申请有了较大增长。特别是洗衣机产品先后申请了"多功能立体水流洗衣机""共轭式洗衣机波轮""防褪色技术""搅拌式洗衣机""IC卡洗衣机""投币式洗衣机""冷热水洗衣机"等专利技术。1997年，它率先向市场推出拥有自主知识产权的"多功能立体水流洗衣机"，该技术代表了洗衣机水流技术的又一次重大革命，在市场上一经推出立即引起了轰动。小天鹅公司"防褪色技术"专利成功地解决了洗衣机的难题，使洗涤物保持原色成为现实。小天鹅公司的高质量、高技术含量、高附加值的品牌战略，创造了一大批领先市场的专利新产品。现在它推向市场的每一个新产品都包含了一项或多项专利，专利新品洗衣机成为小天鹅公司的支柱产品，为公司创造了丰厚的利润。

思考：

试分析该公司是如何开发新产品的？

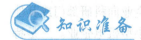

知识点一：新产品的概念

现代市场营销观念下的新产品是指在产品整体概念中的任何一个部分有所创新、改革和改变，能够给消费者带来新的利益或满足的产品。主要包括以下四种基本类型。

1. 全新产品

全新产品是指应用新原理、新技术、新材料制造出前所未有的、能满足消费者一种新需求的产品，如个人计算机的最初上市。全新产品改变了产品的基本特征，决定了以后的竞争格局和技术创新格局，从而能够以规模经济产生较大的效益。全新产品的开发需要耗费大量的人、财、物，但实力较强的企业为了实现战略目标应重视全新产品的开发。

2. 改进新产品

改进新产品是指在原有产品的基础上进行改进，使产品在结构、品质、性能、款式、包装、成本等方面具有新特点和新突破的产品。改进措施包括：在现有产品大类中开发出新的品种、花色、规格等，从而与原有产品形成系列，扩大产品的目标市场；通过新科技手段削减原产品的成本，但保持原有功能不变；采用新技术、新材料使原有产品性能飞跃提高等。例如，对普通机床进行数控改造，不但使老产品实现升级换代，还可提高市场占有份额。通过改进新产品，可以使企业获取竞争优势，减少资金投入，降低市场风险。

3. 模仿新产品

企业对国内外市场上已有的产品进行模仿生产就形成本企业的新产品。在新产品开发的过程中，合法的仿制是最快捷的途径。例如，20 世纪 80 年代中期，DELL 计算机公司通过仿制 IBM 的革新成果而快速成长。但是，企业完全靠仿制来开发新产品是难以获得竞争优势的，只有将仿制方法与产品革新结合起来，才可能获得长期的成功。

4. 再定位新产品

再定位新产品指企业的产品不变，将其投入新的目标市场而产生新意的产品。再定位新产品没有技术创新，其成功的关键是商业运作中的营销组合策略。例如，一些发达国家将其处于衰退期的产品转移至发展中国家，对发展中国家而言，这些产品仍然是新产品。但企业需要注意的是，这种优势只是暂时的，要在这种市场中取得长期成功，必须进行一定的工艺创新，以抵制竞争对手的进攻，同时要把握好时机，对市场变化做出快速反应。

知识点二：机电新产品开发

1. 新产品开发方式

（1）获得现成产品

获得现成的机电产品的方式有几种。一是联合经营。即几家小企业联合开发与经营某一有市场前景的新产品，或者由研究机构开发新产品，并与生产企业联合生产，借助于企业的资金、生产能力和销售渠道扩大该产品的影响。二是购买专利。生产企业向科研部门或其他企业购买某种产品的专利权。这种方式常用于没有独立研发能力的中小型机电企业。三是特许经营。企业向其他企业购买某种产品的特许经营权，然后生产出机电产品销售。

（2）独立开发

可以依靠企业自身的科研力量来完成产品的构思、设计、试制和生产工作。虽然独立开发的前期投入比较大，但企业在产品上市后可以获得丰厚的回报。企业也可以与独立的开发研究机构或高等学校签订技术协议，委托他们为自己开发某种新产品。

2. 新产品开发的模式

（1）自主研制

自主研制指企业在已有较长理论和应用技术研究成果的基础上，自己独立研究开发新产品。通过这种途径开发的新产品，一般都是全新产品或更新换代型新产品。自主研制又分为以下三种情况。

1）从基础研究到应用研究都是依靠自身的力量进行的。一些科研力量雄厚，资金实力超强的大企业，以未来需要为出发点，期望通过大量研发投入来保证科技领先优势。世界知名的跨国企业主要采取这种方式保证自己的技术领先地位，采取生产一代，储存一代，研发一代，便能保证企业的产品永远走在同行的前列。

2）企业利用社会上的基础理论研究成果进行应用技术研究和产品开发研究，这种途径适用于科技开发能力强的企业。

3）企业利用社会上应用技术的研究成果只进行产品开发研究，这种方式适于中小型企业。

（2）技术引进

技术引进指利用国内外已有的成熟技术从事产品开发。技术引进的主要形式是技术转让和许可证生产。企业一般通过购买其他企业（大学、研究机构）的技术专利或特许权来取得经营权利。通过引进国内外先进技术，可以加速企业的技术更新和发展，迅速提高企业的技术水平，使产品占据市场优势，同时也有利于提高企业自身的产品开发能力。

（3）联合研制

联合研制指企业与独立的开发研究机构或高等学校及其他企业联合研制开发某种新产品，也就是"产学研"联合的方式。这种途径既能利用大学、科研机构的科研力量，也可以利用企业方便的试验场所和生产能力，充分发挥各自的优势，弥补各自的不足。采用这种方式开发新产品，具有成本低、速度快、成功率高的突出优点，最适合于自身研发能力不足的中小型企业。

（4）模仿开发

模仿开发就是对市场已经存在的适销新产品进行模仿（在不违反国家专利保护法的基础上），生产并快速投入市场。这是中小型企业常常采用的新产品开发方式。

（5）模仿改进开发

模仿改进开发是指在竞争者新产品的基础上加以改进，推出新产品。这种方式不仅可以使企业节省产品研发费用，而且还可以弥补竞争者新产品的不足，更能适应用户要求。这也是常见的新产品开发方式。

知识点三：机电新产品开发的过程

根据机电新产品开发的现代模式，可将机电产品开发的整个过程分为制定开发战略、概念开发、实体开发和商业化开发四个阶段，每个阶段又包括若干个步骤。

1. 制定开发战略

一个机电企业的开发战略就是根据市场调研预测、相关环境分析、企业自身条件分析及企业发展战略而确定的产品开发方向和产品开发要达到的近期目标和中长期目标，以为企业的开发工作提供指导。产品开发战略对企业是至关重要的，它对企业开发的全局性、长期性的指导作用能使企业主动地规划未来，使企业持续稳定地发展壮大。

产品开发战略包括如下步骤：①市场调查，为开发战略提供依据；②企业内部条件和外部环境分析，以寻找市场机会，搞清内部资源；③开发目标决策，为企业制定开发战略。

2. 概念开发

一个好的新产品构思或创意是新产品成功的关键。企业通常可以从企业内部（如研究开发部门、销售人员与技术服务人员、高层管理部门等）和企业外部（用户、中间商、竞争对手、咨询公司等）寻找新产品构思的来源。有了构思之后，还要对其进行筛选，筛选就是采用适当的评价系统及科学的评价方法对各种创意进行分析比较，选出最佳构思的过程。在这一过程中，应力求做到除去亏损最大和必定亏损的新产品构思，选出潜在盈利大的新产品创意。企业不但可以从内部的一线员工、管理人员、技术人员、营销人员等收集信息，也可以从外部如本产品经销商、用户、竞争对手、政府、专利机构、科研机构、高等院校等收集新产品构思。企业从消费者的角度对产品构思进行详尽描述，即构思的具体化，如描述出该产品的性能、具体用途、形状、优点、价格及提供给用户的利益等。

机电类公司经常为寻求新产品开发的构思费尽心机。例如，公司成员聚集在一起，群策群力，共同探讨出尽量多的新颖、有创造性的构思。这种"大脑风暴法"会让人突发灵感，产生具有潜在利润的好创意。请与其他同学一起，共同为体能锻炼运动机、定时自动给水控制系统或其他机电产品进行产品构思。然后与同学进一步筛选。

概念开发的具体步骤是：①提出设想，以酝酿大量新产品构思提供选择；②设想筛选，通过评价选出好设想；③提出构思与方案设计，以进行概念测试和可行性分析；④方案决策和编制开发任务书，为实体开发选择方案和决策。

3. 实体开发

实体开发是指由设计试制部门根据新产品开发任务书进行新产品实体设计和试制。产品实体设计是由产品概念转变为实体的重要环节，新产品的技术性能、质量、可靠性、制造成本等基本上都在设计环节确定。在新产品实体设计的基础上进行工艺设计，根据工艺技术文件进行新产品试制。然后进行试制品的测试、试验，以检验实体开发是否达到预期目的。同时，将实体（样机）提交给特定的目标顾客，针对产品概念中的用途、价格、特性等问题与同类产品比较，听取和收集意见，了解用户的反应，为下一步的决策提供依据。最后还要对试制品进行鉴定，鉴定的内容主要包括：设计文件的完整性和样品是否符合已批准的工艺技术文件；样品精度与外观质量是否符合设计要求，并进行有关试验，包括实验室试验、用户试验及样品征询试验等；请有关行业专家对质量、工艺、经济性进行评价，提出改进意见，编写鉴定书。新产品只有鉴定合格，才可以正式生产。

实体开发的步骤是：①新产品实体设计，把方案变成可制造的产品；②新产品实体试制、测试，以考察设计的正确性，考验生产工艺规程和设备是否合适；③收集改进意见，进行新产品鉴定。

4. 商业化开发

商业化开发是指为了达到所制定的新产品开发战略目标和近期营销目标，采取一切必要的市场营销措施和手段打开和进入某一市场，并逐步占领和扩大市场，使新产品开发最终获得成功。这一阶段是新产品开发的最后一关，也是新产品出现失败最多的一个环节。对新产品估计的销售量、成本和利润等财务情况，以及用户满足程度、市场占有率等情况进行综合分析，判断该产品是否满足本企业开发的目标。常用的商业分析方法有盈亏平衡分析法、产品会审法等。统计资料表明，新产品开发失败有70%以上发生在商业化阶段。

本阶段采取的主要步骤有：①新产品目标市场和具体产品组合的选择，以确定产品商业化开发的方向；②新产品的包装、品牌服务的选择，以确定产品本身和附加物形成有机整体；③新产品广告、销售渠道、定价的选择，以便制定市场营销组合；④新产品的试制和销售预测，以检验新产品能否达到预期效果，同时检验营销组合是否需要调整；⑤新产品试生产和上市销售，以扩大市场，使新产品快速进入增长期。

撰写《×××（新型机电产品名称）开发研究方案》

1. 任务组织

以小组为单位，小组规模一般为3~5人，每小组选举小组长1名，负责协调小组的各项工作，教师提出必要的指导和建议，组织学生进行经验交流，并针对共性问题在课堂上组织讨论和专门讲解。

2. 任务内容

每组自行选择不同的机电产品，要求在备选机电产品：①电器元件类；②通用零件类；③汽车配件类；④叉车类；⑤机床配件类；⑥机床刀具类；⑦液压与气动元件类；⑧控制元件类；⑨工具类等中选定。

各组从所选具体产品的市场调研、产品概念开发、实体开发（产品设计与生产）、商业开发（目标市场选择、包装与品牌、渠道、定价、营销组合等）等进行调研分析，撰写本组的《×××（新型机电产品名称）开发研究方案》。

3. 任务考核

每小组由组长代表本组汇报任务完成情况，同学互评，教师点评，然后综合评定各小组本次任务的实训成绩。具体考核见表4-3。

表4-3 机电新产品开发任务考核表

考核项目	考核内容	分 数	得 分
工作态度	按时完成任务	5分	
	格式符合要求	5分	
任务内容	市场调研充分	15分	
	概念开发分析合理	15分	
	实体开发过程得当	15分	
	商业开发组合选择合理	20分	
团队合作精神	团队凝聚力强	5分	
	同学间有良好的协作精神	5分	
	同学间有相互服务的意识	5分	
团队间互评	该团队较好地完成了本任务	10分	

任务三　机电产品的品牌培育与营销服务

海尔集团的品牌战略

品牌战略使海尔集团在参与国内外的市场竞争中获得了持续发展的竞争优势，表现出强劲的竞争力。海尔集团有句格言："质量是产品的生命，信誉是企业的灵魂，产品合格不是标准，用户满意才是目的。"海尔人知道，只有给市场提供了最满意的产品和服务，才会给企业回报最好的效益。

海尔品牌策略的核心是突显服务优势和强调技术与创新。

在缺乏诚信和服务理念的时期，海尔的策略更加关注于服务。这个时期，海尔以其独特性、差异性、价值性和延展性获得了消费者的信赖。海尔品牌的独特性，除表现在产品质量、服务、信誉等方面外，更重要的是它独特的成长过程。海尔品牌策略经历了三个不同的发展阶段，它们分别是品牌战略阶段、品牌多元化战略阶段和品牌国际化战略阶段。

作为最显著的品牌个性，海尔在其产品质量、服务水平上表现出与其他产品的差异，它的独到之处是企业赢得竞争优势的关键。海尔品牌凝聚了高质量的产品、人性化的服务、迅速反应市场的能力和强大的市场整合力等一系列竞争资源及其资源的相互协调与融合，这也形成了海尔今天的品牌优势。海尔凭借其高质量、人性化、"真诚到永远"的服务赢得了广大用户的尊重和忠诚。其理念的领先和水平的差距，也造就了海尔品牌与其他家电品牌的差距和差异。对于顾客来说，品牌的价值性主要表现在他们对品牌的认同上。现代市场经济是信用经济。海尔作为一个知名品牌，不仅得到我国广大用户的认同，也为世界所公认，具有难以估算的品牌价值特性。

品牌之所以成为海尔的核心竞争力，首先在于品牌具有"天然"的延展性。因为经过科学而有效运作的品牌有了知名度美誉之后，这个品牌就可以获得良好的市场信誉，得到消费者的普遍认同。在赢得较高的品牌忠诚度后，企业就要靠该品牌在其他产品上的拓展与延伸，使新产品借助于成功品牌的市场信誉在节省促销费用的情况下顺利地占领市场。

当人们提起海尔，能够自然地联想到服务好、值得信赖，在同等质量的情况下，消费者仍然愿意多花几百元购买"海尔"的品牌价值，其实消费者购买的就是海尔始终如一的"真诚"。而在服务差异越来越小的时代，海尔则更注重于创新。海尔的创新既是战略的、观念的，又是技术的，同时也是组织和市场的创新。这一切，都使海尔逐步形成了自己的核心技术优势，让消费者看到海尔对产品质量和技术的不断超越精神，进一步加强了消费者的信赖。

海尔的品牌战略还有一个特性，就是它的文化性。品牌附有特定的文化，独特的海尔文化是海尔品牌具有核心竞争力的本质和源泉。它是海尔品牌的内涵和本质，渗透进海尔经营管理的每一个环节。

思考：
海尔品牌是如何在市场上迅速扩展的？

知识点一：品牌的含义

在全球化经济时代，市场上的成熟产品越来越多且产品同质化越来越严重，客户选择的空间很大。产品会被新产品替代，被竞争者模仿，但品牌却是独一无二的。品牌是企业、产品个性化的沉淀和凝结，如果企业有持续创新能力，可以不管品牌，但面对产品供应相对过剩且竞争激烈的同质化市场，企业必须用品牌树立形象，使之成为消费者注意或购买的重要识别特征，成为企业的核心竞争力，成为企业获得竞争优势的战略工具。

1. 品牌与商标

品牌是整体产品的重要组成部分，具有广泛的含义。品牌通常由文字、标记、符号、图案和颜色等要素或这些要素的组合构成，是用以识别某个销售者或某群销售者的产品或服务，并使之与竞争对手的产品或服务区别开来的商业名称及标志。品牌是一个集合概念，它包括品牌名称和品牌标志两个部分。品牌名称，是指品牌中可以用语言表达的部分，例如，三一重工、徐州重工、沈阳机床、福特、三菱。品牌标志是指品牌中无法用语言表达的标记、符号、图案和颜色等。

品牌名称和品牌标志在政府有关主管部门登记注册以后就成为商标，经注册登记的商标有"R"标记或"注册商标"的字样。商标是专用权的标志，受到法律保护。

品牌与商标既有联系又有区别，其联系主要包括：品牌和商标都是企业的无形资产，其目的是为了有别于其他的产品或服务，具有一定的专有性；品牌的全部或部分经过注册成为商标，具有了法律效力，因此，所有的商标都是品牌，但品牌不一定都是商标，品牌与商标是总体与部分的关系。两者的区别表现为：品牌是商业名称，就其本质而言，代表着卖方对交付给买方的产品特征、利益和服务的一贯性承诺，属于市场概念，而商标是法律名称，属于法律范畴；品牌无须注册，一经注册，品牌就成为商标，经过注册的商标的产权可以转让和买卖；品牌是个性化的，渗透着企业文化，而商标只是一个标记。

2. 品牌策略

（1）品牌使用决策

企业的产品是否树立品牌是首要的品牌决策。使用品牌有利于树立企业和产品的形象，保护产品的某些独特特征不被竞争者模仿。由于采用品牌要发生一定的费用，或品牌对促销的作用很小，所以有些企业不使用品牌。诸如无法形成特色的同质性产品，生产简单、无一定技术标准的产品，临时或一次性生产的产品等。

企业决定使用品牌，就要考虑品牌产品的耐久性、可靠性、精确性、易于操作和便于修理等有价值的属性，以保持品牌在目标市场的地位。还要防止他人的侵权行为，以避免蒙受不必要的损失。企业在注重品牌的初始质量水平的同时，应随着时间的推移不断提高质量，以争取更高的投资回报和市场份额。

（2）品牌归属决策

由于消费者对所要购买的产品并不具备充分的选购知识，所以消费者在购买产品时除了以产品的制造者品牌作为选择依据外，还希望到具有良好信誉的商家购买产品，因此产品制造者就需衡量品牌在市场上的声誉，在采用谁的品牌上做出选择。

品牌的归属有以下三种选择。

1）选择制造商品牌。它是指生产者使用本企业的品牌。具有一定知名度的制造商可以将之租借给小制造商，收取特许使用费。

2）选择经销商品牌。如果企业在一个新的市场上销售产品，或者市场上本企业的信誉不及其经销商的信誉，则适宜采用经销商的品牌。经销商自设品牌有诸多好处：可以利用无力创立品牌或不愿自设品牌、生产能力过剩的厂家来减少生产成本和流通费用，提高竞争能力；可以加强对价格的控制，并在一定程度上控制作为供应商的生产者，如停止进货、更换供应商等。

3）选择混合品牌。生产者部分产品使用自己品牌，部分使用经销商品牌。这样既保持本企业品牌特色，又可扩大销路。

（3）品牌名称决策

根据企业品牌名称的关联程度，品牌名称决策有以下两种。

1）统一品牌。指企业对其全部产品使用同一个品牌，例如，美国通用电气公司的产品都使用"GE"这个品牌。这种策略的好处是节省品牌的设计费用；利于在顾客心目中留下深刻的印象；新产品上市可以减少、消除陌生感，更快也更容易打入市场；统一品牌之下的各种产品可以互相促进，扩大销售。但采用这种策略时应注意各种产品应具有相同的质量水平，属于同一细分市场，否则会损害企业信誉，造成品牌错位。

2）多重品牌。指企业在同类产品中同时使用两种或两种以上品牌。采用多重品牌对企业有利的是：增加品牌产品的陈列空间，吸引喜好新品牌的消费者；提供多重品牌，客观上有更多的机会进入顾客的"购买单"，扩大销售；使组织内部产生竞争，有利于提高企业的工作效率；有利于产品向不同市场渗透。例如，沈阳机床股份有限公司在中国机电产品市场的机床品牌有"沈阳机床"和"云南机床"两种品牌，在欧洲还有另外的品牌。多重品牌也存在一定的风险：使用的品牌量过多，导致每种产品的市场份额很小，使企业资源分散，不能集中力量到少数几个获利水平较高的品牌上来。

（4）品牌延伸决策

品牌延伸决策是指企业利用已获成功的品牌声誉推出改进型产品或新产品。如三菱集团从重工业一直延伸到汽车、银行、电子乃至食品业。品牌延伸可以加速新产品定位，降低市场导入费用，减少市场风险，提高整体品牌组合的投资效益。但若品牌延伸策略使用不当，就会影响原有品牌的形象。

（5）品牌变更决策

由于企业内部和外部的诸多原因，品牌会出现美誉度下降、市场占有率降低等现象。这种品牌老化的现象应引起企业的重视，可以通过更换新品牌或对原有品牌内涵和形式进行重新定位来适应社会经济发展的需要。

企业在选取品牌时应注意的问题：

1）名称必须通俗易懂且读起来响亮畅达、朗朗上口。起名的目的是要让更多人记住，如果用字生僻，或者使用一些专业的术语，读起来晦涩难懂，必然达不到应有的效果。

2）名称新颖。这样才能给人留下深刻的印象。目前命名常采用比喻法、双关法、夸张法、直陈法、形容法、颂祝法、借光法、反映法及创词法等。无论采取哪一种，都应务求新颖，不落入俗套，不与人雷同。

3）名称能给人以艺术的美感，让人在欣赏夸饰巧喻的愉悦中达到记忆的目的，要能告诉或暗示消费者产品的特征和所能给消费者带来的好处。

4）名称要有伸缩性，可适用于任何新产品。这是因为某些产品的命名具有过强的产品偏向。例如，适合电风扇的命名，就未必适合电视机。

5）名称要适应社会心理，这一点在中国特别重要。每个人都希望大吉大利，一个能给消费者带来美好联想的产品必然能够吸引他们的注意力。

知识点二：机电产品的品牌培育

1. 机电产品品牌培育的意义

近年来，中国经济进入了新一轮的高速发展阶段，这就导致企业间的竞争加剧，而客户群体购买行为的理性和规范，使得产品、价格同质化、透明化，以产品为主导的营销模式成为机电企业成长的瓶颈，众多机电企业开始转变经营思路，将营销重点转移到品牌塑造上。

（1）获得更大的利益空间

在消费品领域，知名品牌产品的定价要比普通产品高30%，甚至更多，而市场竞争力并不会因此下降；而在机电产品领域，市场的发展趋势也越来越接近于此。

（2）可获得更多的市场机会

机电产品的品牌可以对组织市场的采购团队形成一个"综合影响力"，使其容易在竞争中胜出。同时，品牌对客户也形成一定的影响力，而客户在选择的时候一般将自己的感受作为最重要的参考因素。比如，若一条自动化生产线使用的PLC是西门子或三菱品牌，用户的认可度会高得多。

（3）通过品牌维持与客户的关系，获得长远的竞争优势

品牌能最大限度地提高客户的偏爱度和忠诚度，而这种偏爱和忠诚正是保持长久竞争优势的保证。

（4）有利于树立差异化竞争优势

机电产品差异化较难，为了跳出价格恶性竞争的圈子，机电企业必须打造企业整体品牌作为突破口，从客户心理、情感、精神的角度树立某种差异化的竞争优势。

2. 机电产品品牌的内涵

对机电产品来讲，其市场特征、购买特征等方面与普通消费品有较大的差异。机电产品的品牌内涵具体包括品牌知名度、感知价值、品牌联想和品牌忠诚度四个方面。

（1）品牌知名度

品牌知名度分为品牌认知和品牌回忆。品牌认知是指客户通过以前对该品牌的了解，能够正确地分辨出该品牌。品牌回忆是指当给出相应的暗示时，该品牌能正确地出现在客户的记忆中。品牌认知在机电产品的采购决策中起到很重要的作用。由于机电产品的购买者特征

不同，所以机电产品更注重以直销的方式来建立品牌认同，很多时候这是机电产品品牌与客户亲密接触的第一步，可以为品牌联想的强化奠定基础。

从媒体传播角度来讲，机电产品要运用专业媒体进行沟通，特别是技术论坛、展览会、专业杂志树立品牌形象。近年来，随着网络的高速发展，网站成为宣传机电产品品牌的重要途径，通过网站的产品展示，为传播产品定位、公司整体形象等建立一个窗口。机电产品忠诚购买者向同行推荐，通过口碑，品牌可以以最节省的方式获得品牌认知和品牌回想率。

（2）感知价值

感知价值是客户对产品和服务效用的总体评价，这个评价基于对其获取的收益与付出成本的比较。机电产品的感知价值不是指产品个体的质量，它包括许多指标，来源于多个因素。由于机电产品往往属于价值高或定制的产品，所以对其考察首先从单个产品品质开始，然后是对公司的考察，包括公司的有形资产、规模等，因为这是保证订单能否连续进行、产品质量能否保证、付款方式是否优惠、售后服务能否保证、交货期能否保证等前提。采购者只有在对自己关注的问题得到较为满意的答案以后，才会在头脑中形成某一品牌拥有的感知价值判断。

（3）品牌联想

品牌联想是指提起一个品牌时客户大脑中浮现出所有与这一品牌有关的信息。品牌联想可以为公司和客户带来以下价值：帮助他们加工、检索信息，突出品牌的与众不同之处，指出需要购买产品的原因，创造出一种积极的态度或感情，为品牌延伸提供一个基础平台。品牌联想可以产生一种偏好性、独特性，为建立品牌资产产生巨大的作用。

对机电产品品牌来讲，公司、产品、服务、知识产权、来源地都是产生品牌联想的源泉。考察企业的经历，对其规模、设备、技术实力、金融实力的认可可以加强某种内涵与品牌的联系。同样，过去的经历、对企业总体服务态度的感受、对产品质量的认可、技术鉴定的层次和结论、对来源地印象的不同，也可以加强某种内涵与机电产品品牌的联系。

（4）品牌忠诚度

品牌忠诚度是指客户与品牌联系紧密程度的一个衡量指标，它反映了客户改用其他品牌的可能性大小，尤其是当该品牌在价格或其他产品特征上有所改变时。与品牌资产的其他维度不同，品牌忠诚度更多地与使用经验有关，没有购买经验和使用经验就谈不上品牌忠诚度。机电产品品牌忠诚度有时十分依赖于产业链和分工体系的合作与联盟。品牌忠诚度并不直接受公司、产品、服务、知识产权、来源地这些先行因素影响，它是客户具有一定的消费经验后，通过感知价值、品牌联想形成的。采购者在采购过程中获得较高的感知价值、具有较强的偏好与独特性的品牌联想后，容易保持品牌忠诚度；相反，低劣的感知价值与较差的品牌联想容易使客户流失。

3. 机电产品品牌培育的方法

品牌是产品价值链竞争的最高层次，因此机电产品品牌的培育必须依靠技术、产品、渠道、广告传播及服务等各方面的支持，品牌是这方面资源力量的整体体现。所谓机电产品品牌培育具体是指将产品品牌塑造成能使企业持续为客户创造价值的一个价值符号，而在这一过程中应该遵循一定的思想和方法。

（1）传递高价值的产品

品牌是满足顾客需求的外在表现，是企业创造价值、传递价值的符号。营销大师菲利普·

科特勒认为顾客让渡价值是顾客购买总价值与顾客购买总成本之差。其中，顾客购买总价值是指顾客期望从某一特定产品或服务中获取的利益，包括产品价值、服务价值、人员价值和形象价值等；顾客购买总成本是指顾客购买某一产品所付出的代价，包括货币成本、时间成本、精力成本和体力成本等。

对机电产品来讲，产品交易是连接供应商和企业顾客的核心活动，双方所交换的产品的特征在总体上对买卖双方之间的关系影响很大。企业顾客依赖机电产品供应商提供产品的输入。在机电企业中通常以设计质量和工艺质量作为检查产品质量的标准，而企业顾客对自身的产品输入往往有特殊要求，即使是标准化产品顾客有时也会提出特殊要求，所以，机电产品供应商按顾客（用户）的需求提供产品是非常普遍的。

在交易过程中，买卖双方的技术部门经常需要进行充分的沟通，特别是涉及新产品的开发，双方的相关人员会详细地了解所要开发产品的情况。产品质量的改善会提高顾客的满意度，从而使顾客的购买意向提高，如更强的重复购买意愿、增加采购数量、良好的口碑宣传等，购买倾向的提高又会导致忠诚行为，最终会带来销售业绩和盈利的提升。因此，良好的质量易于使顾客满意和提高公司收益，机电产品顾客对供应商满意和忠诚的中心是要求产品和服务的质量。这对于机电产品品牌培育至关重要。

（2）品牌维持力的塑造

品牌维持力的塑造首先是服务和沟通。机电产品营销的实质是关系营销，因此顾客服务在建立、扩展、维护企业组织间关系等方面有独特的作用。服务是维护顾客资源的纽带，也是企业创造利润的另一源泉。伴随产品而来的服务与产品本身所解决的技术问题通常具有同等重要性。机电产品供应商提供某种产品来满足市场的需要，卖方可能会对供应商提出除产品性能以外的其他服务要求。因此，机电产品供应商在不断提高产品质量的同时，还要提供良好的售前售后服务，增加顾客服务价值。

研究表明，对顾客的服务质量与重复购买和推荐意愿成正相关关系，服务质量的好坏直接决定顾客忠诚与否。品牌维持力的塑造其实是要维护顾客忠诚度。一般来说，顾客是在有限地搜寻成本、产品和服务的知识及一定的经济成本下追求最大化的价值实现，然后从消费经验学习过程中渐渐修正自己的期望价值，这些经验足以影响顾客的满意度及再购买意愿。顾客价值论认为，每一个顾客都会评价产品的价值结构，顾客在购买产品时根据自认为重要的价值因素，如产品的品质、价格、服务，公司的形象，对顾客的尊重等因素进行评估，然后从价值高的产品中选择购买对象。因此，要使顾客忠诚度上升就必须为顾客提供满足他们需要的价值。

机电企业和顾客间的关系终究是一种追求各自利益与满足的价值交换关系。顾客忠诚的是企业提供的优异价值，而不是特定的某家企业。可以说企业让渡给顾客的价值对其忠诚的产生发挥着重要作用。因此在工业品品牌培育过程中，价值力是非常关键的因素。

（3）品牌推广

成功的品牌培育离不开对品牌的大力推广。推广方法主要有以下几种。

1）以大众传媒直接提升品牌价值，使产品获得丰厚的利润。

2）机电产品不进行自我宣传，而是通过对下游产品市场的培育，完成市场的成长。例如，瑞典利乐公司在中国进行液态奶的推广，推动的是整个中国液态奶市场的发展，进行了广泛的大众传播。而大众传播给自己带来了大量液态奶生产线的订单，中国包括伊利、光明、三元、娃哈哈等乳业巨头购买了其800多条生产线，该公司2006年在中国市场的销售额达到50多亿元。

3）通过大众传媒打造，使自己品牌的产品成为最终产品不可缺少的组成部分。例如，玉柴发动机就是在国内利用大众传媒树立品牌形象，成为最终产品不可缺少部分的一个典型。"玉柴机器，王牌动力"直指柴油汽车的最终用户。

4）通过大众传媒把机电产品变为最终消费品，以部分产品通过消费者的反拉带动整个生产线的销售。例如，长城润滑油现已成为一个知名品牌，但谁能想到几年前，长城润滑油的业务员还要解释长城润滑油与其他润滑油的差别。

（4）拉力

拉力的核心是打造优质高效的销售平台，它是进行品牌培育的重要支撑。

其内涵主要包括：①直销渠道的维护；②加强对销售人员的培养；③共同成长。这是一种保持品牌能够可持续发展的重要意识。对机电产品而言，由于购买的特殊性，必然要求企业之间确立长久的关系。

在上述四个方面的内容中，品牌的价值是核心与关键，对于品牌培育而言至关重要，因为产品传递给目标客户价值才是最关键的；品牌维持力是进行品牌培育的重要支撑力量，可以使品牌保持长久竞争力，因为机电产品营销是关系营销，是保持顾客忠诚的长久效应；品牌的推广和拉力是进行品牌培育的重要外部条件，同质化竞争的加剧使机电企业开始在各个方面需要营销的创新来满足顾客的需求。

中国现在已经成为世界第一的"制造大国"要做到"创新大国""品牌强国"尚有很长的路要走。"品牌强国"不但要使消费品建立品牌，更重要的是要使机电产品建立品牌，因为机电产品是一个国家发展的重要基础。机电企业现在大多数还处于打破机电产品营销的"陋习"和品牌国际化的路上，"品牌强国"之路任重而道远。

知识点三：营销服务

1. 营销服务的内涵

营销学上所谓的服务是指向市场提供的、能满足顾客某种需要的活动或利益，是产品整体的重要组成部分。服务可分为有形产品的服务和附加产品的服务。附加产品的服务是纯粹服务，如为顾客提供送货、消费信贷、信息、咨询等。

相对于实物产品而言，服务具有下述特征。

1）不可触摸性。服务是无形的，与有形的实物产品不同，服务在被购买之前，是看不见、摸不着、听不到的。因此，营销者的任务是通过定位策略使服务"有形化"。如通过有形的环境、工作人员的工作方式、设备的艺术价值、沟通资料、服务名称及价格等使服务的效用和价值能被顾客感受到。

2）不可分离性。服务的生产和消费一般说来是同时进行的，服务的提供者和顾客相互作用对服务的结果都有影响，这是服务营销的一个重要特征。

3）可变性。服务具有极大的可变性，这是因为服务取决于由谁来提供以及在何时、何地提供。同一服务不同人操作，有不同的水平，同一人在不同时间、地点的操作成果也可能不一样。

4）易消失性。由于服务需求具有不稳定性，不能储存，所以服务的提供者要注意运用差别价格策略调整服务需求，培养处于低峰时期的需求，实行预定项目管理，并在提高服务效率等方面使企业的人力、财力、物力得到充分利用。

2. 营销服务决策

服务是企业营销活动中强有力的竞争手段，对市场占有率影响很大。随着科学技术的发展，有形产品之间的质量差异日益缩小，产品的差异性越来越表现在服务方面，技术复杂、售价昂贵的产品（如汽车、计算机）销售量的增长主要依赖于服务水平而不是价格的差别。因为一系列卓有成效的服务使整体产品具有更大的效益。

如机床类机电产品，如果伴随硬件设备的销售而提供一系列优越的服务，如培训操作工，对设备进行安装、调试，提供咨询，帮助用户拓展技术应用领域等，即使售价略高于其他同类产品，顾客也乐于接受，其销售量肯定会有显著的增加。对机电产品营销技术服务尤为重要，营销服务也是开拓用户的法宝。

营销服务主要针对下列三个问题做出决策：①服务项目；②服务水平；③服务方式。

（1）服务项目决策

企业在推出产品的同时，需考虑能够提供哪些种类的服务及其对顾客的重要性。各种服务要素对不同行业或产品的顾客而言，其重要性不同。例如，技术指导服务，对家具和数控机床的购买者来说其重要性相差甚远。为了做出服务项目决策，需要通过市场调查了解顾客对服务项目的要求，按重要性的程度排出顺序，以此吸引顾客。

此外，企业还应突出自己服务项目的特色，找出其他企业不足的服务项目，使顾客获得意外的满意度，从而增强顾客对本企业产品的偏好。

（2）服务水平决策

确定服务的量和质方面的决策，就是服务水平的决策，为此，企业要了解顾客在这方面的预期需求，并进一步调查竞争者是否满足了这方面的需求。

企业可经常对自己的服务水平在顾客中进行调查，包括对服务的及时性，服务人员的沟通能力，服务的周到性、可靠性及其对顾客的要求和问题的反应性等的调查，以便及时改进，增强企业的竞争能力。一般情况下，较高的服务水平将使顾客得到较大的满足，将获得更多的用户、更多的销售业绩。

对服务项目的评价方法是两个指标，即服务项目的重要性评价和各服务项目已达到的成绩或水平。

可对顾客调查取平均值作为顾客对某服务项目的综合评价。

（3）服务方式决策

服务方式决策包括对服务项目如何定价和通过什么途径提供服务。

1）服务要素如何定价。服务项目定价常见的方法有：①固定价。由政府有关部门定价，如银行利率、邮费等。②成本加总定价。即营销者把一定比例的服务成本计入商品总成本，使服务在一定时期内完全免费或以优惠价提供。③浮动定价。许多服务需求弹性大，差异性显著，服务者应根据服务需求的高低状况浮动定价。但应注意在机电产品销售合同里约定保修期。

2）有关服务如何提供。服务项目的提供方式可通过培训自己的外部服务人员，并在全国各地设置服务网点，也可以由产品的经销商负责提供服务或交给专门的服务公司负责。

总之，企业要根据客户的需要和竞争者的情况决定服务项目、服务水平和服务方式。为了保证顾客服务决策的实现，企业需设立专门的顾客服务部门，负责解决各种服务项目及其客户提出的问题，并把客户的建议和要求反馈给企业的有关部门，据此改进产品设计，提高服务质量，满足客户需要。

1. 某公司的售后服务措施

1）我公司产品三包期一般为一年（特殊要求进行具体商议）。

2）我公司每年不定期对客户进行走访，检测仪器的使用情况，并对不能正常使用的仪器进行维修。

3）用户服务信息反馈到公司，公司在两日内给用户答复，并在用户指定的时间派人到用户处进行售后服务。

4）产品中易损件（不影响正常运转情况下）由厂家提供并为用户更换。

5）在三包期内产品不能正常运转，用户可就近到我公司售后服务网点或我公司进行维修或更换产品。

6）我公司每年适时举办用户学习班，为用户进行产品使用技术、保养技术、维修技术的培训，对中标离心机用户实行专期培训。

7）三包期外，产品返公司进行维修或派人员为用户上门进行维修。

8）维修服务热线：（区号）××××××××

2. 数控铣床售后技术服务

（1）数控铣床的安装

一般的数控铣床是机电一体化设计，从制造厂发货到用户，都是整机装运，不需解体包装。因此用户收到机床后，只需按说明书的规定进行安装即可。主要应注意以下几个方面。

1）开箱。开箱后，首先根据包装标志找到随机技术文件，按技术文件中的装箱清单清点附件、工具及备件等。如箱内实物与装箱清单不符，应及时与制造厂联系。然后仔细阅读说明书，按说明书指导进行安装工作。

2）吊运。按照说明书中的吊装图在适当的位置垫上木块或厚布，防止钢丝绳碰伤漆面和加工面。在吊运过程中应尽量降低机床的重心。如果数控机床的电柜是分离的，则电柜顶部一般有吊环供吊运时使用。

3）调整。对于数控铣床，主机是整机发运，出厂前都已调整好，用户在安装中应注意：油压的调整、自动润滑的调整，以及重点检查防止升降台垂向下滑装置是否起作用等。

（2）数控铣床的调试

对于一般的数控铣床来说，主机是整机发运，出厂前都已调整好。但用户在使用前仍需注意以下几点。

1）油压的调整。因为液压变速、液压拉力等机构都需要合适的压力，所以机床开箱后，清除防锈用的油封，即向油池（油箱）中灌油，开动液压泵调整油压，一般调整至1~2Pa的压力即可。

2）自动润滑的调整。数控铣床大多采用自动定时定量润滑站供油，开机前检查一下润滑油泵是否按规定的时间起动。这些时间的调整一般由继电器进行。

3）重点检查防止升降台垂向下滑装置是否起作用。检查方法很简单，即在机床通电的情况下，在床身固定表座，将千分表测头指向工作台面，将工作台突然断电，通过千分表观察工作台面是否下沉，变化在0.01~0.02mm是允许的，下滑太多会影响批量加工零件的一致性。此时，可调整自锁器调节。

3. 数控铣床的验收

对于数控铣床的验收，目前主要根据国家颁布的专业标准。有ZBJ54014-1988《数控立式升降台铣床精度》、ZBnJ54015-1990《数控立式升降台铣床技术条件》两种。机床出厂前已在制造厂内按上述两项标准检查合格，有质检部门签发的产品合格说明书，用户可按照合格说明书中的项目，根据本单位实际掌握的检测手段，抽检或全部复检各项精度，如有不合格项目，可向制造厂提出交涉。如果复检数据符合出厂合格证的要求，则可记录入档案，作为以后参考。

思考：

针对①服务项目、②服务水平、③服务方式这三个方面对以上案例进行分析。

任务实施

撰写《×××机电产品的售后服务条款》

1. 任务组织

以小组为单位，小组规模一般为3~5人，每小组选举1名小组长，负责协调小组的各项工作，教师提出必要的指导和建议，组织学生进行经验交流，并针对共性问题在课堂上组织讨论和专门讲解。

2. 任务内容

每组从教师处领取不同的机电产品（备选机电产品：①叉车；②轴承；③机床配件；④钻床；⑤加工中心；⑥机床刀具；⑦液压泵；⑧卧式铣床；⑨PLC等），各组从所选具体产品的性能、用途及市场等方面进行调研分析，撰写该产品的《×××机电产品的售后服务条款》（格式参见"样本"）。

3. 任务考核

每小组由组长代表本组汇报任务完成情况，同学互评，教师点评，然后综合评定各小组本次任务的实训成绩。具体考核见表4-4。

表 4-4　机电产品售后服务条款制定任务考核表

考核项目	考核内容	分　数	得　分
工作态度	按时完成任务	5分	
	格式符合要求	5分	
任务内容	服务条款格式正确	15分	
	服务条款内容全面	15分	
	服务条款保证买卖双方权益	20分	
	服务条款符合实际情况	15分	
团队合作精神	团队凝聚力强	5分	
	同学间有良好的协作精神	5分	
	同学间有相互服务的意识	5分	
团队间互评	该团队较好地完成了本任务	10分	

样本：

某工业除湿机的产品售后服条款

为了保护用户的合法权益，明确生产、维修、使用者的责任与义务，本公司实施修理、更换，终身维修维护的产品售后服务措施。该公司以"专业化、标准化"作为自己的服务理念。"以客户为中心，围绕用户的需求，为用户提供全方位、多层次服务；无止境地追求服务的改进、提高和创新"。

1. 保换原则

同时符合以下条件的保换新品：
1) 所购产品在保换期内（自购买日期起30天内）。
2) 真正出现质量问题。
3) 无人为性损坏（如摔坏、划伤）。
4) 无违反正规操作规程说明的超标使用。

2. 保修原则

同时符合以下条件的产品保修一年。
1) 所购产品在保修期内（自购买日期起一年内）。
2) 所购产品未经他人改装、修理过。
3) 人为性损坏（如摔坏、划伤）。
4) 无违反正规操作规程说明的超标使用。

注：经他人改装、修理过的本公司的产品，再修理收取配件费用及工时费。

3. 技术支持、维修

凡购买本公司产品，本公司将提供保换、保修期限之外的全面技术咨询及维修、维护（超过免费保修期限的有偿服务收取零部件工本费及工时费）。

4. 为了保证售后服务部门不做重复劳动，特请用户及经销商配合工作

1）返修机返回维修时，请保证包装的完整性。
2）返回公司的返修机，请写明故障现象。
3）非维修机构请勿自行修理、拆卸。
4）返修机的外观严禁划伤、刻画等人为的物理性损坏。
5）返修机如需要长途运输，运出方请注意货物包装的安全性，请选择信誉好的货运公司。
6）本公司提供一次性的技术及使用方面的培训。
7）如违反以上3）、4）、5）、6）条规定，本公司及其所属的维修机构将有权在保换、保修政策之外进行特殊处理。

职业能力训练

一、填空题

1. 通常产品生命周期包括_____、_____、_____和_____四个阶段。
2. 在机电产品投入期，通常可采取_____、_____、_____和_____营销策略。
3. 新产品有_____、_____、_____和_____四种类型。
4. 新产品的开发模式有_____、_____、_____、_____和_____五种。
5. 常用的品牌策略有_____、_____、_____、_____和_____。

二、简答题

1. 什么是机电产品生命周期，它包括哪几个阶段？
2. 机电产品生命周期各个阶段有哪些特点？
3. 机电产品生命周期各个阶段适合采用哪些营销策略？
4. 什么是产品品牌？机电产品的品牌如何培育？
5. 试述机电产品售后服务在企业营销活动中的地位和作用。

项目五

机电产品价格策略

知识目标

1. 了解影响机电产品定价的因素。
2. 理解机电产品定价的方法。
3. 熟悉机电产品定价策略。
4. 熟悉机电产品招投标文件的撰写要求。

技能目标

1. 有初步分析影响机电产品定价因素的能力。
2. 能根据市场需求制定合适的价格。
3. 能撰写机电产品投标书。

提交成果

1. PLC 产品定价方法分析报告。
2. 机电产品投标书。

上海大众"帕萨特"的定价

曾经汽车"价格"成了国内媒体报道的热点,而这个词也成了当时厂家避讳的焦点。甚至有厂家直言,媒体能否站得再高一点儿,别一开口就逼着厂家降价。初一想,这类厂家肯定是还想偷偷摸摸多赚点儿,怕我们提醒了高价购入的消费者;可仔细想想,说这话的厂家也是有道理的。与其在价格上打"征服战",不如静下心来研究有些厂家为什么坚决不降价?为什么有胆量不降价?

因为在汽车产品越来越同质化的今天,能生产汽车已不再是一个厂家的核心竞争力,而会不会卖车则会充分体现出一个厂家的核心竞争力。

上海大众汽车有限公司是德国大众汽车集团与上海汽车工业集团总公司成立的合资企业，在品牌营销方向上继承发扬了德国大众汽车集团的策略。而德国大众汽车集团是世界知名的跨国公司，其制定出的定价策略是保证公司目标实现的重要条件。通常，这类公司产品价格会受到三个因素制约：生产成本、竞争性产品的价格和消费者的购买能力。其中，生产成本决定了产品的最低定价，而产品的竞争性定价和消费者的购买能力则制约着产品的最高定价。

2003年1月21日，上海大众汽车有限公司正式向媒体展示刚刚推出的帕萨特2.8 V6。其打出的品牌定义为"一个真正有内涵的人"。营销目标是"成为中高档轿车的领导品牌""成为高档轿车的选择之一"。无疑上海大众汽车有限公司希望传播这样一个目标：帕萨特是中高档轿车的首选品牌；在品牌形象方面是典范；要凌驾于竞争对手别克、雅阁和风神蓝鸟之上；缩小与高档品牌（如奥迪、宝马、奔驰）之间的差距。

上海大众汽车有限公司在分析了自己的优劣势后进行了定价决策：

1）就生产成本而言，由于该车系上海大众汽车有限公司已在2000年就开始生产了，而且产销量每年递增，所以生产成本自然会随着规模的增加而降低。

2）竞争品牌技术差异。

3）售后服务是汽车厂商们重点宣传的部分，而维修站的数量则是一个硬指标。上海大众汽车有限公司建厂最早，售后服务维修站的数量自然也会居于首位。在市场营销方案中，上海大众汽车有限公司依然用图表的方式充分展示了自己在这方面的优势。

在对经销商的培训及消费者的宣传中，上海大众汽车有限公司用了这样的语言：上海大众汽车有限公司便捷的售后服务、价平质优的纯正配件，使帕萨特的维护费用在国产中高级轿车中最低，用户耽搁时间最短，真正实现"高兴而来，满意而归"。很明显，上海大众汽车有限公司抓住了消费者的需求心理：高质量、低价位、短时间。

在对全员培训中，上海大众汽车有限公司非常明确地描绘出了帕萨特的品牌定位：感性表述——帕萨特宣告了你人生的成就；理性描述——帕萨特是轿车工业的典范。最后一句"帕萨特2.8 V6是上述品牌定位的最好例证"，推出了新产品的卖点与竞争力。

整个营销方案的最后确定了帕萨特2.8 V6的定价：35.9万元。

思考：

该公司定价时都考虑了哪些因素？

任务一　分析影响机电产品定价的因素

任务案例

价格屠夫——格兰仕

中国的微波炉行业起于20世纪90年代初，在格兰仕进入微波炉行业的1993年，整个中国的市场容量仅为20多万台，此时的龙头企业蚬华微波炉销售规模为1万台，且大半市场集中在上海，连许多城市的居民也不知微波炉为何物，更不习惯于用微波炉来烹饪。此时行业未充分发育，主要对手也很弱，只要倾全力投入，就很容易在规模上把对手远远甩在后面，单机成本亦会随之远远低于竞争品牌。这给格兰仕迅速崛起带来了机会，1995年微波炉销量达25万台，市场占有率为25.1%，超过蚬华成为全国第一（蚬华为24.8%），到1998年微波炉总产量达315万台，销售达213万台，市场占有率为61.43%，而原来的龙头企业蚬华销售规模已不到15万台。

格兰仕价格战的目标设计明确，据了解，格兰仕的降价目的是最大限度地扩大市场份额。而格兰仕价格战打得比一般企业出色，规模每上一个台阶，就下调一个幅度的价格。当格兰仕的规模达到125万台时，就把出厂价定在规模为80万台的企业成本以下。此时，格兰仕还有利润，而规模低于80万台的企业若也以此价格来出售产品，那就会卖出一台亏一台，除非对手能形成显著的品质技术差异。当规模达到300万台时，格兰仕又把出厂价调到规模为200万台的企业成本线以下，结果规模低于200万台的且技术无明显差异的企业陷入亏本的泥潭，格兰仕使对手缺乏追赶上其规模的机会，在家电业创造了市场占有率61.43%的优势。

思考：
格兰仕的定价目标是什么？

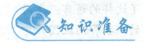

产品的价格是产品的主要属性之一，是产品价值的有效体现，也是作为商品交换中的重要量度。历史上，价格是通过买卖双方的协商来确定的。大致可以分为商品的价格和服务的价格两大类。

影响产品定价的因素是多方面的，如成本（包括研发成本、材料成本、生产成本及物流成本等）、定价目标、市场需要和商品本身特性等多种因素。

知识点一：影响定价的成本因素

产品价格不能随心所欲，产品的最高价格取决于市场需求，最低价格取决于产品的生产成本。从经营的本质来看，任何产品的价格都必须高于成本费用，只有这样，才能以销售收入来抵偿生产成本和经营费用，否则就不存在经营。成本分为不同类型，每种成本对企业定价的影响程度各不相同。

1. 生产成本

生产成本是企业生产过程中所支出的全部生产费用，是从已经消耗的生产资料的价值和生产者所耗费的劳动的价值转化而来的。当企业具有适当的规模时，产品的成本最低。但不同的商品在不同的条件下各有自己理想的批量限度，其生产超过了这个规模和限度，成本反而要增加。

2. 销售成本

销售成本是商品流通领域中的广告、推销费用。在计划经济体制下，销售成本在商品成本中所占比重很小，因而对商品价格的影响也微乎其微。但在市场经济体制下，广告、推销等是商品实现其价值的重要手段,用于广告、推销的费用在商品成本中所占的比重也日益增加。因此,在确定商品的营销价格时必须考虑销售成本这一因素。

3. 储运成本

储运成本是商品从生产者手中所必需的运输和储存费用。商品畅销时,储运成本较少;商品滞销时,储运成本增加。

4. 机会成本

机会成本是企业从事某一项经营活动而放弃另一项经营活动的机会,另一项经营活动所应取得的收益。但是,商品的成本不是个别企业的商品成本,而是所有生产同一产品的生产部门的平均生产成本。在通常情况下,机会成本对个别企业的商品成本影响比较大,对平均生产成本的影响比较小,因而对商品价格的影响也很小。

与其他影响因素相比,成本因素相对比较稳定,属于企业内部信息,比较容易预算并进行定价。

小米手机的成本首先考虑元器件成本。目前,小米手机配置高通 Qualcomm MSM8260 双核 1.5GHz 手机处理器,集成 64MB 独立显存的 Adreno 220 图形处理芯片,配置 1GB 内存,自带 4GB ROM,支持最大可扩展至 32GB MicroSD 卡。这些硬件材料加在一起价格不低于 1200 元,加上关税、增值税、专利费。此外,还有小米手机的良品率达到 99%,相当于是极致,但意味着有 1% 的材料浪费。售后服务和返修率也是成本的一个重要考虑因素。小米手机采用网上售卖方式,直接面对最终消费者,从物流到库存节约了巨大的成本,使得小米手机可卖 1999 元的低价。

知识点二:影响定价的营销目标

企业定价目标是指企业通过特定水平价格制定或调整所要达到的预期目的,定价目标是企业市场营销目标体系的具体目标之一。在企业制定战略的过程中,市场营销目标体系作为一种职能战略,必须有助于企业总体战略目标的实现;而企业的定价目标在体现企业营销总目标的同时,还要与其他经营组合目标相协调。公司的产品与市场定位越清晰,定价目标越明确,确定定价策略越简单。一般来说企业定价目标有以下几种。

1. 短期利润最大化目标

短期利润最大化目标即企业通过最可能提高价格的形式,在短期内获得最大限度的利润。这种定价目标适合与企业产品的生产能力、技术水平、质量处于领先地位,产在行业竞争中占有绝对优势,或产品在市场上供不应求,其替代品很少,甚至没有。但采用这种定价方式要注意随时根据竞争状态进行产品价格调整,否则很容易招致多方抵制与竞争,一般适合于一些中小型、产品生命周期较短、产品在市场上供不应求的机电产品。

2. 获取预期收益目标

预期收益目标也称为投资收益定价目标,这是企业运营最重要的财务指标之一,直接反映企业的投资收益水平。持这种目标的企业将投入某种产品的资金的预期收益作为企业的定价目标，定价时在总成本之外加上一定比例的预期收益。采用这种定价目标的企业，一般是根据投资额规定的收益率，计算出单位产品的利润额，加上产品成本作为销售价格。

但必须注意两个问题：第一，要确定适度的投资收益率。一般来说，投资收益率应该高于同期的银行存款利息率。但不可过高，否则消费者难以接受。第二，企业生产经营的必须是畅销产品。与竞争对手相比，产品具有明显的优势。

一般来说，机电产品的预期收益目标为20%~40%。

3. 市场占有率

市场占有率又称为市场份额，是指企业的销售额（或某产品的销售量）占整个行业销售额（或销售量）的百分比。市场占有率是企业经营状况和产品竞争状况的综合反映。在一定程度上，较高的市场占有率可以使企业产生规模效益，提高产品销量，同时为企业带来一定的品牌知名度，其低价也能有效排斥其他竞争对手，从而形成企业长期控制市场和价格的垄断能力，最终获得较高的长期利润。因此，很多企业会不惜牺牲眼前利润，以赚取更大的市场份额。

4. 维持企业生存

如果企业产能过剩或面临激烈竞争，或试图改变消费者的需要，则需要把维持企业生存作为企业的主要定价目标。企业必须制定一个较低的价格以保本，甚至会以亏本价格销售商品以收回资金。一般来说，只有当产能大量过剩，产品的价格处于市场敏感期时，企业才会选择这种定价目标，一旦情况稍有好转变就会采用其他定价方式代替。

5. 产品质量领先目标

这是指部分企业的目标是以高质量的产品占领市场，这些企业在研发、生产和营销中始终以"产品质量最优"为追求目标，在此基础上制定高于竞争对手的产品价格，既弥补了前期投入的研究和开发成本，又获得了超额利润，同时还在市场上突出了企业的竞争优势。采用这种定价目标的企业，其产品在消费者心中享有一定的声誉。

机电产品生产企业以追求产品质量为定价目标的很多，如苹果公司、通用公司、微软公司、思科公司、西门子公司、索尼公司、卡特皮勒公司等，这些公司的部分产品以无可厚非的质量取得消费者的信赖。

6. 应对竞争

在激烈的市场竞争条件下，大多数企业对于竞争者的价格十分敏感，在分析企业的产品竞争能力和市场竞争位置后，常常以避免与竞争对手发生价格竞争为定价目标。这类企业一般以中小型企业为主，往往以竞争对手的价格为定价依据，制定低于、高于或等于竞争对手的产品价格。实际上，这种定价策略多由处于追随者地位的企业所采用，为了避免竞争制定略低于行业中主导地位的企业价格，而为自己在市场上求得一席之地。

知识点三：影响定价的市场因素

产品定价应充分考虑市场供求的状况，它决定着产品价格的最高临界点。市场需求状态由以下两点决定。

1. 市场商品供求状况

一般情况下，商品的成本决定商品的价格，而价格影响商品的需求。经济学原理中，如果其他因素保持不变，消费者对某一商品需求量的变化与这一商品价格变化的方向相反：如果商品的价格下跌，需求量就上升；反之，需求量就相应下降，这是商品的内在规律——需求规律。需求规律反映了商品需求量变化与商品价格变化之间的一般关系，是企业决定自己的市场行为，特别是制定价格时必须考虑的一个重要因素。

2. 商品需求特性

商品的需求特性对价格的影响表现为三个方面。

1）对高度流行或品质威望具有高度要求的商品，价格居次要位置，如设计欠佳的服装不会因为价格便宜而畅销；购买机器设备，首先考虑的是产品的功能和品质，价格仅在相同产品比较时作为参考因素；在耐用消费品方面，商品的威望直接和价格相关；某些消费品如日用百货类、食品类，在难以与竞争厂家、品牌相抗衡时，稍稍降价，销量即可增加，促销对销量的提高很有利。

> 在机电类产品中是否存在"薄利一定多销"的说法，请评价这种说法。

2）购买频率较高的日用品，有高度的存货周转率，适宜薄利多销；反之，周转率越低或易损商品则需要较高的毛利率。

3）需求价格弹性，将无价格弹性的商品降价对促销无益；对需求弹性大的商品，价格一经变化，即会引起市场需求的变化。一般来说，方便商品的代用品多，价格弹性大；特殊商品的代用品少，价格弹性则小。

知识点四：影响定价的竞争因素

市场竞争情况是影响企业定价的重要因素，企业必须考虑比竞争对手更为有利的定价策略，及时做出反应，才能应对市场的变化获得胜利。在现代市场经济中，市场竞争一般有以下四种状况。

1. 完全竞争

在完全竞争市场状况下，市场上企业很多，买卖双方的交易份额都只占市场份额的一小部分，彼此生产或经营的产品近似相同；企业不能用增加或者减少产量的方法来影响产品的价格，也没有一个企业可以根据自己的愿望和要求来提高价格，如服装市场、小商品市场等。

在这种情况下，企业只能接受在市场竞争中现有的价格，买卖双方都只是"价格的接受者"，而不是"价格的决定者"，价格完全由供求关系决定，各自的行为受价格因素的支配，企业无须进行市场分析、营销调研，且所有促销活动都只会增加产品的成本，也就没有必要专门策划和实施促销活动。

2. 垄断竞争

垄断竞争是指许多厂商生产和销售有差别的产品，市场中既有竞争因素又有垄断因素存在

的市场结构。这里存在着产品质量、销售渠道、促销活动的竞争。企业根据其"差异"优势可以部分地通过变动价格的方法来寻找比较高的市场利润，如我国彩电行业几大巨头间的竞争。

3. 寡头垄断

寡头垄断是指在行业中少数几个厂商控制着整个市场中的生产和销售的市场结构，价格也由他们共同控制。各个"寡头"之间相互依存、相互影响，任一"寡头"企业调整价格都会引起其他寡头企业的连锁反应。因此，寡头企业之间会互相密切注意对方战略的变化和价格的调整，如我国成品油销售中的中国石油、中国石化。

4. 完全垄断

在一个行业中的某种产品或服务完全被一家企业所独占，没有竞争对手。通常有政府垄断和私人垄断之分。这种垄断一般有特定条件，如垄断企业可能拥有专利权、专营权或者特别许可权等。由于垄断企业控制了进入这个市场的种种要素，所以它完全控制市场价格。从理论上分析，企业有完全自由定价的可能，但在现实中其价格也受消费者情绪及政府干预等方面的限制。

机电产品的价格范围很大程度上取决于在组织购买者眼里它与竞争者产品的差异程度。机电企业可以通过以下途径获得产品差异性：产品的物理属性、企业的荣誉、资质、技术能力、供货的及时性及售后的服务等因素。

知识点五：影响定价的其他因素

在市场经济中，政府扮演着调和、干预经济的重要角色。政府对价格的影响可以通过行政、法律、经济手段对企业定价及社会整体物价水平进行干预。

例如，在汽车定价中，一个国家或地区经济发展水平及发展速度高，人民收入水平增长快，购买力强，价格敏感性弱，有利于汽车企业较自由地为汽车定价。反之，一个国家或地区经济发展水平及发展速度低，人们收入水平增长慢，购买力弱，价格敏感性强，企业就不能自由地为汽车定价。

要注意的是，我国加入WTO之后，经济逐渐和国际接轨，石油、钢铁、有色金属等产品价格逐步与国际市场接轨，这些原材料价格的变化会直接影响相关机电产品的价格变化。另外，还需要注意汇率的波动对价格的影响程度。

撰写《×××（机电产品名称）定价因素分析报告》

1. 任务组织

以小组为单位，小组规模一般为3~5人，每小组选举1名小组长，负责协调小组的各项工作，教师提出必要的指导和建议，组织学生进行经验交流，并针对共性问题在课堂上组织讨论和专门讲解。

2. 任务内容

每组从教师处领取不同的机电产品（备选机电产品：①卧式车床；②轴承；③加工中

心；④钻床；⑤数控车床；⑥线切割机床；⑦液压泵；⑧卧式铣床；⑨PLC 等），各组积极搜集整理相关资料，从所领取产品定价的各方面因素出发，进行深入调研，小组内成员进行充分讨论，根据分析结果撰写本组的《×××（机电产品名称）定价因素分析报告》（格式参见"样本"）。

3. 任务考核

每小组由组长代表本组汇报任务完成情况，同学互评，教师点评，然后综合评定各小组本次任务的实训成绩。具体考核见表 5-1。

表 5-1　产品定价因素任务考核表

考核项目	考核内容	分　数	得　分
工作态度	按时完成任务	5 分	
	文档格式清楚	5 分	
任务内容	产品成本分析正确	10 分	
	具有企业定价目标分析	10 分	
	市场需求分析	10 分	
	行业竞争分析	10 分	
	市场风险分析	10 分	
	结论符合实际情况	15 分	
团队合作精神	团队凝聚力强	5 分	
	同学间有良好的协作精神	5 分	
	同学间有相互服务的意识	5 分	
团队间互评	该团队较好地完成了本任务	10 分	

样本：

×××（机电产品名称）定价因素分析报告

一、概述
1. 研究目标
2. 研究方法
3. 研究对象

二、定价背景分析
1. ×××（品牌名称）汽车市场优势
2. 同水平产品对比
3. 主要定价因素

三、定价因素分析及结果
1.（机电产品名称）定价因素
2. 其他营销行为影响

任务二　确定机电产品的定价方法

惠普公司的打印机是如何定价的

惠普公司曾成功研发了一项打印机新技术，此技术能提高打印机的性能，获得更佳的打印效果。采用该新技术的打印机试制成功后，惠普公司面临定价的选择：究竟是凭借新技术优势制定高价格入市，还是保持原价不变？惠普公司高层这样分析：在目前的市场上，竞争对手的同类型打印机售价为150美元，如果惠普公司的新型打印机倚仗新技术而制定高价格，如定价250美元，则惠普公司可以多赚到100美元，且产品的毛利率将翻倍。可是，这样的价格体系所产生的暴利诱惑，必然会吸引大批追随者，这些公司面对巨大的利润空间，必然会不惜研发成本来提升打印机性能，结局可能是各公司相互杀价，最后不仅会导致市场的混乱，而且会直接损害惠普公司的优势。

基于这种考虑，惠普公司决定定价185美元，虽然每台只能多赚到25美元，但却可以有效阻止追随者。如果有追随者愿意花费巨额成本加入竞争，惠普公司还准备将价格调到160～175美元，使新对手无法收回成本，甚至可能亏损。

惠普公司所采用的价格战略虽然使自己损失了更多的利润，但是却成功地实现了主要目标，那就是最大限度地扩大市场份额，把自己的竞争者阻挡在新型打印机市场的门外。

思考：

了解产品在投入期的定价方法。

定价方法是企业在特定的定价目标指导下，依据对成本、需求及竞争等状况的研究，运用价格决策理论，对产品价格进行计算的具体方法。定价方法主要包括成本导向定价法、需求导向定价法和竞争导向定价法三种类型。

知识点一：成本导向定价法

成本导向定价法是以产品成本为基础，加上目标利润来确定产品价格的定价法，是企业最常用、最基本的定价方法。主要有总成本加成定价法、目标收益定价法、边际成本定价法和盈亏平衡定价法等几种。

1. 总成本加成定价法

总成本加成定价法是指按照单位成本加上一定百分比的加成来制定产品的销售价格，即把所有为生产某种产品而发生的耗费均计入成本的范围，计算单位产品的变动成本，合理分

摊相应的固定成本,再按一定的目标利润率来决定价格。其计算公式为

$$单位产品价格 = 单位产品总成本 \times (1 + 目标利润率) 即 P = \frac{TC(1+R)}{Q} \quad (5-1)$$

其中,P 为单位产品价格,TC 为产品总成本,Q 为产品数量,R 为目标利润率,FC 为固定成本,VC 为单位变动成本。

例 5-1 某电子厂生产 1000 个小型电子设备,固定成本 3000 元,每个设备的变动成本 45 元,企业确定的成本利润率为 30%,请用总成本加成定价法进行定价。

解:

$$P = \frac{TC(1+R)}{Q}$$
$$= \left(\frac{FC}{Q} + VC\right)(1+R)$$
$$= (3000/1000 + 45) \times (1 + 30\%)$$
$$= 62.4 \text{ (元)}$$

采用总成本加成定价法,关键问题是确定合理的成本利润率。而成本利润率的确定,必须考虑市场环境、行业特点等多种因素。总成本加成定价法被广泛使用的主要原因有:第一,成本的不确定性一般比需求小;第二,同一行业的所有企业都采用这种定价方法,他们的价格趋势相同,价格竞争的变数较小;第三,许多人感到总成本加成定价法对买卖双方都比较公平,尤其在买方需求强烈时。

但总成本加成定价法的缺点也比较明显,它忽视了市场竞争和供求状况的影响,缺乏灵活性,难以适应市场竞争的变化趋势。特别是如果目标利润率的确定仅仅从企业角度考虑,则很难准确定位市场。

2. 目标收益定价法

目标收益定价法又称为投资收益率定价法,是根据企业的总成本或投资总额、预期销量和投资回收期等因素来确定价格,如图 5-1 所示。它是企业试图确定正在追求的目标投资收益,并且根据估计的总销售收入(销售额)和估计的产量(销售量)来制定价格的一种方法。其计算公式为

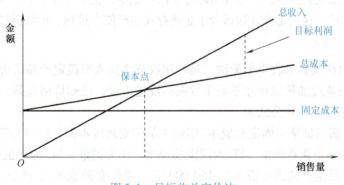

图 5-1 目标收益定价法

$$单位产品价格 = (总成本 + 目标收益额)/预期销量 即 P = (TC + TR)/Q \quad (5-2)$$

或

$$目标利润价格 = 单位成本 + (目标利润率 \times 投资成本)/销售量 \quad (5-3)$$

其中，TR 为目标利润或目标收益额目标利润率或目标收益率＝1/投资回收期。

例 5-2　某企业预计其产品的销量为 10 万件，总成本 740 万元，决定完成目标利润为 160 万元，求单位产品的价格是多少？

解：
$$P = (TC + TR)/Q$$
$$= (740 + 160)/10$$
$$= 90（元）$$

一般机电行业的目标收益率约为 20%～40%。

与总成本加成定价法类似，目标收益定价法也是一种生产者导向的产物。其缺陷表现为：很少考虑到市场竞争和需求的实际情况，只是从保证生产者的利益出发制定价格；另外，先确定产品销量，再计算产品价格的做法完全颠倒了价格与销量的因果关系，把销量看成是价格的决定因素，在实际中很难行得通。尤其是对于那些价格弹性较大的产品，用这种方法制定出来的价格无法保证销量的必然实现。

3. 边际成本定价法

边际成本是指每增加或减少单位产品所引起的总成本的变化量。边际成本定价法又称为边际贡献法，其基本思想是只考虑变动成本，不考虑固定成本，以预期的边际贡献补偿固定成本并获得盈利。采用边际成本定价法时是以单位产品变动成本作为定价依据和可接受价格的最低界限。在价格高于变动成本的情况下，企业出售产品的收入除完全补偿变动成本外，尚可用来补偿一部分固定成本，甚至可能提供利润。其公式为

$$单位产品价格 = 单位产品变动成本 + 单位产品边际贡献 \quad (5-4)$$

其中，单位产品边际贡献是指企业增加一个单位的销售所获得的收入减去变动成本的数值。边际贡献＝销售收入－变动成本，若边际贡献大于固定成本，企业就有盈利；若边际贡献小于固定成本，企业就会亏本；若边际贡献等于固定成本，企业盈亏平衡。只要边际贡献≥0，企业就可以考虑生产。这种定价方法适合于企业存在生产能力过剩、市场供过于求等的情况。

4. 盈亏平衡定价法

盈亏平衡定价法又称为收支平衡法，是利用收支平衡点来确定产品的价格，即在销量达到一定水平时，企业应如何定价才不至于亏损；反过来说，已知价格在某一水平上，应销售多少产品才能保本。其计算公式为

$$盈亏平衡点价格 = 固定总成本/销量 + 单位变动成本 即 \quad P = FC/Q + VC \quad (5-5)$$

其中，P 为盈亏平衡点价格，FC 为固定总成本，Q 为销量，VC 为单位变动成本。

例 5-3　某产品生产的固定成本是 150 000 元，单位变动成本为 15 元，若销量为 3000 件，则价格应定多少企业才不会亏损？若销售价格为 40 元，则企业必须销售多少才能保本？

解：
$$P = FC/Q + VC$$
$$= 150\ 000/3000 + 15$$
$$= 65（元）$$

$$Q = FC/(P-VC)$$
$$= 150\,000/(40-15)$$
$$= 6000\ (件)$$

实际上，这种定价法的实质就是确定总收入等于总支出时的价格，以盈亏平衡点确定价格只能使企业的生产耗费得以补偿，而不能得到收益。若实际价格超过收支平衡价格，企业就可盈利。科学地预测销量和已知固定成本、变动成本是盈亏平衡定价的前提。有时，为了开展价格竞争或应付供过于求的市场格局，企业采用这种定价方式以取得市场竞争的主动权。

从本质上说，成本导向定价法是一种卖方定价导向。它忽视了市场需求、竞争和价格水平的变化，有时候与定价目标相脱节。此外，运用这一方法制定的价格均是建立在对销量主观预测的基础上，从而降低了价格制定的科学性。因此，在采用成本导向定价法时，还需要充分考虑需求和竞争状况，来确定最终的市场价格水平。

知识点二：需求导向定价法

需求导向定价法是根据市场需求状况和消费者对产品的感觉差异来确定价格的方法，又称为市场导向定价法。需求导向定价法主要包括认知价值定价法和需求差异定价法。

1. 认知价值定价法

认知价值定价法是根据顾客对产品价值的认知程度，即产品在顾客心目中的价值观念为定价依据，运用各种营销策略和手段，影响顾客对产品价值的认知的定价方法。作为定价的关键，不是卖方的成本，而是购买者对价值的认知。

使用这种方法进行产品定价，企业应该一方面进行市场调研以准确预测产品的认知价值，另一方面要善于利用营销策略中的非价格因素提升产品的认知价值。只有准确了解消费者对产品的认知价值，在区间内定价才能获得成功。

2. 需求差异定价法

所谓需求差异定价法，是指产品价格的确定以需求为依据，首先强调适应消费者需求的不同特性，而将成本补偿只放在次要的地位。这种定价方法对同一商品在同一市场上制订两个或两个以上的价格，或使不同商品价格之间的差额大于其成本之间的差额。其好处是可以使企业定价最大限度地符合市场需求，促进商品销售，有利于企业获取最佳的经济效益。这种定价方法以不同时间、地点、产品及不同消费者的消费需求强度差异为定价的基本依据，具体有以下几种做法。

（1）因地点而异

指同一产品因需求空间位置不同而制定不同的价格。对机电类产品和服务来说，会出现两种情况：一种购买者会选择不同地点的供应商，一次产生物流费用对购买价格产生影响；另一种服务类如在汽车4S店内向顾客提供的零配件的价格普遍高于一般维修站点。

（2）因时间而异

因时间不同而影响产品的销售量或销售价格，如在每年7—9月，学生入学报到期间，手机和计算机的销量会出现攀升，经销商就会对其产品价格进行调整。

（3）因产品差别而异

指因不同式样、规格、颜色、用途等对产品进行定价。如华为手机的产品线涵盖了低端、中端到高端几乎所有市场，不同的市场价格也不一样，它的产品定位很明确。从 378 元到 21 888 元，可以满足不同层次消费者的需求。

（4）因顾客而异

因职业、年龄、阶层等原因，顾客对同类产品需求强度的认知不同，在定价时可以分别给予优惠价格。在机电产品中，常见的是对新客户和老客户、长期用户和短期用户采取不同的产品价格。

企业采取需求差异定价法必须具备的条件

1) 市场必须是可以细分的，而且各个细分市场须表现出不同的需求程度。
2) 以较低价格购买某种产品的顾客没有可能以较高价格把这种产品倒卖给别人。
3) 竞争者没有可能在企业以较高价格销售产品的市场上以低价竞销。
4) 细分市场和控制市场的成本费用不得超过因实行价格差异而得到的额外收入，也就是说，不能得不偿失。
5) 价格差异不会引起顾客反感而放弃购买，影响销售。
6) 采取的价格差异方式不能违法。

知识点三：竞争导向定价法

这种方法主要通过研究竞争对手同类产品的商品价格、生产条件、服务状况等，结合企业自身的发展需求，以竞争对手的定价为依据，而不是过多地考虑成本及市场需求因素，使用竞争导向定价法的企业往往对竞争对手的价格变动较为敏感，一旦竞争对手采取降价策略，它们就会积极反击。竞争导向定价法主要包括以下几种形式。

1. 随行就市定价法

随行就市定价法又称为流行水准定价法，是指在一个竞争比较激烈的行业或部门中，某个企业根据市场竞争格局，跟随行业或部门中主要竞争者的价格，或各企业的平均价格，或市场上一般采用的价格，来确定自己产品的价格的方法，即企业按照行业的平均现行价格水平来定价。

在以下情况下往往采取随行就市定价法：①难以估算成本；②主要适合同质产品市场，其目的是为了与同行业企业和平共处，避免发生激烈的竞争；③如果另行定价，很难了解购买者和竞争者对本企业的价格反应；④在完全竞争与寡头竞争的条件下，这种定价方法经常使用。但值得注意的是：这种定价法以竞争对手的价格为依据，并不否认本企业商品的成本、质量等因素对价格形成的直接作用。

2. 主动竞争定价法

主动竞争定价法又称为价格领袖定价法或寡头定价法，是指在某个行业或部门中由一个或少数几个大企业首先定价，其余企业参考定价或追随定价的方法。这一个或少数几个大企业就是价格领袖，它们不追随竞争者的价格，而是根据本企业产品的实际情况给予竞争对手产品的差异来确定产品的价格。他们的价格变动往往会引起其他企业的价格随之变动。

3. 密封投标定价法

密封投标定价法是指在营销活动中企业根据招标方的条件、竞争情况，以及招标企业标底来确定价格的一种方法。主要适用于大宗商品、原材料、成套设备和建筑工程项目的买卖和承包，往往采用发包人招标、承包人投标的方式选择承包商，确定最终承包价格。

密封投标定价法在国际通行的"最低价最优"的选择机制下，企业要想中标，必须在自己的报价不低于成本的情况下，低于其他竞争对手；而我国传统的方法为"标底制"，即企业必须对由招标单位按有关规定制定的标底价格进行估计，争取与招标单位的标底相同或比竞争对手更为接近标底。

撰写《×××（品牌名称）PLC产品定价方法分析报告》

1. 任务组织

以小组为单位，小组规模一般为3~5人，每小组选举1名小组长，负责协调小组的各项工作，教师提出必要的指导和建议，组织学生进行经验交流，并针对共性问题在课堂上组织讨论和专门讲解。

2. 任务内容

每组从教师处领取不同类型的PLC产品（备选机电产品：①西门子PLC；②三菱PLC；③欧姆龙PLC；④无锡信捷PLC；⑤台达PLC；⑥上海正航PLC；⑦深圳丰菱PLC；⑧施耐德PLC；⑨其他品牌PLC等），对其进行定价方法分析。

各组从所选产品的产品成本导向因素、需求导向因素、竞争导向因素等方面进行深入的定价调研，小组内成员进行充分讨论，根据分析结果撰写本组的《×××（品牌名称）PLC产品定价方法分析报告》（格式参见"样本"）。

3. 任务考核

每小组由组长代表本组汇报任务完成情况，同学互评，教师点评，然后综合评定各小组本次任务的实训成绩。具体考核见表5-2。

表5-2 产品定价方法任务考核表

考核项目	考核内容	分数	得分
工作态度	按时完成任务	5分	
	格式符合要求	5分	
任务内容	调研目的明确	5分	
	调研方法正确	5分	
	样本描述清晰	10分	
	有对产品成本导向定价的分析	5分	
	有对产品需求导向定价的分析	10分	

(续)

考核项目	考核内容	分　　数	得　分
任务内容	有对产品竞争导向定价的分析	10 分	
	结论符合实际情况	10 分	
	能给出定价建议	10 分	
团队合作精神	团队凝聚力强	5 分	
	同学间有良好的协作精神	5 分	
	同学间有相互服务的意识	5 分	
团队间互评	该团队较好地完成了本任务	10 分	

样本：

×××（品牌名称）PLC 产品定价方法分析报告

一、概述

1. 调研目的
2. 调研说明（时间、方式等）
3. 样本描述（所选品牌的类型、企业规模及发展、主要产品优势等）

二、定价方法对比分析

1. 成本导向定价分析
2. 需求导向定价分析
3. 竞争导向需求分析
4. 品牌间优势对比

三、结论

1. 产品定价
2. 市场预期及现状

任务三　领会机电产品的招投标

×××公司铣床采购招标公告

×××公司招投标办公室受机械制造分公司委托，就其制造改造项目进行公开招标，现欢迎符合相关条件的供应商参加投标。

一、招标项目名称

项目：铣床采购

二、投标人资质要求

投标人参加本次采购活动除应当符合《中华人民共和国政府采购法》第二十二条的规定外，还必须具备以下条件：

A. 经行政管理机关注册或登记的法人。

B. 不接受联合体投标；

C. 未被"信用中国"网站（www.creditchina.gov.cn）列入失信执行人、重大税收违法案件当事人名单、政府采购严重违法失信行为记录名单。

三、招标项目内容

序　号	设备名称	数　量
1	铣床	100

四、招标文件发布信息

招标（采购）文件在×××公司采购公告附件中发布，供应商如确定参加投标（报价），可自行下载招标（采购）文件，但必须如实填写《供应商参加投标（报价）确认函》（该函见招标文件），并按要求将该函扫描件及电子稿发至×××公司招投标办公室邮箱（×××××××@×××.com）并电话（××××-××××××××）确认。有关本次招标的事项若存在变动或修改，敬请及时关注本网站发布的更正公告。如潜在投标人未按上述要求操作，由此所产生的损失及风险由投标人自行承担。

五、投标截标时间

投标方须严格按以下规定时间投标。

A. 标书送达截止时间：××××年××月××日上午9：30前（节假日休息）；

B. 投标人须按规定交纳投标保证金（不接受以个人名义的交纳），投标保证金必须在投标截止时间交纳；

C. 标书送达地点：行政楼310室，截止期后的投标文件或未按招标文件规定提交投标保证金的投标文件，恕不接受。

六、开标时间、地点

开标时间：××××年××月××日上午9：30（北京时间）

开标地点：×××公司行政楼111评标室

地　　址：无锡市钱胡路×××

七、联系方式

地址：江苏省无锡市钱胡路×××

邮编：214153

技术联系人：×××　　电话：

招投标办公室联系人：朱老师

联系电话：××××-××××××××
Email：××××××××@×××.com
有关本次招投标活动方面的问题，可来人、来函（传真）或电话联系。

×××公司

招投标办公室

××××年××月××日

思考：

从这个招标公告中能看到哪些信息？

招投标广泛应用在机电设备产品大宗采购中，最常见的是进口设备的采购。从1987年开始，我国政府提出了以下要求：凡国内建设项目需要进口的机电设备，必须先委托中国机电设备招标中心下属的招标机构在国内进行公开招标；凡国内制造企业能够中标制造供货的，就不再批准进口；国内不能中标的，可以批准进口。

机电设备招标投标领域建立了比较完善的制度办法。1986年制定了《申请进口机电设备国内招标投标管理暂行办法》；1993年发布了《机电设备招标投标指南》，明确了招标需遵循的原则、基本程序，提出了招标投标在与国际惯例相衔接中的指导意见；1996年颁布了《机电设备招标管理办法》和《机电设备招标机构资格管理暂行办法》。1999年发布了《机电产品国际招标管理办法》。

知识点一：招投标的概念

招投标，其全称为招标投标，是一种因招标人的邀约，引发投标人的承诺，经过招标人的择优选定，最终形成协议和合同关系的平等主体之间的经济活动过程。

招标人，也叫招标采购人，是采用招标方式进行货物、工程或服务采购的法人和其他社会经济组织。

投标人，是指响应招标、参加投标竞争的法人或者其他组织。其中，那些对招标公告或邀请感兴趣的可能参加投标的人称为潜在投标人，只有那些响应并参加投标的潜在投标人才能称为投标人。

标的，是招标方与投标方交易的项目统称。招投标交易的项目分类为工程类、货物类和服务类。工程类项目"标的"指的是项目的工程设计、土建施工、成套设备和安装调试等内容。货物类项目"标的"指的是拟采购商品规格、型号、性能及质量要求等。服务类项目"标的"指的是服务要保障的内容、范围及质量要求等。

招标书，即标书，是由发包单位编制或委托设计单位编制，向投标者提供对该工程的主要技术、质量及工期等要求的文件。

投标书，是指投标单位按照招标书的条件和要求向招标单位提交的报价并填具标单的文书，又称为标函。它是投标单位在充分领会招标文件，在进行现场实地考察和调查的基础上所编制的投标文书，是对招标公告提出的要求的响应和承诺，并同时提出具体的标价及有关事项来竞争中标。

知识点二：招投标的特征和原则

1. 招投标的特征

招投标是一种商品交易方式，是市场经济发展的必然产物。与传统交易活动中采用供求双方"一对一"直接交易的方式相比，招标投标是相对成熟的、高级的、有组织的、规范化的交易方式，主要具有以下特征。

1）竞争性。招投标的核心是竞争，按规定每次招标必须有三家以上投标，这就形成了投标者之间的竞争，他们以各自的实力、信誉、服务、质量、报价等优势战胜其他的投标者。竞争是市场经济的本质要求，也是招投标的根本特性。

2）程序性。招投标活动必须遵循严密规范的法律程序。《中华人民共和国招标投标法》及相关法律政策，对招标人从确定招标采购范围、招标方式、招标组织形式直至选择中标人并签订合同的招投标全过程每一环节的时间、顺序都有严格、规范的限定，不能随意改变。任何违反法律程序的招标投标行为都可能侵害其他当事人的权益，必须承担相应的法律后果。

3）规范性。《中华人民共和国招标投标法》及相关法律政策，对招投标各个环节的工作条件、内容、范围、形式、标准以及参与主体的资格、行为和责任都做出了严格的规定。

4）一次性。投标邀约和中标承诺只有一次机会，且密封投标，双方不得在招投标过程中就实质性内容进行协商谈判，讨价还价，这也是与询价采购、谈判采购以及拍卖竞价的主要区别。

5）技术经济性。招标采购或出售标的都具有不同程度的技术性，包括标的使用功能和技术标准、建造、生产和服务过程的技术及管理要求等；招投标的经济性则体现在中标价格是招标人预期投资目标和投标人竞争期望值的综合平衡。

2. 招投标的基本原则

招投标应当遵循公开、公平、公正和诚实信用的原则。

公开原则是指招标项目的要求、投标人资格条件、评标方法和标准、招标程序和时间安排等信息应当按规定公开透明。

公平原则是指每个潜在投标人都享有参与平等竞争的机会和权利，不得设置任何条件歧视、排斥或偏袒保护潜在投标人。

公正原则是指招标人与投标人应当公正交易，且招标人对每个投标人应当公正评价。

诚实信用原则是指招投标活动主体应当遵纪守法、诚实善意、恪守信用，严禁弄虚作假、言而无信。

知识点三：招投标的方式及基本程序

1. 招标的方式

按照竞争开放程度，招标方式分为公开招标和邀请招标两种方式。公开招标又称为无限竞争性招标，是指招标人以招标公告的方式邀请不特定的法人或者其他组织投标。邀请招标又称有限竞争性招标，是指招标人以投标邀请书的方式邀请特定的法人或其他组织投标。

招标项目应依据法律规定条件、项目的规模、技术、管理特点要求、投标人的选择空间以及实施的急迫程度等因素选择合适的招标方式。依法必须招标的项目一般应采用公开招标，如符合条件，确实需要采用邀请招标方式的，须经有关行政主管部门核准。

2. 招投标的基本程序

招投标一般需要经过文件材料准备后进行招标、投标、开标、评标、中标与合同签订程序。

（1）文件材料准备

在招标之前，应该进行一系列文件材料准备，以备投标过程所用。主要包括在招标阶段、投标阶段所形成的文件材料和开标阶段、评标阶段以及中标阶段所需要使用的文件材料。由于招投标过程是以法定方式和程序进行的，其中各个阶段所使用的文件材料应该便于查阅和使用。

（2）招标

招标是指招标人按照国家有关规定履行项目审批手续、落实资金来源后，依法发布招标公告或投标邀请书，编制并发售招标文件等具体环节。一般由专业人员制定标书内容，招标书主要内容可分为三大部分：程序条款、技术条款和商务条款。主要包含下列九项内容：

1）招标邀请函；
2）投标人须知；
3）招标项目的技术要求及附件；
4）投标书格式；
5）投标保证文件；
6）合同条件（合同的一般条款及特殊条款）；
7）技术标准、规范；
8）投标企业资格文件；
9）合同格式。

标书一般公布在招标平台，招标过程又可以分为招标人自行组织招标和招标人委托招标代理机构招标两种组织形式。

（3）投标

投标人按要求编制的投标文件应对招标文件提出的要求和条件做出实质性响应。投标文件包括商务部分、技术部分、价格部分和其他部分。在招标文件要求提交投标文件的截止时间前将投标文件密封送达投标地点。在这一截止时间之后送达的投标文件为无效投标文件，招标采购单位应当拒收。

投标文件内容应该涵盖下列要素：

1）投标函；
2）投标人资质；
3）资信证明文件；
4）投标项目方案及说明；
5）投标价格；
6）投标保证金或其他形式担保；
7）招标文件要求具备的其他内容。

(4) 开标

即招标人按照招标文件确定的时间和地点邀请所有投标人到场，当众开启投标人提交的投标文件，宣布投标人的名称、投标报价及投标文件中的其他重要内容。

开标的最基本要求和特点是公开，保障所有投标人的知情权，这也是维护各方合法权益的基本条件。

(5) 评标

招标人依法组建评标委员会，依据招标文件的规定和要求对投标文件进行审查、评审和比较，确定中标候选人。

(6) 中标

中标，也称为定标，即招标人从评标委员会推荐的中标候选人中确定中标人，并向中标人发出中标通知书，并同时将中标结果通知所有未中标的投标人。投标人提交投标保证金的，招标人应同时退还投标保证金。中标者应符合下列条件之一：满足招标文件各项要求，并考虑各种优惠及税收等因素，在合理条件下所报投标价格最低；最大限度地满足招标文件中规定的各项综合评价标准。

(7) 签订书面合同

中标通知书发出后，招标人和中标人应当按照招标文件和中标人的投标文件在规定的时间内订立书面合同，中标人按合同约定履行义务，完成中标项目。

依法必须招标的项目，招标人应当从确定中标人之日起15日内向有关行政监督部门提交标投标情况书面报告。

来自采购一线的经验之谈

1. 字斟句酌

招投标的第一个程序就是编制招标文件，在这个环节上，采购单位最重要的就是按照自己的实质性要求和条件切实编制招标文件。还有一个重要的环节就是招投标双方都要注意标书中的实质性要求和条件。一般情况下，投标人都会认真研究招标文件中的技术要求，根据自己产品的情况，在技术方面较好地响应招标文件的实质性要求。

2. 内外双修

标书编制出来以后，接下来就是发布招标公告。在这个阶段，一定要修炼好"内功"和"外功"。修"外功"是指在信息发布和采集阶段，一定要注意外部信息来源。企业及时准确地获得信息，这是企业参加投标的前提。修炼"内功"是增加企业和产品的知名度，与采购中心或采购频繁的实体建立较为密切的联系，使他们对产品有一定了解。

3. 后发制人

接下来就是发售招标文件和投标。从招标文件开始发出到投标人提交招标文件之间有较长的一段时间，这段时间对于企业是非常重要的。有经验的企业会在递交投标文件的前夕根据竞争对手和投标现场的情况最终确定投标报价和折扣率，现场填写商务方面的文件。

4. 丢车保帅

接下来的程序就是开标。到了这一阶段，企业虽然没有机会对标书进行更改，但是还可以撤除某些意向，考虑丢车保帅的最后时机。

5. 精雕细刻

评标委员会评标、招标人定标是非常关键的程序。投标文件是唯一的评标证据，编制一本高质量的投标文件是企业在竞争中能否获胜的关键。要想编制一本高质量的投标文件就要精雕细刻。投标人应该根据招标的项目特点抽调有关人员组成投标小组。在编制招标文件时，投标人一定要确保投标文件完全响应招标文件的所有实质性要求和条件。

6. 信誉为本

招投标的最后就是用书面形式通知中标人和所有落标人，以及招标人和中标人签订合同。一般公司中标在于信誉，而信誉往往体现在企业的报价、供货和售后服务等方面。报价方面主要是不能恶性竞价；供货方面就是要求企业一定要按照合同办事；售后服务更是各企业竞争的重要方面。

撰写《×××（机电产品名称）投标书》

1. 任务组织

以小组为单位，小组规模一般为3~5人，每小组选举小组长1名，负责协调小组的各项工作，教师提出必要的指导和建议，组织学生进行经验交流，并针对共性问题在课堂上组织讨论和专门讲解。

2. 任务内容

每组从教师处领取不同的机电产品（①叉车；②数控镗床；③滚齿机；④摇臂钻床；⑤数控车床；⑥平面磨床；⑦液压泵；⑧卧式铣床；⑨PLC 等），根据设备采购情况进行投标书的撰写。

各组从所选产品的采购需求进行仔细分析，撰写投标函、投标书，包含产品报价、代理人授权书、公司简介及资质证明、产品情况说明、技术文件等，撰写本组的《×××（机电产品名称）投标书》（格式参见"样本"）。

3. 任务考核

每小组由组长代表本组汇报任务完成情况，同学互评，教师点评，然后综合评定各小组本次任务的实训成绩。具体考核见表5-3。

表 5-3　撰写投标书任务考核表

考核项目	考核内容	分　数	得　分
工作态度	按时完成任务	5 分	
	资料完整，格式正确	5 分	
任务内容	各种投标资质材料完整	15 分	
	投标函、投标书无误	10 分	
	产品情况说明、技术文件	15 分	
	投标报价合理	15 分	
	投标书内容完整	10 分	
团队合作精神	有明确的角色分配和任务分配	5 分	
	同学间有良好的协作精神	5 分	
	同学间有相互服务的意识	5 分	
团队间互评	该团队较好地完成了本任务	10 分	

样本：

1. 招标文件

（1）投标邀请函

我办受公司的委托，对制造系统改造项目进行公开招标，欢迎你单位参加投标并提请注意下列附表中的相关事项。

序号	内　容
1	项目名称：制造系统改造 采购编号：XCGZX2017—0330 采购人：×××公司 采购方式：公开招标 本项目预算：338.5 万元
2	集中采购部门：×××公司招投标办公室 采购机构地址：无锡市惠山区钱胡路×××行政楼 310 室
3	投标人条件：投标人参加本次采购活动除应当具备《中华人民共和国政府采购法》第二十二条第一款规定的条件外，还必须具备以下条件： 　A. 投标人必须是有能力提供招标货物及服务的制造商或代理商，代理商须提供制造商出具的授权书； 　B. 投标人具备机电工程施工总承包三级及以上资质或建筑机电安装工程专业承包三级及以上资质； 　C. 授权委托人与本企业签订的劳动合同和《职工养老保险手册》（内附 2017 年 5 月—2017 年 7 月的缴费清单）或由社保机构出具本企业的 2017 年 5 月—2017 年 7 月的缴费证明； 　D. 不接受联合体投标； 　E. 未被"信用中国"网站（www.creditchina.gov.cn）列入失信执行人、重大税收违法案件当事人名单、政府采购严重违法失信行为记录名单。

(续)

序号	内 容
4	请有意参加本项目投标的供应商如实填写《供应商参加投标（报价）确认函》。投标前传真（0510-83000000）至×××公司招投标办公室并电话（0510-83000000）确认，如投标人未按上述要求操作，由此所产生的损失及风险由投标人自行承担。
5	公开答疑会时间：2017年9月21日15：00 公开答疑会地点：×××公司评标室（钱胡路×××行政楼111室）
6	投标人投标前须交纳投标保证金柒仟元人民币。投标保证金应当采用汇票、支票、网上银行支付等非现金方式交纳（不接受以个人名义交纳），网上银行支付需提供电子凭证或银行出具的汇款凭证，并将凭证发送至我办邮箱，汇款信息有误的将视为未交纳。未按招标文件规定提交投标保证金的投标文件恕不接受，引起的损失及风险由投标人自行承担。 收款单位：×××公司（联系电话：0510-83000200） 开户银行：建设银行无锡滨湖支行 账号： 备注：×××项目投标保证金
7	投标有效期：开标之日起90天
8	投标时间：2017年10月27日9：30开始，10：00截止，截止期后的投标文件恕不接受 投标地点：×××公司招投标办公室（钱胡路×××行政楼310室）
9	开标时间：2017年10月27日10：00 开标地点：×××公司评标室（钱胡路×××行政楼111室）
10	定标时间：2017年10月27日评标结束 定标地点：×××公司
11	投标文件正本份数：壹份 投标文件副本份数：贰份
12	有关本次招标活动程序方面的问题，可来人、来函（传真）或电话联系。 联系地址：无锡市惠山区钱胡路×××行政楼310招投标办公室 联系人：朱老师 联系电话：0510-83000000

（2）投标人须知

一、遵循原则

公开透明原则、公平竞争原则、公正原则和诚实信用原则。

二、招标文件

1. 招标文件包括本文件目录所列全部内容，投标人应仔细阅读，并在投标文件中充分响应招标文件的所有要求。

2. 招标文件中的"法定代表人"是指投标人的营业执照或相关部门的登记证明文件中的"法定代表人"或"负责人"。

3. 投标人应在×××公司网站招投标专栏下载招标文件及有关资料，按招标文件要求提交全部资料并对招标文件各项内容做出实质性响应，否则投标无效。

4. 招标文件仅作为本次招投标使用。

三、投标费用

投标人应自行承担编制投标文件及递交投标文件参加招投标过程所产生的一切费用。无论招投标结果如何，招标人对上述费用不负任何责任。

四、招标文件

1. 招标文件的组成

本文件及依法对本文件所做的书面澄清或修改的内容均为招标文件的组成部分。

2. 招标文件的澄清、修改

投标人在收到招标文件后，如有疑问需要澄清，应于开标日期前3天以书面形式向招标人提出，招标人做出的澄清以书面通知所有招标文件收受人。

投标人对招标人提供的招标文件所做出的推论、解释和结论，招标人概不负责。投标人由于对招标文件的任何推论和误解以及招标人对有关问题的口头解释所造成的后果，均由投标人自负。

招标人有权对已发出的招标文件进行必要的澄清或修改，并通知所有投标人。

招标人可视具体情况延长投标截止期和开标时间，并将此变更通知所有招标文件收受人。

五、投标人的义务

1. 投标人应当认真阅读招标文件，完全明了招标项目的名称、用途、数量、质量和交货日期，完全明了投标人所应具备的资格条件。

2. 投标人应当按照招标文件的要求编制投标文件。投标文件应对招标文件提出的实质性要求和条件做出完全响应。

3. 投标人应在投标截止时间前将密封的投标文件送达投标地点。

4. 投标人不得相互串通投标报价，不得排挤其他投标人的公平竞争，损害招标人或者其他投标人合法权益。投标人不得与招标人串通投标，损害国家利益，公众利益或者他人的合法权益。

5. 投标人在投标截止时间前对所递交的投标文件可以补充、修改或者撤回，并书面通知招标人。补充、修改的内容为投标文件的组成部分。

六、投标文件的组成

1. 投标函

2. 资格证明文件（资格原件一套与投标文件分开存放用于资格性检查）

1）关于资格的声明函。

2）具有独立承担民事责任能力的投标人营业执照或相关部门的登记证明文件复印件（投标时必须提交相应原件或公证件）。

3）投标人法定代表人授权委托书（法定代表人亲自参加投标的除外）。

4）投标人法定代表人身份证复印件。

5）投标人法定代表人授权代表身份证复印件（法定代表人亲自参加投标的除外）。

6）投标人近三个月中任意一个月份（不含投标当月）的财务状况报告（资产负债表和利润表）或由会计师事务所出具的近两年中任意一个年度的审计报告和所附已审财务报告复印件。

7）投标人近三个月中任意一个月份（不含投标当月）的依法缴纳税收的相关材料（提供相关主管部门证明或银行代扣证明）复印件。

8）投标人近三个月中任意一个月份（不含投标当月）的依法缴纳社会保障资金的相关材料（提供相关主管部门证明或银行代扣证明）复印件。

9）承诺书。

3. 开标一览表

4. 细目报价表

5. 投标偏离表

6. 证明材料汇总表

7. 评分标准中对应的其他所需证明材料（如有自行添加）

8. 要求采购人提供的配合（如有自拟并自行添加）

9. 其他（投标人认为有必要提供的声明和文件，如有自拟并自行添加）

上述1~6项投标人必须按要求全部提供，否则投标文件无效。如上述资格证明文件遇年检、换证，则必须提供法定年检、换证单位出具的有效证明复印件。如上述资格证明文件第6）、7）、8）三项遇有国家相关政策规定可不具备的，必须提供相关政策规定或相关单位出具的有效证明复印件。投标人法定代表人或法定代表人授权代表为港、澳、台地区或外籍人士的，其身份证明须提供有效的港澳同胞来往内地通行证、台湾同胞来往大陆通行证或护照，或其他可在中国大陆有效居留的许可证明。

七、投标文件的制作应当符合以下要求

1. 投标人应认真检查招标文件的内容是否齐全，如有遗漏，应及时向招标人索取，否则责任自负。

2. 所有文件、往来函件均应使用简体中文（规格、型号辅助符号例外）。

3. 投标文件由投标人按给定格式如实填写（编写），加盖法人章，并经法定代表人或法定代表人授权代表签字或盖章，方为有效，未尽事宜可自行补充。

4. 如无特别说明，投标人报价一律以人民币为投标结算货币，结算单位为"元"。

5. 投标文件格式部分应由投标人按给定格式提供，不得更改。

6. 投标文件应用不褪色的黑色墨水书写或打印。

7. 投标文件统一用A4纸，按照投标函格式中的顺序制作，并请编制目录。

8. 投标文件份数为正本壹份，副本贰份，须各自装订成册，并注明"正本""副本"字样，密封在标袋中，同时在标袋上注明投标人名称。如正本与副本不一致时，以正本为准。

9. 投标文件不应有涂改、增删和潦草之处，如必须修改时，修改处必须加盖法人章，并经法定代表人或法定代表人授权代表的签字。

10. 投标费用自理。

八、供应商投标（报价）确认函（格式见附件）

请准备参与本项目投标（报价）的供应商如实填写信息，并于开标日前两天传真至我公司，传真号码：0510-83000000，或扫描成图片发至邮箱：83000000@163.com。

九、在投标截止时间之前的投标均为可以接受的投标

十、投标保证金

1. 投标保证金应按照招标文件规定的数额和办法交纳。

2. 如投标人在投标截止期后撤回投标，则投标保证金将作为违约金不予退还。

3. 招标活动结束后，未中标供应商应自行与×××公司招投标办公室联系办理投标保证金无息退还事宜。

4. 中标供应商的投标保证金将在采购合同签订时转为履约保证金（招标文件另有约定的从其约定）。履约保证金待该公司用户单位确认后无息退还。

5. 中标供应商有下列情形之一的，不予退还其交纳的投标保证金；情节严重的，该公司招投标办公室将其列入不良行为记录名单，在1~3年内禁止参加该公司采购活动，并予以通报：

1) 中标后无正当理由不与采购人签订合同的。

2) 将中标项目转让给他人或者在投标文件中未说明且未经过采购人同意将中标项目分包给他人的。

3) 拒绝履行合同义务的。

十一、无效投标文件的确认

投标人有下列情况之一者，投标文件无效。

1. 未按规定交纳投标保证金的。
2. 投标文件未按规定的期限、地点送达的。
3. 投标文件未按要求密封、签署、盖章的。
4. 投标人的法定代表人授权代表无法定代表人授权委托书的。
5. 不具备招标文件中规定的资格要求或未按招标文件规定的要求提供资格证明文件的。
6. 投标文件未按招标文件规定的内容和要求填写的。
7. 投标文件书写潦草、字迹模糊不清、无法辨认的。
8. 投标文件中有招标文件未允许提供的选择性内容的。
9. 不同投标人的投标文件由同一单位或者个人编制的。
10. 不同投标人委托同一单位或者个人办理投标事宜的。
11. 不同投标人的投标文件载明的项目管理成员为同一人的。
12. 不同投标人的投标文件异常一致或者投标报价呈规律性差异的。
13. 不同投标人的投标文件相互混装的。
14. 不同投标人的单位负责人为同一人或者存在直接控股、管理关系的。
15. 项目（标段）投标总价超过本项目（标段）预算的。
16. 提供虚假材料的（包括工商营业执照、财务报表、资格证明文件等）。

17. 投标文件内容不全或不符合法律法规和招标文件中规定的其他实质性要求的。投标文件有下列情形之一的，未能对招标文件做出实质性响应，其投标将作废标处理。

（1）没有按照招标文件要求提供投标担保或者所提供的投标担保有瑕疵。
（2）投标文件没有投标人授权代表签字和加盖公章。
（3）投标文件载明的招标项目完成期限超过招标文件规定的期限。
（4）明显不符合技术规格、技术标准的要求。
（5）投标文件载明的货物包装方式、检验标准和方法等不符合招标文件的要求。
（6）投标文件附有招标人不能接受的条件。
（7）不符合招标文件中规定的其他实质性要求。

18. 评标委员会认定投标报价明显不合理或者低于成本，有可能影响商品质量和不能诚信履约的。

十二、废标的确认

在招标采购中出现下列情况之一的，应予以废标。
1. 符合专业条件的投标人或者对招标文件做出实质性响应的投标人不足三家。
2. 出现影响采购公正的违法、违规行为。
3. 投标人的报价均超过采购预算，采购人不能支付的。
4. 因重大变故，采购任务取消。

十三、中标无效的确定

1. 提供虚假材料谋取中标的。
2. 采取不正当手段诋毁、排挤其他投标人的。
3. 与招标采购单位、其他投标人恶意串通的。
4. 向招标采购单位行贿或者提供其他不正当利益的。
5. 在招标过程中与招标采购单位进行协商谈判、不按照招标文件和中标供应商的投标文件订立合同，或者与采购人另行订立背离合同实质性内容协议的。
6. 拒绝有关部门监督检查或者提供虚假情况的。
7. 曾经有违法行为、被处罚在一定期限内不得参加政府采购活动的供应商，不得在被限定期内参加本项目的投标。

十四、投标文件的密封与标志

1. 投标人应将投标文件密封。
2. 所有封袋上都应写明投标人名称、项目名称。
3. 所有投标文件都必须在封袋骑缝处加盖投标人公章。
4. 投标人未按上述规定提交投标文件，其投标文件将被拒绝，并原封退还给投标人。

十五、投标截止时间

投标人须在招标文件规定的投标文件递交截止时间之前在指定地点将投标文件递交给招标人。

十六、投标文件的修改和撤回

在投标截止时间之前,投标人可对所递交的投标文件进行修改和撤回,但所递交的修改或撤回通知必须按招标文件的规定进行编制、密封、标志(在包封上标明"修改"或"撤回"字样,并注明修改或撤回的时间)和递交。投标截止时间之后,投标人不得修改或撤回投标文件。

十七、投标报价应包括招标文件所确定的招标范围相应商品(服务)的供货、运输、安装调试、相关人员培训直至交付正常使用等全部内容

有优惠报价的,应详细列明各单项优惠价或优惠折扣率。

投标总价包括为完成上述内容所必需的全部费用。

十八、投标报价方式(详见技术说明)

<u>各项目必须填写完整、准确,并如实填报供货日期。报价单必须加盖单位公章,法定代表人或其委托授权人签字或盖章。</u>

十九、开标时间、地点

开标时间:以公告为准(北京时间)。如有变动,另行通知。

开标地点:招标人指定的地点。

二十、评标方法

比较与评价采用综合评分法(计分均保留2位小数)。

评标委员会遵循公平、公正、择优原则,独立按照评分标准分别评定投标人的分值;各投标人的最终得分为各评委所评定分值的平均值,并按高低顺序排列,确定3家中标候选单位。若得分相同,按投标报价由低到高顺序排列;得分且投标报价相同,按技术指标优劣顺序排列。招标人将全面考虑各种因素,采用综合评分法。

二十一、评分标准

1. 价格(60分)

采用低价优先法计算,即满足招标文件要求且投标价格最低的投标报价为评标基准价,其价格分为满分。其他投标人的价格分统一按照下列公式计算:

$$投标报价得分 = (评标基准价/投标报价) \times 价格权值 \times 100。$$

2. 技术指标(20分)

对招标文件技术指标响应情况综合打分(20分)。

满足招标文件技术要求的基础上得12分,技术指标每有一项正偏离加0.5分(评委会认为超出指标有意义),最多加8分;未在技术参数响应及偏离表中列明的,视同无偏离。

3. 售后服务(12分)

1)质保期(5分)。满足招标文件要求得3分,每多一年加1分,该项总分最高不超过5分;

2)本地化服务(2分)。具备完善可靠的售后服务体系,在江苏地区设有分支机构或者售后服务单位得1分,在苏州、常州地区设有分支机构或者售后服务单位得1.5分,

在无锡设有分支机构或者售后服务单位得2分，不累计得分，最高不超过2分。需要提供当地注册的分支机构或售后服务单位营业执照等证明材料为准。

3）有其他优惠条件酌情加分（评委会认为有意义），不超过5分。

4. 综合因素（8分）

1）投标文件的表述清晰程度、规范性（2分）。

2）提供近三个月中任意一个月份（不含投标当月）的财务报表（2分）。

3）业绩：近三年不低于本次投标报价的同类有效合同复印件提供一份（0.5分），最多4分。

二十二、投标文件的澄清

1. 为了有助于投标文件的审查、评价和比较，招标组可以书面方式要求投标人对投标文件中含义不明确、对同类问题表述不一致或者明显文字和计算错误的内容做必要的澄清、说明或者补正。

2. 投标文件中的大写金额和小写金额不一致时，以大写金额为准；总价金额与单价金额不一致的，以单价金额为准，但单价金额小数点有明显错误的除外；对不同文字文本投标文件的解释发生异议的，以中文文本为准。

3. 所有澄清或说明必须以书面方式正式告之，并加盖投标人公章及法定代表人或其授权代表的签名或盖章。

二十三、中标公告

中标候选人确定后，招标人3日内在"招标信息"栏就本项目结果进行公示。公示期过后，中标人需在公示期过后的7日内与×××公司签订采购合同。

二十四、交货地点

招标方指定的地点。

（3）项目技术要求和有关说明

投标人所投内容必须满足以下要求，不得有负偏离。

一、项目技术要求

1. 凡配置清单中涉及品牌及产地的部分均可用同档次或高于其品质的替代，并在明细表中明确说明。

2. 本项目中所有产品均须符合国家相关节能标准。

3. 具体参数

名称	技术指标、参数	数量
铣床（台式机主板英特尔H81）	制作工艺为28nm，核心频率≥1000MHz，显存类型为GDDR5，显存频率≥5000MHz，显存容量≥2048MB，显存位宽≥128bit，最大分辨率≥2560×1600，接口类型为PCI Express 3.0 16X，I/O接口≥2个，VGA＋HDMI或VGA＋DVI接口，流处理单元≥384个，质保期≥3年	100

二、有关说明

1. 本项目投标总报价包括设备其配件、包装、运输、安装调试及售后服务等从项目中标起到项目正式交付以及质保期内所发生的一切费用。

2. 通过中国海关报关验放进入中国境内且产自关境外的产品不在本项目的报价范围。

3. 本项目中有信息安全产品的，必须选择经国家认证的信息安全产品，并提供由中国信息安全认证中心颁发的有效认证证书复印件。

4. 本项目中有政府强制采购节能产品的，只能选择财政部、国家发展和改革委员会公布的现行《节能产品政府采购清单》中的产品进行报价。

5. 投标人必须在满足招标文件要求的基础上进行报价，如有技术偏离请于投标偏离表中说明。

6. 完工期：合同签订后15日内安装调试完毕，如果不能按时完工，将处以200元/天的罚款。

7. 质保期：大于等于叁年，自最终验收合格、交付使用之日起计算。在保修期内，一旦设备发生任何质量问题，投标人需在接到通知24h内赶到现场进行修理、更换或退货，期间产生的所有费用由投标人负责。

8. 付款方式：验收合格交付使用，并提供完整设备及设备安装的全部技术资料后付合同价的90%，10%作为质保金，待验收合格满一年无质量问题时一次付清。

9. 本项目合同履行地点为×××公司，具体地点以合同书约定为准。中标方必须按采购人要求将本项目中的货物送到指定地点（包括可能的分布范围），并分地实施安装调试。

10. 质量及验收：采购人根据国家有关规定、招标文件、中标方的投标文件以及合同约定的内容和验收标准进行验收。验收情况作为支付货款的依据。如有质疑，以相关质量技术检验检测机构的检验结果为准，如产生检验费用，则该费用由过失方承担。

（4）合同书（格式文本）

甲方：×××公司

乙方：_____　　　　　签订地点：_____

签订时间：_____年_____月_____日

第一条 标的、数量、价款及交（提）货时间

标的名称	牌号商标	规格型号	数　量	单价（元）	金额（元）
合计	大写：				

交货时间：合同生效后_____天内安装调试完毕

第二条 包装标准、包装物的供应回收：_____。

第三条 标的物的所有权及灭失损毁的一切权利风险自交货验收合格之日起转移至甲方。

第四条　交（提）货方式及地点：乙方送货到甲方指定地点。
第五条　运输方式及到达站（港）和费用负担：乙方承担运输费用。
第六条　检验标准、方法、地点及期限：安装调试完毕甲方进行验收。
第七条　服务承诺：
1. _____。
2. _____。
3. _____。
第八条　成套设备的安装与调试：乙方免费安装调试。
第九条　结算方式、时间及地点：_____。
第十条　本合同未按约履行及解除的条件：合同履行时间为签订合同日起　　天内完成。合同约定的交货时间到后乙方无力按甲方要求供货的，甲方有权解除合同并没收乙方的履约保证金。
第十一条　违约责任：按合同法双方协商解决。
第十二条　合同争议的解决方式：本合同在履行过程中发生的争议由双方当事人协商解决；也可由当地工商行政管理部门调解；协商或调解不成的，可依法向甲方所在地人民法院起诉。
第十三条　本合同自双方盖章生效，一式肆份，甲方叁份，乙方壹份，具有同等法律效力。甲方的招标文件和乙方的投标文件为本合同不可分割的一部分。

甲　　　方	乙　　　方
甲方（章）：×××公司	乙方（章）：
法人代表或授权代表：	法人代表或授权代表：
地　　址　无锡市钱胡路×××	地　　址
电　　话	电　　话
开户银行　无锡建设银行滨湖支行	开户银行
账　　号	账　　号
税　　号	税　　号
邮　　编　214153	邮　　编

2. 投标文件格式

（1）投标函（格式）

投　标　函

致×××公司：
　　我方收到贵公司编号×××招标文件，经仔细阅读和研究，我们决定参加此项目的投标。

一、我们愿意按照招标文件的一切要求，参加本项目的投标，投标总价见《开标一览表》。

二、我们愿意提供×××公司在招标文件中要求的文件、资料，具体内容如下：

1. 资格证明文件

① 关于资格的声明函。

② 具有独立承担民事责任能力的投标人营业执照或相关部门的登记证明文件复印件。

③ 投标人法定代表人授权委托书（法定代表人亲自参加投标的除外）。

④ 投标人法定代表人身份证复印件。

⑤ 投标人法定代表人授权代表身份证复印件（法定代表人亲自参加投标的除外）。

⑥ 投标人近三个月中任意一个月份（不含投标当月）的财务状况报告（资产负债表和利润表）或由会计师事务所出具的近两年中任意一个年度的审计报告和所附已审财务报告复印件。

⑦ 投标人近三个月中任意一个月份（不含投标当月）的依法缴纳税收的相关材料（提供相关主管部门证明或银行代扣证明）复印件。

⑧ 投标人近三个月中任意一个月份（不含投标当月）的依法缴纳社会保障资金的相关材料（提供相关主管部门证明或银行代扣证明）复印件。

⑨ 承诺书。

2. 开标一览表

3. 明细报价表

4. 投标偏离表

5. 证明材料汇总表

（如有其他补充性文件请自行添加）

三、我方同意招标文件中的规定，本投标文件投标的有效期限为开标之日起90天。

四、如果我方的投标文件被接受，我方将履行招标文件中规定的每一项要求，按期、按质、按量完成交货任务。

五、我方认为贵公司有权决定中标者。

六、我方愿意遵守《中华人民共和国政府采购法》，并按《中华人民共和国合同法》、《政府采购货物和服务招标投标管理办法》和合同条款履行自己的全部责任。

七、我方认可并遵守招标文件的所有规定，放弃对招标文件提出质疑的权利。

八、我方愿意按招标文件的规定交纳投标保证金。如我方在投标截止期后撤回投标及中标后拒绝遵守投标承诺或拒绝在规定的时间内与采购人签订合同，则投标保证金将被贵公司没收。

九、如果我方被确定为中标供应商，我方愿意按招标文件的规定交纳履约保证金。且我方如无不可抗力，又未履行招标文件、投标文件和合同条款的，一经查实，我方愿意赔偿由此造成的一切损失，并同意接受按招标文件的相关要求对我方进行的处理。

十、我方绝不提供虚假材料谋取中标,绝不采取不正当手段诋毁、排挤其他供应商,绝不与采购人、其他供应商恶意串通,绝不向采购人及工作人员和评委进行商业贿赂,绝不在采购过程中与采购人进行协商谈判,绝不拒绝有关部门监督检查或提供虚假情况,如有违反,无条件接受贵公司及相关管理部门的处罚。

投标人(盖章):
法定代表人或法定代表人授权代表(签字或盖章):
电话:　　　　　　　　　　　　传真:
通信地址:　　　　　　　　　　邮编:
　　　　　　　　　　　　　　　　　　　　　年　　月　　日

(2)(投标人)关于资格的声明函(格式)

关于资格的声明函

×××公司:

我公司(单位)参加本次项目("招标编号")采购活动前三年内,在经营活动中没有重大违法记录,我公司(单位)愿针对本次项目("招标编号")进行投标,投标文件中所有关于投标资格的文件、证明、陈述均是真实的、准确的。若有违背,我公司(单位)愿意承担由此产生的一切后果。

投标人(盖章):
法定代表人或法定代表人授权代表(签字或盖章):
　　　　　　　　　　　　　　　　　　　　　年　　月　　日

(3)承诺书(格式)

投标人承诺书

_____(投标人名称)在此承诺:

1. 本公司(单位)对本项目("招标编号")所提供的货物均为原厂全新合格品。
2. 本公司(单位)具备履行合同所必需的设备和专业技术能力。
3. 本公司未被"信用中国"网站(www.creditchina.gov.cn)列入失信执行人、重大税收违法案件当事人名单、政府采购严重违法失信行为记录名单。
4.
5.
6.
……

如违背上述承诺,本公司(单位)将承担一切法律责任。

投标人(盖章):

法定代表人或法定代表人授权代表（签字或盖章）：

年　　月　　日

注：以上内容除第1、2条为必备外，其余内容投标单位可自行完善。

(4)（投标人）法定代表人授权委托书（格式）

法定代表人授权委托书

日期：

×××公司：

　　_____系中华人民共和国合法企业，特授权_____代表我公司（单位）全权办理针对本项目（"招标编号"）的投标、参与开标、签约等具体工作，并签署全部有关的文件、协议及合同。

　　我公司（单位）对被授权人的签名负全部责任。

　　在撤销授权的书面通知送达你处以前，本授权书一直有效，被授权人签署的所有文件（在授权书有效期内签署的）不因授权的撤销而失效。

　　被授权人情况：

　　姓　名：　　　　性　别：　　　　电　话：

　　身份证件号码：

单位名称（盖章）：

法定代表人（签字或盖章）：

年　　月　　日

法定代表人身份证复印件	被授权人身份证复印件

(5) 开标一览表（格式）

开标一览表

投标人名称（盖章）：　　　　　　　　　　　　采购编号：×××

项目名称	投标总报价（小写）
×××	
投标总报价（大写）	

法定代表人或法定代表人授权代表（签字或盖章）：

年　　月　　日

(6) 细目报价表（格式）

细目报价表

投标人名称（盖章）　　　　　　　　　　　　　　　　　　采购编号：×××

序号	名　称	品牌型号	主要性能指标	数量	产地	免费质保期	单报价	分项总报价	备注
1									
2									
3									
完工期		整个项目自合同生效日起_____日历天内安装调试完毕							

投标总报价：人民币大写_____　　　人民币小写_____

服务承诺	1. 质量；2. 安装；3. "三包"期（包修、包退、包换）；4. 其他承诺。 注：以上是主要承诺，供投标方参考，各投标方可根据自己单位的具体情况做出其他承诺

1. 总报价包括本项目所有设备的运输、安装调试等直至全部交付并正常使用的一切费用。
2. 供应商需在"细目报价表"中列明原厂商或投标人提供的设备免费质保期。

法定代表人或法定代表人授权代表（签字或盖章）：
投标人（盖章）：

　　　　　　　　　　　　　　　　　　　　　　　　　　　　年　月　日

(7) 投标偏离表（格式）

投标偏离表

投标人名称（盖章）

名　称	采购要求	实报内容	偏离说明

法定代表人或法定代表人授权代表（签字或盖章）：

注：（1）本表不得删除。
（2）如无任何技术偏离，请于本表"偏离说明"中注明"无偏离"。
（3）如有技术偏离项，请于本表中列明偏离内容，如需要可自行延长，其余无偏离内容不须赘述。

（8）供应商投标确认函（格式）

供应商投标（报价）确认函

×××公司：

　　本单位将参加贵公司于_____月_____日的_____项目的投标（报价），特发函确认。

　　　　　　　　　　　　　　　　　　_____（单位公章）

　　　　　　　　　　　　　　　　　　_____年_____月_____日

　　附：

供应商联系表

单位名称			
单位地址			
法定代表人		邮　　编	
单位电话		传真号码	
项目联系人			
联系人电话		联系人手机	
所投报标段			

备注：请拟参与本项目投标（报价）的供应商在投标（报价）前按招标（采购）文件规定交纳投标（报价）保证金，并于投标（报价）前如实填写以上信息后于开标日前两天扫描成图片发至邮箱：83000000@163.com 或传真至我公司，传真号码：0510-83000000。因投标（报价）人不填写（提交）或填写有误的，以及交纳的投标（报价）保证金未在投标（报价）截止时间前到达我公司指定账户的，所引起的损失及风险将由投标（报价）人自行承担。

职业能力训练

一、填空题

1. 基于企业成本定价中的成本一般包括_____、_____、_____和_____。
2. 现代经济中，市场竞争有_____、_____、_____和_____。
3. 产品定价方法主要包括_____、_____和_____。
4. 需求导向定价法主要包括_____和_____。
5. 按照竞争开放程度，招标方式分为_____和_____两种方式。
6. 招投标一般需要经过文件材料准备后，进行_____、_____、_____、_____、_____与合同签订程序。

二、简答题
1. 影响机电产品定价的因素有哪些？
2. 企业定价目标一般有哪几种？
3. 与总成本加成定价法相比，目标收益定价法的缺陷有哪些？
4. 需求差异定价法包含哪些差异类型？并各举例说明。
5. 请解释招标人、投标人、标的、标书的概念。
6. 招投标的特征和原则有哪些？
7. 招标书和投标书各应包含哪些内容？

项目六

构建机电产品的分销渠道

> **知识目标**

1. 掌握分销渠道对于企业的意义，熟悉分销渠道的类型。
2. 了解中间商的作用与分类，明确影响分销渠道选择的因素。
3. 熟悉分销渠道管理的内容。
4. 熟悉机电产品网络营销的基本知识。

> **技能目标**

1. 会为企业产品设计分销渠道。
2. 会为企业产品设计网络营销方案。

> **提交成果**

1. ××机电产品分销渠道设计分析报告。
2. 撰写机电企业网络营销策划方案。

Snap-on 工具公司的分销模式

对于靠维修汽车过活的汽车技师来说，来自 Snap-on 工具公司分销商的每周一次的拜访是绝对不能错过的。每周大约有 6000 个公司授权的经销商会驱车穿梭于一个个车库、轿车代理商、服务站。他们与众不同的白色卡车是 Snap-on 工具公司提供的各式各样工具和检测设备的陈列室。每辆卡车储备有价值 10 万美元的各种货品。每个经销商都有属于自己独占的经营区域，客户指导经销商拜访的时间。汽车技师由于不能离开他们的岗位去购买工具，因此，他们非常感谢 Snap-on 工具公司直接分销渠道带来的便利，并心甘情愿为送到家门口的高质量产品支付一定的溢价。

今天，对于工具爱好者来说，Snap-on 品牌如同汽车狂热者的"奔驰"汽车一样，承载着相同的威望。Snap-on 工具公司授权的经销商与客户之间不断发展的个人关系也产生了信誉卓著的服务。创造性的融资巩固了这种关系。作为战略核心的组成部分，大部分货物销售提供免息的借贷服务。

Snap-on 工具公司实际上发明了为汽车行业销售高质量工具和设备的分销渠道。它越过了传统的中间商和零售商。渠道管理是 Snap-on 工具公司战略的中心，他们通过信息流、物流和价值增值服务获得对渠道的掌控力。

如今，Snap-on 工具公司的授权经销商访问的汽车技师和商店为全球 40% 的机动车辆服务，年销售额超过 20 亿美元。最近，Snap-on 工具公司又开发出一套基于因特网的分销渠道，使其获得了更多的客户，现在消费者可以一周 7 天、一天 24h 通过在线服务订购产品。

思考：

该公司的销售渠道是如何构建的？

任务一　选择机电产品的销售渠道

麦德龙、万客隆对中国流通业意味着什么？

中国仓储商店的发展可以说是最有争议的，目前还不能说这种业态模式是否在中国已经取得了成功，但这种模式对中国流通业的冲击是巨大的。

仓储商店分两种，一种以万客隆与麦德龙为代表，主要通过销售产品获取利润为主；另一种以山姆会员店为代表，它以会员费收入为主。

仓储商店在中国的发展是以万客隆和麦德龙为开路先锋的。因此，可以把麦德龙和万客隆实际上作为一个连锁系统来加以考察。麦德龙已在上海和无锡开设了连锁店，万客隆也分别在广州和北京开设了合资店铺。

麦德龙和万客隆都是仓储式会员店，这种商业形态可以做到低成本的营运。其主要表现如下：

1）仓储合一。仓储合一的方式既省掉了独立的仓库和配送中心，又能够从时间上做到快速补货；空间上的立地垂直补货适应了销售产品量大、物流速度快的销售特点。

2）仓储式会员店一般选址在城市远郊处，店铺的土地开发成本低，租金也便宜。这种商业形态也称为点状商业或通道商业，即是一个无其他商业配合的独占的商店。

3）双 C 销售体制。仓储式会员店实际上是以零售的方式来从事批发业务。但由于实行了双 C 销售体制（即付现金和产品自运），顾客购物付现金，这样就大大降低了营运成本。

4)不设配送中心。所有产品都由生产者和供货商直接送到各个店铺,通过规范、科学、高效的运作,大大降低了企业的投资,实现了低成本营运。

5)买断式的经销制度。麦德龙和万客隆在与生产者和供货商的交易方式上一般采取买断式的经销制,且对供货方付款规范。这种不用承担产品经营风险、不退货的采购制度大大降低了进货成本,使其具有很强的价格竞争优势。

思考:
不同的产品销售渠道对物流的要求是什么?对企业的发展有何影响?

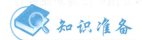

知识点一:机电产品销售渠道概述

1. 机电产品销售渠道建设的意义

企业生产出来的产品只有通过一定的市场营销渠道,经过物流过程,才能在适当的时间、地点,以合适的价格供应给客户,从而实现盈利目标。彼得·安东尼奥和凯瑟琳·惠特曼认为:任何产品的成功,在某种程度上都取决于适当的销售渠道。

(1)中国制造的崛起对机电产品分销有新的需求

随着中国逐渐成为世界的制造中心,中国将不仅仅是各种消费品的生产制造基地,而且也将逐渐成为世界重要的机电产品供应基地。但与这种强大的制造能力和供应能力不相匹配的是中国的分销体系与物流体系的落后,它成为中国由"制造业大国"变成"制造业强国"的障碍。

(2)经济全球化要求机电产品市场空间的全球化

经济全球化的发展导致的重要结果就是机电产品生产贸易的全球化,以及形成了国际分工协作与全球统一平台的采购网络。中国机电企业管理者不但要关注国内市场,为国内企业做配套供应,还要走出国门,融入全球采购网络。例如,万向集团通过收购、兼并等手段,积极拓展海外市场,2001年8月收购了美国的VAI公司,获得了大量汽车零部件产品订单,已成为中国最大的汽车零部件集团之一,为中国制造企业实施"走出去"战略树立了榜样。

(3)现有的分销体系不适应新经济变革发展的要求

20世纪中后期,以信息技术的广泛运用为载体,以美国为代表的新经济体在世界范围内逐步兴起,快速发展的中国也加入了这一浪潮。2009年,中国提出了物联网理念,使信息技术从信息获取、渠道建设、资金划转等各个方面深刻影响着传统的机电产品分销体系。但是我国机电产品领域的分销体系滞后于消费品,落后的分销体系会导致企业拿不到订单,找不到需求市场,这就必然制约企业的发展,甚至威胁企业的生存。

2. 分销渠道的含义及类型

(1)分销渠道的含义

分销渠道是指产品或服务从生产领域到消费领域的通路,由一系列的执行中介职能的相互依存的企业或个人组成。这一概念包含下列含义：

1）分销渠道上的企业和个人是指生产者、批发商、零售商等不同类型的企业和个人，他们被称为"渠道成员"。

2）分销渠道是指一种产品的流通过程。起点是该产品的生产者，终点是该产品的消费者和用户。

3）渠道成员相互联系、相互制约，各自承担营销职能，起着便利交换、提高营销效率的作用。

4）分销渠道的起点是制造商（生产者），终点是消费者或用户，中间环节包括商人中间商和代理中间商。分销渠道不包含铁路、银行和其他服务性组织，因为他们在商品流通过程中仅起服务和促进作用，不直接从事商品交易。

（2）分销渠道的类型

分销渠道的实体形式和数量不同，其类型也就各有所异。企业要想选择合适的分销渠道，首先应该了解有哪些类型分销渠道可供企业选择。分销渠道的类型归纳起来主要有以下几种。

1）长渠道和短渠道

分销渠道的长度是指制造商向最终用户（或消费者）提供产品的过程中所经过的"流转环节"或"中间层次"的多少。显然，产品所经过的环节、层次越多，渠道越长；反之，渠道越短。产品在从生产者流向最终用户（或消费者）的过程中，每经过的一个产品拥有所有权或负有销售责任的机构便称为级。通常用级数来表示渠道的长度。由于产品的消费目的和购买特点等具有差异性，因而形成了消费品市场和机电产品市场不同级数的分销渠道，如图6-1所示。

① 零级渠道。零级渠道通常称为直接市场分销渠道或直接渠道。零级渠道多用于分销大型复杂的机电产品，因为这些机电产品有高度的技术性，生产者要派专家去指导用户安装、操作、维护设备；另外，产品用户数少，某些生产工厂往往集中在某一地区，这些机电产品的单价高，用户购买批量大。当然，一些消费品也可通过零级渠道销售。零级分销的主要方式有上门推销、邮购、电子通信营销、电视直销和生产者自设商店等。

② 一级渠道。一级渠道是指产品从制造商向最终用户（或消费者）转移的过程中只经过一个层次的中间环节和分销渠道。在消费品市场上，这个中间环节通常是零售商，即由制造商直接向零售商供货，零售商再将产品转卖给消费者。一级渠道模式的特点是中间环节少、渠道短，而且能充分利用零售商的力量促进产品的销售。

③ 二级渠道。二级渠道是指产品从制造商向最终用户（或消费者）转移的过程中经过两个层次的中间环节的分销渠道。二级渠道包括两种情况：一种是制造商选择代理商，由其负责全部或在某一目标市场的销售业务，通过他们将产品转卖给零售商，出售给最终用户（或消费者）；第二种是制造商先将产品卖给批发商，再由批发商转卖给零售商，最后由零售商将产品卖给最终用户（或消费者）。

二级渠道是中国消费者市场分销渠道模式中最典型、最常见的形式。这种渠道的产生是由于小零售商无力支付大量订货的货款，只得从批发商那里进少量的货，再进行零售。它通常应用在低成本、中小型的机电产品销售渠道中。

④ 三级渠道。三级渠道是指产品从制造商向最终用户（或消费者）转移的过程中经过

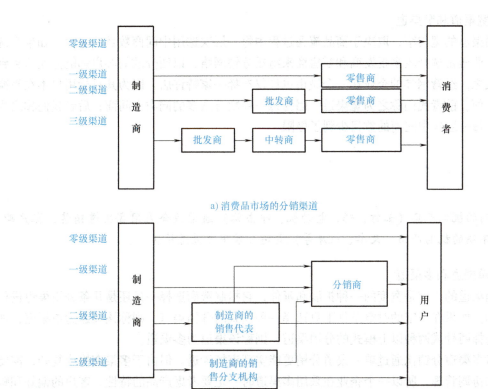

a) 消费品市场的分销渠道

b) 机电产品市场的分销渠道

图 6-1 渠道的级数

三个层次的中间环节的分销渠道，如代理商、批发商和零售商。当机电产品的市场容量大、销售手续复杂、一次购买量少、单价低、产品小时，常选用这种销售渠道。

分销渠道也可概括为直接渠道和间接渠道（后三种）两大类。直接渠道即前面介绍的零级渠道，即产品从制造商流向最终用户（或消费者）的过程中不经过任何中间环节；间接渠道则是指在产品从制造商流向最终用户（或消费者）的过程中经过一层或一层以上的中间环节。在产业市场上，许多生产设备和原材料的销售都采用直接销售。消费者市场多数采用间接渠道。当然，随着电视直销、网上销售的发展，直接销售在消费者市场上有很大发展。

一般来讲，以下机电产品适合采用直接销售：①市场集中，销售范围小；②产品的技术性高或制造成本大，产品为定制品等；③企业自身有市场营销技术，管理能力强，或者需要高度控制产品的营销。

一般来讲，以下机电产品适合采用分销：①市场分散，销售范围广，如机电零部件等；②产品的非技术性高或制造成本低，产品是标准件等；③企业自身没有市场营销技术，财力，管理能力较弱。

2）宽渠道和窄渠道

分销渠道的宽与窄，取决于商品流通过程中每一层次选用中间商数目的多少。如生产洗发水的企业通常选择较多批发商和零售商来组成分销网络，以便分散的客户都能方便地买到商品；反之，经营钢琴的企业在一个城市也许仅选择一家特许店，因为其目标用户不在乎购买是否方便。前者我们称之为宽渠道，因为每一层次有众多的同类中间商；后者我们称之为窄渠道，每一层次中间商的数目少到了极限。

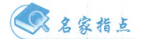

常用的机电产品（如钉、锤、电动机、冲击钻）通常适合采用宽渠道销售，客户购买频率不高的机电产品（叉车、机床等）更适合采用窄渠道销售。

3）单渠道和多渠道

分销渠道的广度是宽度的一种扩展和延伸，它指制造商选择一条还是几条分销渠道进行分销活动。如果在一定的时空条件下只选择一种模式的分销渠道，则称该渠道为单渠道；如果同时选择两种或两种以上模式的分销渠道，则称该渠道为多渠道。

通过多渠道分销比通过单一渠道分销更能实现市场渗透。但由于多渠道构成复杂，需要高效率的协调管理，所以一个企业在采用多渠道时一定要考虑产品的特性、客户的偏好和购买心理，以及本企业的管理水平。

管理水平较高、产品类型多样化、目标客户分散的大型机电企业适合采用多渠道销售；管理水平不高、产品类型单一、目标客户相对集中的中小型企业更适合采用单渠道销售。

飞利浦的多渠道营销

1891 年成立的荷兰皇家飞利浦公司（简称"飞利浦公司"），是欧洲最大的电子公司之一，也是世界上最大的电子公司之一。飞利浦公司主要涉及照明、消费电子、家庭电器和医疗系统等领域，拥有 8 万多项生产专利，在全球 28 个国家设有生产基地，在 150 个国家设有销售机构。

飞利浦公司生产的产品从低端到高端，从低价到高价，种类和数量都远超同类企业。面对广阔的市场，飞利浦公司建立了一套多样化的分销系统，包括各种零售商和专卖店，并且为了更好地管理分销渠道，飞利浦公司还组建了一个由顶级、专业的客户经理组成的营销团队，负责和家乐福、百思买、特易购这些大型零售商接触并洽谈合作事宜。

飞利浦照明设备在1992年就已经开始进入中国市场。为了尽快打开市场，飞利浦公司亲自培养经销商，在北京、上海和广州找到5家经销商，并花费大量的人力和资源培养他们，使之在短短几年的时间内迅速成长起来。飞利浦照明设备的销售额也从原来的一百多万元增长到一亿多元，并迅速延伸了二、三级经销商，销售网络遍布全国各地。

除此之外，飞利浦公司在中国市场的销售还借助了TCL的分销渠道，飞利浦公司拥有TCL的少量股权，TCL是飞利浦半导体在中国最大的采购商，同时也是飞利浦最大的代工生产商。

总而言之，飞利浦公司利用多渠道综合性的营销网络将自己的产品销售给全球的消费者，让企业一直屹立在电子行业的顶端。

4）传统渠道和现代渠道

传统分销渠道是由独立的生产者、批发商和零售商组成的松散型网络。渠道成员在保持距离的情况下相互讨价还价，谈判销售条件，并且在其他方面各主其事、各自追求利润的最大化，而不顾整体的利益。传统分销渠道是高度分散的销售组织网络。

现代渠道是渠道成员实行纵向或横向联合或利用多渠道达到同一目标市场，以取得规模经济效益。它有以下两种类型。

① 纵向渠道系统。纵向渠道系统也称为垂直渠道系统，是指制造商与中间商组成统一系统，由具有相当实力的制造商充当领导者。这种纵向渠道系统有其总营销目标，各成员又有自己的营销目标，总目标与成员各自的目标之间相互制约。

② 横向渠道系统。横向渠道系统是指同一层次的两个或两个以上的企业联合起来，利用各自在资金、技术、运力、线路资源等方面的优势共同开发和利用市场机会。

大型机电企业为了控制和占领市场，实现集中和垄断或广大中小中间商为了在激烈的竞争中求得生存和发展时，可考虑采用纵向渠道系统。

中小型机电企业发现有新市场机会，但是一个企业单独经营风险太大，于是就联合一个或一个以上不同层次的企业进行短期的或长期的联合经营，或者联合起来建立一个新的经营单位。

知识点二：机电产品分销渠道中的中间商

1. 机电产品市场的渠道成员

在机电产品市场，营销渠道的主要成员有经销商、代理商和其他中间商。

（1）经销商

经销商是指从事产品交易业务，在产品买卖过程中拥有产品所有权的中间商。也正因为他们拥有产品所有权，所以在买卖过程中，他们要承担经营风险。经销商又可分为批发商和零售商，如图6-2所示。

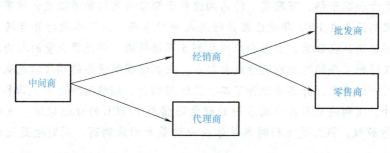

图6-2　中间商的类型

经销商是提供服务的中间人，它在制造商和产品最终用户之间的很大范围内发挥着市场销售渠道的功能，包括提供市场信息、提供区域性市场覆盖、进行市场销售、仓储管理、处理订单、为客户提供咨询和技术帮助等。经销商存在如下几个类型：①机电产品超级市场，如机电设备公司；②专门公司，如无锡市协易机床城有限公司只经销各种机床；③联合公司，从事其他形式的商品批发。

（2）代理商

代理商是指接受制造商委托从事销售业务，专门经营某类产品或专门为某类客户服务，赚取企业代理佣金的商业单位。与经销商不同的是，他们不拥有产品所有权。按照代理商与生产企业业务联系的特点，代理商又分为以下几种。

1）佣金商。佣金商又称佣金行，是对产品实体具有控制力并参与产品销售协议的代理商。佣金商为委托人储存、报关货物，并且为委托人发展潜在客户，为买卖双方牵线搭桥，协助双方进行谈判，成交后向雇佣方收取一定的费用。佣金商一般拥有自己的摊位、店铺和仓库。

2）制造商代理商。制造商代理商比其他代理批发商人数多。制造商代理商代表两个或若干个互补的产品线的制造商分别和每个制造商签订有关定价政策、销售区域、订单处理程序、送货服务、各种保证及佣金比例等方面的正式书面合同。他们了解每个制造商的产品线，并利用其广泛关系来销售制造商的产品。制造商代理商只被委托代理制造商的部分产品，而且无权选定交易条件和价格，通常被限制在固定区域内。

3）销售代理商。销售代理商是在签订合同的基础上为委托人销售某些特定产品或全部产品，对价格条款及其他条件可全权处理的代理商。

销售代理商与制造商代理商的区别在于：①每一个制造商只能使用一个销售代理商，而且将其全部销售工作委托给某一个销售代理商以后不得再委托其他代理商代销产品，也不得再雇用推销员去推销产品，而每一个制造商可以同时使用几个制造商代理商，制造商还可以设置自己的推销机构；②销售代理商通常替委托人代销全部产品，没有销售地区的限定，在规定销售价格和其他销售条件方面有较大的权利，而制造商代理商则要按照委托人规定的销售价格或其他销售条件在一定地区内替委托人代销一部分或全部产品。因此，销售代理商实际上就是委托人的独家全权销售代理人。

4）采购代理商。采购代理商根据协议为客户进行采购、收货、验货、储存和送货活动。

5）进出口代理商。进出口代理商专门为委托人从国外获得来源或向国外销售产品。这种形式的服务随着我国机电企业的全球化经营会越来越多。

(3) 其他中间商

在机电产品市场，还有批发商、零售商、经济商等起着补充作用，他们只是营销次渠道，在高价值的大件机电产品营销中甚至不需要零售商。

2. 中间商的选择

通常，对中间商的选择要考虑其品牌的知名度、信用、协作性、偿付能力、经营品种、以往的销售业绩、员工素质、从事本行业的时间、所处的地理位置等因素，其中，主要考虑以下几方面。

1）中间商经营此类产品的能力。
2）中间商的市场范围是否与本企业产品销售范围相符。
3）中间商能为消费者提供服务的程度。
4）双方相互合作、相互信赖的可能性。
5）中间商自身的管理水平。
6）中间商的财力和信用。

知识点三：分销渠道的管理

分销渠道建立后，企业还要决策如何管理渠道。一般来说，机电产品制造企业不可能像中间商控制产品、定价和促销那样直接控制分销渠道，因为中间商是独立的经营者，他们有自身利益要追求，有权在无利可图或不满意时撤出。因此，企业要加强渠道内部各成员之间的协调与合作。渠道管理包括解决分销渠道冲突，激励中间商，并对他们的推销活动进行评估，在必要时对中间商进行调整。

1. 分销渠道冲突

在分销渠道中，渠道成员之间利益的暂时性矛盾称为冲突。一般而言，冲突主要有垂直渠道冲突、水平渠道冲突和多渠道冲突。

1）垂直渠道冲突是指同一营销系统内不同营销渠道层次的各企业之间的利益冲突，又称为纵向冲突。它表现为渠道成员同时销售了竞争者的同类产品而引发的冲突。
2）水平渠道冲突是指同一营销系统内同一渠道层次的各企业之间的冲突，又称为横向冲突。如果在同一层次上选择众多中间商分销，则可能出现渠道成员之间相互抢生意的情况。
3）多渠道冲突指的是企业建立网络化渠道后，不同渠道服务于同一目标市场时所产生的冲突。

解决冲突的办法多种多样，如建立高级目标，调整营销渠道（员工交换、形成联合的伙伴关系），开展协商谈判、仲裁与法律诉讼等。大多数在渠道中解决问题的方法或多或少地依赖于领导权。

2. 激励渠道成员

制造商选定合适的渠道成员之后，鼓励渠道成员最大限度地发挥销售积极性，是管理分销渠道的重要一环。

(1) 建立良好的协作关系

协作关系是指制造商与渠道成员在诚信合作、沟通交流的过程中形成的人与人之间的情感关系。由于渠道成员与制造商所处的地位不同，考虑问题的角度不同，所以彼此之间常常会产生矛盾。制造商要善于从对方的角度考虑问题，加强情感关系的培养，提高分销渠道运作的效率和效益。

(2) 对渠道成员的激励

激励渠道成员努力工作，首先要求制造商了解各个渠道成员的需要和愿望，然后对之采取有效的鼓励措施，如给渠道成员较高的折扣率、奖金、合作广告津贴和产品陈列津贴等。

(3) 建立相互培训机制

相互培训机制是增近渠道成员关系，提高分销效率的重要举措。制造商培训终端销售人员，可以提高他们顾问式销售的能力；渠道成员给企业营销、技术人员提供培训，可以提高他们的市场适应能力。制造商对经营效果较好的渠道成员应争取建立长期的战略合作伙伴关系，他们清楚地知道在市场份额、库存水平、市场开发、寻找客户、技术建议与支持及市场信息等诸多方面都需要渠道成员的合作。

阅读材料

渠道冲突的具体原因

价格原因 →	渠道各层级的价格定位是引发渠道冲突的最主要因素
存货数量 →	制造商和中间商都希望保持低水平的存货
客户关系 →	制造商和最终客户建立销售联系，影响中间商的经济效益
资金问题 →	制造商希望中间商能先付款再发货，而中间商则更倾向先发货再付款
售后问题 →	中间分销商无法提供同制造商一样的良好技术咨询和服务
竞争问题 →	制造商不希望中间商同时销售其竞争品牌产品

经验之谈

团队激励体系

可以从以下5个方面构建适应团队的激励体系：

1. 物质激励

除了高薪和高福利外，还可通过股票期权、股票授予等方式提高成员的工作积极性。

2. 提供适当的学习机会

给员工提供专门技能的培训和学习，为员工将来做打算，也是一种很好的激励手段。

3. 工作设计

通过工作扩大化、工作丰富化、提供富有挑战性的工作使成员体会到工作的意义。

4. 目标激励

设置适当的目标，引导个人目标与其相符，从而调动人的积极性。

5. 允许失败的激励

团队鼓励创新，创新过程中必然伴随着失败，所以，允许失败本身也是一种激励。

3. 评估渠道成员

制造商要定期评估渠道成员的工作业绩是否达到某些标准。每隔一段时间，制造商就必须考查和评估中间商的销售定额完成情况、平均库存水平、装运时间、对受损货物的处理、促销方面的合作，以及为客户提供服务的情况。在以上标准中，一定时期各经销商所达到的销售额是一项重要的评估指标。

制造商可以将中间商的销售业绩排名，目的是促进落后者力争上游，排名领先者努力保持绩效。对渠道成员的销售业绩可以采用科学方法进行客观评价。主要有两种比较方法：一是将中间商的销售业绩与前期比较，并以整个群体的升降百分比作为评估标准，对低于该群体平均水平的中间商，必须加强批评与激励措施；二是根据每一中间商所处的市场环境和他的销售实力分别订出其可能实现的销售定额，再将其销售定额进行比较。

4. 调整营销渠道

在渠道管理过程中，由于市场环境的变化，有时需要增加或减少渠道成员，局部修正某些渠道或全面修正分销渠道系统。促使制造商调整营销渠道的主要因素，包括消费者购买方式的变化、市场扩大或缩小、产品生命周期的更替、新的竞争者兴起和创新的出现等。

（1）增减渠道成员

增减渠道成员是指在某一分销渠道模式里增减个别中间商，而不是增减各种渠道模式。制造商决定增减个别中间商时，需要作经济效益分析。要考虑到增减某个中间商对企业的盈利是否有影响，是否会引起渠道其他成员的反应，其他成员的销售是否会受影响等。

（2）增减渠道

增减渠道是指增减某一渠道模式，而不是增减渠道里的个别中间商。当制造商利用某一分销渠道销售产品不理想时，或者市场需求扩大而原有的渠道不能满足需求时，或者一方面生产者所利用的分销渠道销售量低下，而另一方面市场的需求又未满足时，制造商就要考虑增加或减少渠道，或者在减少某种渠道的同时又增加某种渠道。增加或减少渠道，制造商都要考虑其带来的经济效益并观察其他渠道的反应等，及时做出预防措施。

（3）调整全部渠道

调整全部渠道是指制造商对所利用的全部渠道进行调整。如直接渠道改为间接渠道，单一渠道改为多渠道等。这种调整是最困难的，它不仅使全部销售渠道改观，而且还会涉及营销组合因素的相应调整和营销策略的改变。作为制造商，对调整全部渠道要特别谨慎，要进行系统分析，以防考虑不周影响企业的全局销售。

戴尔公司的"黄金三原则"

戴尔股份有限公司（简称"戴尔公司"）于1984年由迈克尔·戴尔创立。戴尔公司目前已成为全球领先的计算机系统直销商，跻身业内主要制造商之列。在美国，戴尔公司是商业用户、政府部门、教育机构和消费者市场名列第一的主要个人计算机供应商。

戴尔公司利用互联网进一步推广其直线订购模式，使其处于业内领先地位。戴尔公司曾不止一次地宣称过他的"黄金三原则"：即"坚持直销""摒弃库存""与客户结盟"。

1. 坚持直销

戴尔公司的销售模式被称为直销，在美国一般称为"直接商业模式"（Direct Business Model）。所谓戴尔直销方式，就是由戴尔公司建立一套与客户联系的渠道，由客户直接向戴尔发订单，订单中可以详细列出所需的配置，然后由戴尔"按单生产"。戴尔所称的"直销模式"实质上就是简化、消灭中间商。

2. 摒弃库存

摒弃库存即"以信息代替存货"。戴尔公司与供应商协调的重点是精准迅速的信息。直销的精髓在于速度，其优势体现在库存成本方面，按单生产可以使戴尔公司基本上实现"零库存"的目标。同时，戴尔公司利用用户货款与付给供应商货款中间的时间差获取利润。

3. 与客户（包括客户和供应商）结盟

"与客户结盟"是直销模式的最大优势。戴尔公司对客户和竞争对手的看法是："想着客户，不要总顾着竞争"。戴尔公司把"随订随组"的作业效率发挥到供应体系之中。戴尔公司与供应商原料进货中间的链接是其成功的关键。这个链接越紧密有效，对公司的反应能力越有好处。戴尔公司的需求量由客户的需求而定，前置期通常在5天之内。而其手边的原料只有几天的库存，通过网络技术与供应商之间保持的完善沟通，戴尔公司始终知道库存情况与补货需求。

对于渠道的发展趋势，戴尔公司认为，经销商将不得不转变经营模式，变成纯粹的服务提供者。戴尔公司的渠道叫作"VAR"（增值服务渠道），主要为戴尔产品做服务和增值工作。

知识点四：机电产品营销的创新渠道模式

1. "第三渠道"的兴起

近年来，"第三渠道"被越来越多的企业重视。其实质是企业用市场功能来统领渠道销售，以实现在代理基础上直销、在直销基础上代理。其对外的集中优势表现在直销，对内的风险按代理结算收益分担。其主要内容是生产厂商对销售渠道进行重新筛选和整编，如原来是直销的渠道，则对原来的直销人员进行能力评估并按一定的方法转化为销售费用自理的代理商。

2. 机电产品分销模式的创新趋势

（1）专业化服务

总的来讲，机电产品领域的专业化服务是指从事机电产品分销的中间商向产品用户提供专门的服务、专业知识及某一狭窄产品线上众多品牌的产品，或者同一品牌的众多产品，中间商不但要对用户负责，也要对制造商负责，其服务是联系双方的纽带。

（2）信息化支撑

信息化支撑是指机电企业、分销商需要加强信息技术的应用，保持企业在获取市场资源等方面的竞争优势，借以培育在市场中的核心竞争力。信息化能实现有效的分销渠道管理、客户关系管理和供应链管理，它是在知识经济条件下取得竞争优势的先决条件，是提升机电产品分销产业价值链、协调竞争优势的基础。例如，使用客户关系管理软件、专业的财务管理软件、实施企业资源计划等。

（3）品牌化运作

虽然机电产品不像消费品品牌那么激烈，但机电产品领域的品牌之争近年来也呈现升温趋势。无论是机电产品制造商还是中间商，创新性地进行品牌运作、突出企业的"品牌知名度"将成为分销模式新发展的重要趋势和未来争夺市场的重要因素。机电产品品牌包括信誉品牌和服务品牌。对于一些设备和系统，如数控加工中心，用户更是要求制造商和中间商有良好的售后服务，且更多地体现在技术支持、设备维修等方面。

（4）国际化经营

在 WTO 框架下，国内贸易与国际贸易一体化，中国的机电产品分销服务业最终将完全开放。如日本的综合商社一样，以全球为市场目标，通过国际化经营获得竞争优势，这也是分销模式的创新发展趋势之一。企业国际化经营的主要内容是经营理念的国际化、经营战略的国际化、经营方式的国际化和经营收益的国际化。

撰写《×××（机电产品名称）分销渠道设计分析报告》

1. 任务组织

以小组为单位，小组规模一般为 3~5 人，每小组选举小组长 1 名，负责协调小组的各项工作，教师提出必要的指导和建议，组织学生进行经验交流，并针对共性问题在课堂上组织讨论和专门讲解。

2. 任务内容

每组从教师处领取不同的产品（备选 9 种产品：①齿轮；②轴承；③减速箱；④电气开关；⑤继电器；⑥PLC；⑦普通机床；⑧数控机床；⑨液压阀），为其设计分销渠道。各组进行深入的调查与分析,小组内成员进行充分讨论,根据分析结果撰写本组的《×××(机电产品名称)分销渠道设计分析报告》(格式参见"样本")。

3. 任务考核

每小组由组长代表本组汇报任务完成情况,同学互评,教师点评,然后综合评定各小组本次任务的实训成绩。具体考核见表6-1。

表6-1 分销渠道设计分析报告任务考核表

考核项目	考核内容	分　数	得　分
工作态度	按时完成任务	5分	
	格式符合要求	5分	
任务内容	分销渠道设计的目标分析明确	10分	
	影响分销渠道选择的因素分析准确	10分	
	分销渠道模式选择恰当	10分	
	中间商数量、类型选择恰当	10分	
	渠道成员的权利和责任明确	5分	
	结论符合实际情况	20分	
团队合作精神	团队凝聚力强	5分	
	同学间有良好的协作精神	5分	
	同学间有相互服务的意识	5分	
团队间互评	该团队较好地完成了本任务	10分	

样本:

×××(机电产品名称)分销渠道设计分析报告

一、概述

1. 调研目的

2. 调研说明(时间、方式等)

二、情况分析

1. 设计目标分析

2. 影响分销渠道选择的因素分析(产品因素、市场因素、客户因素、企业因素、环境因素、中间商因素)

三、分销渠道设计

1. 分销渠道模式选择

2. 渠道成员(中间商)选择(类型、数量)(待学习本项目任务二的相关知识后完成)

3. 渠道成员的权利与责任

四、结论

任务二 使用网络进行营销

海尔集团的网站建设

海尔集团于1996年年底在国内企业中率先申请域名,建立海尔网站,开始利用因特网对外宣传企业。网站上设立了中英文两个版本,以利于国内外访问者的阅读。网站开辟了十几个栏目,如关于海尔、海尔新闻、产品信息、用户反馈、组织结构等,为国内外客商了解产品信息、洽谈交易、产品订购、国内外客户咨询、售后服务以及全国各地信息联网提供了极大的便利。

1999年,海尔集团的因特网主页改版,又推出了新的网络主页。网站包括6个主要栏目,分别是:海尔网上商场、海尔新闻中心、海尔办公大楼、海尔销售服务、海尔科技馆和海尔网上乐园。从栏目设置上可看出海尔强烈的品牌建树意识——几乎每层每页都围绕"海尔"展开,意在向世人全方位地介绍其企业与产品。作为一个迅速发展并致力于全球化的企业,这种做法是正确的。同时,作为一个企业站点,有6个主要栏目和32个分栏,内容丰富,涉猎面相当广。2000年4月,海尔又一次改版,并正式开通了网上商城。在海尔网上商城购物,客户不但可以享受优惠的网上购物价格,享受海尔的星级服务,而且可以享受海尔在网上提供的许多个性化的超值服务;客户可以定制适合自己特殊需求的产品,也可以直接参与产品的设计,真正成为海尔产品的主人。

思考:

海尔网站栏目安排的主要特色有哪些?它采取了什么样的网络营销策略?

知识点一:网络营销概述

网络营销作为适应电子商务时代的网络虚拟市场的新营销理论,是市场营销理论在新时期的发展与应用。对于企业来说,如何在电子商务时代有效地开展网络营销活动,寻找新的商机,已成为一个迫切需要解决的问题。网络营销已经在改变着企业的经营方式,同时也在改变着消费者的消费方式。

1. 网络营销的定义

网络营销以互联网络为媒体,以新的方式、方法和理念实施营销活动,通过对市场的循环营销传播,达到满足消费者需求和商家诉求的过程,可以更有效地促进个人和组织交易活动的实现。

2. 网络营销的功能

网络营销作为新生事物，在市场营销活动中发挥了很多传统营销不具备的作用，并且越来越受到人们的关注。网络营销的功能主要有以下几方面。

1）实现个性化营销。
2）提供一个真正意义上的世界市场。
3）有利于企业减少库存、缩短生产周期。
4）改变企业的竞争方式、竞争基础和竞争形象。
5）给企业的内部结构和行业结构带来变革。
6）创造无国界的国际性经营活动。

3. 网络营销与传统营销的比较

（1）网络营销与传统营销的区别

1）在观念上。网络超越时空的双向互动特性，使得网络营销能与客户进行一对一的充分沟通，从而真正了解客户的需求和欲望。此外，客户利用网络可以参与产品的设计，获得贴近自己兴趣的、高度满意的个性化的产品和服务。

2）在产品上。在网络上进行市场营销的产品可以是任何产品或任何服务项目，而在传统营销领域却很难做到。

3）在价格上。企业以客户为中心定价，必须测定市场中客户的需求及对价格认同的标准，传统营销难以做到这一点，在网络上则可以很容易实现。客户通过网络提出接受的成本，企业根据客户的成本提供柔性的产品设计和生产方案供用户选择，指导客户认同确认后再组织生产和销售。在网络上营销的价格，可以调整到更有竞争力的位置上。

4）在销售上。网络营销具有"距离为零"和"时差为零"的优势，改变了传统的迂回模式，可以采用直接的销售模式，实现零库存、无分销商的高效运作，典型的网络营销通路是：生产者→网站→物流系统→用户。由此，生产者不仅大大缩短了分销过程，节约了大量的分销成本，而且紧紧将命运掌握在了自己的手里，同时，由于减少了大量的交易环节，所以也大大降低了交易成本。

5）在促销上。网络营销方式具有更丰富的内涵和更多的实现方式。

（2）网络营销与传统营销的联系

1）两者都需要符合企业的既定目标，都是使客户的需要和欲望得到满足，只不过借助于网络更容易也能更好地实现营销的这一目标。

2）两者都将满足消费者需求作为一切活动的出发点，对消费者需求的满足不仅停留在现实需求上，还包括潜在需求。

3）两者营销的基本要素依然是产品、价格、促销和分销渠道，尽管这四个要素的内容有较大的变化。

4）两者相互配合，网络营销手段可为传统商务服务，传统营销手段也可为电子商务服务。

4. 机电企业网络营销的特点

机电企业采用网络营销的方式，不一定要直接和用户打交道，而是可以通过网络的方式间接与用户打交道，进行网站上的技术交流，解决疑难问题，介绍本行业新技术，推广新产品等。这一营销方式的改变也导致了传统营销方式其他方面相应的变化。

（1）流通渠道的缩短

通过网上交易，对机电产品的生产商来说，由于减少了中间人或中间商的环节，即减少了经销代理，缩短了渠道。而业务人员和直销人员的减少，不但可以节省不必要的人事管理费用的支出，而且营销渠道的缩短使厂商组织结构扁平化，使得厂商以薄利多销的方式刺激业务的增长，赚取更多的盈利。

（2）营销时空的拓展

网络的服务是每天24h，一年365天不间断。选择在网上营销，通过虚拟的网络市场，机电产品的推销和技术的推广完全不受工作时间的限制。如果有一项新技术诞生或新的机电产品要推出，在网络上只需要花几小时就可以将有关技术或产品的资料和影像放入网页。世界上任何一个地方上网的浏览者都可以通过该网页了解该项技术或产品，网络营销方式有效克服了机电产品技术推广难、产品推销更难的问题。

（3）发挥网络互动式的优势

由于机电产品的技术性较高、专业性较强，有时需要专业人员进行上门推销或面对面介绍产品使用和维护的方法，这样的方式往往耗时耗力，效率不高。在网络营销方式下，客户通过计算机进入互联网中的虚拟购物商场便可以尽情地选购所需产品，也可通过与厂商在线沟通了解机电产品的使用方法或解决疑难问题。

传统机电产品营销创新的突破口

河南黎明重工科技股份有限公司（简称"黎明重工"）的网络营销实践可以给人们提供有益的借荐。这家矿山机械设备企业经过4年的百度搜索推广，其由网络营销带来的业务已占公司总业务量的20%。

2004年，黎明重工决定将搜索引擎营销作为网络营销的突破口，开始尝试百度搜索推广。使用百度推广后，黎明重工体验到"足不出户，客户主动找上门"的推广效果，企业网站访问量和对电话咨询、上门拜访的客户统计证实，其中绝大部分来自百度推广，看到这样的效果后，黎明重工专门成立了网络推广部门，其网络营销团队逐步扩充到60多人，而百度搜索推广也成为其网络营销的主要工具。

知识点二：机电产品的网络营销战略

1. 机电产品的网络营销经营战略

在以客户为中心的导向下，机电产品营销理论上的产品、价格、地点、促销（即4P）与客户、成本、方便、沟通（即4C）进行充分结合。

（1）产品/服务

一般而言，适合在互联网上销售的产品通常具有以下特性的某一项或几项：具有高科技感或与计算机有关；以网络群族为目标市场；不太容易设店售卖的特殊商品；市场需要覆盖较大的地理范围；客户可经由网上信息，立刻做出购买决策的产品。对于机电产品而言，通用件如齿轮、轴承、工具等易于为喜欢网络群族的年轻客户这一目标市场所接受。其他类机电产品主要是经由网络提供信息，它除了将产品的性能、特点、品质及服务等内容充分加以显示外，更重要的是能以人性化与客户导向的方式针对客户个别需求做出一对一的营销服务。有关功能主要包括以下几方面。

1）利用电子布告栏或电子邮件提供线上售后服务或与客户做双向沟通，为客户提供与产品有关的专业知识，如汽车商提供汽车的保养常识，此举不但可以增加产品的价值，同时可以提升企业的形象。

2）提供用户与用户、用户与公司在网上的共同讨论区，一方面可以借此了解用户的需求、市场趋势等，为公司改进产品、开发新产品提供参考；另一方面可以对用户进行意见调查，借此了解用户对产品的意见，协助对产品的研究与改进。

3）提供线上自动服务系统，可根据客户的需求自动地在适当的时机由网上提供有关产品与服务的信息，例如，机床销售商在网络上提醒客户有关定期保养的通知等。

4）利用客户在网络上设计的产品需求提供个性化的产品与服务，例如，客户可以在网上选择加工中心的不同数控系统与刀库的组合。

（2）促销

网上推销与促销具有一对一和消费需求导向的特色，在网络上做广告除了具有许多优点以外，同时也是挖掘潜在客户的最佳渠道。但是因为网上促销基本上是被动的，同时网络营销面对的是全球客户，因此，应针对不同的国家、地区采取不同的促销方式，吸引客户上网，并且提供具有价值诱因的各种机电产品。

（3）价格

网络交易消除了中间人的角色，从而降低了交易成本。但是因为在网络上交易形式的多种多样，机电产品的需求具有一定的价格弹性，因此，企业应充分检视所有营销渠道的价格结构后，再设计合理的网上交易价格。

（4）地点/渠道

通过网络营销的方式，在理论上可以在世界的任何地方实现购物与售卖，互联网直通客户，跨过了中介商层，产品直接展示在客户面前，可及时而专业地回答客户的技术问题，并接受客户的订单。这种直接互动与超越时空的电子购物，无疑使营销渠道做出深刻的变革。

2. 机电产品网络营销的竞争策略

网络营销的优势在于能将产品说明、促销客户意见的调查、广告、公关、客户服务等各种营销活动整合在一起，进行一对一的专业沟通，从而以最新、最快、最详尽的方式获取客户的信息，再通过网上的互动资料修订与智慧型的统计分析功能，就可以拥有大量的主要客户与潜在客户的完整资料。因此，机电产品网络营销策略就是如何利用这一优势，扩大主要客户与潜在客户的购买规模。

（1）产品策略

随着市场需求日益显现个性化的特点，机电企业不应急于制定产品策略，而应通过互联网实现客户和生产厂家的直接对话，重视客户的个性需求，根据不同客户的要求进行产品生产和服务，以满足不同的需求。

（2）价格策略

在传统的市场营销活动中，由于信息不对称，厂家往往对不同地区不同层次的客户采取不同的价格，或是根据客户的消费心理采取各种心理定价策略，以获取最大利润。厂商需要在考虑客户信用、产品质量的基础上，根据客户对产品服务的不同要求协商制定相应的价格，或是通过互联网向客户提供产品定价信息，如产品的生产成本、销售成本等，建立价格解释体系，使消费者认同价格，还可利用网上价格查询功能公开市场相关产品的价格，并将本厂产品性能价格指数与其同类产品在网上公开比较，促使消费者做出购买决策。

（3）服务策略

厂家提供满意的售后服务，加强与客户的双向互动，经由客户资料的运用与分析，设法掌握更多的机电产品客户特性，进而开发出更多满足客户需求的产品，为客户提供在线自动服务，在适当的时机提供有关产品与服务的信息，为客户提供与产品相关的专业知识，进一步为客户服务，提高售后服务的质量。

（4）渠道策略

这种策略将传统营销渠道与包括网络在内的新型渠道进行紧密的结合，以扩大与客户的接触。

（5）促销策略

传统营销是一种强势营销。传统广告企图用一种信息灌输的方式在客户心中留下深刻的印象，不考虑客户需要与否；而网络营销是一种软营销，通过加强与客户的联系与交流来达到营销目的。如何争取客户，与客户建立紧密关系，从而开发出更多的客户需求，这是网络营销最重要的。

知识点三：机电产品的网络营销的方法

1. 网络营销之技术营销

通过对产品质量的精益求精、产品技术的不断创新来告诉客户自己是权威的，是能创造更高效益的，是高品质的、可信赖的。"人无我有，人有我精，人精我专"，在这一点上华为做得非常出色，它不惜花费巨资并且不间断地展开技术攻关和技术创新。销售由技术来承载、支持，技术由销售来营销、体验，这就是"华为模式"。今天，华为作为中国的民族品牌享誉全球，这是技术的价值，也是品牌的力量。

2. 网络营销之合作营销

机电产品中的"中间品""消耗品"生产企业必须与下游中间件应用厂商进行联合营销。例如，微软公司的 Windows 一直与硬件厂商形成无缝联合。此外，杜邦公司在推出"莱卡"时，采用了对面料生产商认证的策略，使得上下游企业结合构成整体营销，最终使莱卡的品牌以"舒适、服帖、时尚、潮流"深入人心。如今，机电产品市场中"强强联手""关联与共""合作共赢"的竞标手段、公关手段层出不穷，机电产品领域品牌的合作其实还有更广阔的空间。

3. 网络营销之专业营销

机电产品的特殊性决定其在网络营销方法上也应采用专业营销方式。

(1) 展会营销

对机电产品来说，展会是一个非常好的传播方式。展会一方面可以向市场展示自己的技术实力和品牌形象，另一方面可以与目标人群建立初步的业务联系。

(2) 专业观点传播

作为行业的领袖，都有一个共同点，那就是不断地有最新的观点和理念推动行业的发展。作为机电产品品牌同样需要不失时机地发出自己的声音，建立权威地位。

(3) 公关营销

公关一直被誉为"四两拨千斤"的营销手法，对提高品牌的美誉度非常有效。公关，这里是指为提高或保护公司的形象或产品而设计的各种方案，比如与行业协会、相关的政府官员、行业媒体和记者、业内权威专家维持良好的关系等。参加业内颇有影响力的行业展会、企业峰会、创造新闻、服务巡礼、拜年活动等，让用户进行口碑宣传，让产品和品牌走出去，即使是"核心设备"无法直接面对同行或客户，但是品牌塑造同样是企业核心竞争力的缔造。

(4) 人际关系营销

机电产品品牌传播还有非常重要的一点，就是人际关系的口碑传播。因为有研究表明，行业专家、技术精英总是在行业内的不同岗位穿梭，因此对于口碑的传播都有一个普遍的共同观点：它是一个非常有效且容易让人信服的传播方式。

知识点四：网络营销的流程

1. 网络营销调研

网络营销调研的四大要素，即产品特性、行业竞争状况、财务状况和人力资源。

(1) 产品特性

是否需要在网上开展营销活动，在很大程度上取决于行业的特点和产品的特性，网络营销是为顺应营销手段的发展，而不是为了追赶流行，如果一个行业的特点决定了利用传统方法更加有效，那么可以暂时不考虑网络营销。如果网络营销不能在短期内带来切实的收益，还是应该量力而行，根据本企业的特点慎重决定。

(2) 行业竞争状况

互联网的发展为行业竞争状况分析提供了方便，同行业的企业由于生产类似的产品或服务，往往被收录在搜索引擎或分类目录的相同类别，要了解竞争者或其他同行是否上网，只需到一些相关网站查询一下，并对竞争者的网站进行一番分析，对行业的竞争状况就会有大致的了解。如果竞争者尤其实力比较接近的竞争者已经开始了网络营销，甚至已经取得了明显收益，这时，你的企业有就需要认真考虑自己的网络营销战略了。

(3) 财务状况

由于网络营销的支出不是消费，而是一项投资，且是长期投资，有时还需要不断地投入资金，却不一定能取得立竿见影的成效。决策人员应该根据企业的财务状况制订适合自身条件的网络营销战略，如网站的功能和构建方式、网络营销组织结构及推广力度等。

(4) 人力资源

网络营销与传统营销相比，有其自身的特殊性，如互联网本身的互动性、信息发布的及时性及网络营销的基本手段——网站建设和推广等，这就要求网络营销人员既有营销方面的知识，又有一定的互联网技术基础，这种复合型人才目前比较短缺，企业是否拥有高水平的网络营销人才，对网络营销的效果有直接影响。

2. 开展网络营销的主要步骤

（1）产品选择

并不是所有的产品都适合通过网络营销实现最终销售，所以网络营销的基础是要选择产品线，确立不同的产品线的推广目标。

（2）目标客户人群的圈定

根据选择的产品不同，划定目标客户人群，如根据职业、收入、年龄、层级、消费习惯、商务人士、大学生等字段来确定目标客户人群。

（3）制定目标

从覆盖人群、信息收集、销售额等方面根据不同活动来制定相应的目标。

（4）推广方式的选择

网络营销通常有以下形式的推广，根据不同活动的目标可以选择合适的推广方式。门户网站，垂直网站广告，文字链，搜索引擎关键字，购买网站联盟，基于数据库的邮件营销，EDM电子直邮，以及SP短信群发广告。

3. 设计网络营销实施过程

（1）市场调研

通过市场调研的手段对市场做一个真正的了解，主要是了解客户群体，以及客户群体的日常行为和思维方式。了解自己的客户是谁，客户会在哪儿，客户的需求量等情况，才能真正地利用网络资源成交业务。

（2）市场定位

市场定位就是根据所做的市场调研判断是否能通过网络进行营销，网络空间虽然很大，但并不是所有的公司都适合通过网络来成交业务，所以一定要根据自身的情况去考虑。

（3）方案形成

根据市场定位，然后找到目标客户群在网上主要集中的地方，有些客户群主要用搜索的方式，有些主要集中在行业网，还有一些会集中在论坛中。还有就是怎样一步步去推进，怎样把自己的商品传递给客户等。

（4）方案的执行

根据以上制定的方案逐渐地去推进完成，把客户最想要的以客户最希望的方式展示给他们，并且要联系方便。

（5）效果评估及策略调整

对方案执行情况进行一个科学的定位，以及时调整方案，主要的评估标准是客户关注度和客户咨询量、客户咨询量和客户成交量的对比，从而找出在网络营销中提升的方法实施。

4. 网络营销方案制定的思路

（1）网络营销战略规划

包括本企业的总体营销目标与营销战略方案。

(2) 网络营销计划

1) 网络营销目标。
2) 企业实施网络营销的内容与方式。
3) 企业网页设计框架。
4) 网络营销实施方案。
5) 网络营销应注意的问题。

海默数控的网络营销

沈阳海默数控机床有限公司（简称"海默数控"）磨床产品的平均价格皆在几十至数百万元，有购买意向及购买能力的客户非常难以挖掘。海默发现，只靠传统模式的线下营销，依靠有限的销售人员跑市场来开发客户，效率极低，且成本高昂。海默数控深刻地认识到必须要彻底改变公司营销策略的方向，尽早把网络营销这一块做起来，这样有利于企业拓展销售渠道、帮助企业发展得更好。

海默数控看到了网络所隐藏的巨大潜力，在仔细考察对比后，找到了一家网络营销公司，这家公司为海默数控制定了专属的网络营销策略，帮助海默数控组建了网络营销团队，将传统模式的线下营销与线上网络营销完美结合，很好地打开了网络营销渠道，每个月的询盘客户非常多，成交率也非常不错。海默数控正继续加强与这家网络公司的合作，把自己公司的网络营销推上一个新高度。

知识点五：会使用微信进行营销

1. 微信营销概述

(1) 微信营销定义

微信营销是网络经济时代企业或个人营销的一种模式，是伴随着微信兴起的一种网络营销方式。微信不存在距离的限制，用户注册微信后，可与周围同样注册的"朋友"形成一种联系，订阅自己所需的信息，商家通过提供用户需要的信息，推广自己的产品，从而实现点对点的营销。

微信营销主要体现在以安卓系统、iOS系统的手机或者平板电脑等移动客户端进行的区域定位营销，商家通过微信公众平台，结合转介率微信会员管理系统展示商家微官网、微会员、微推送、微支付、微活动，已经形成了一种主流的线上线下微信互动营销方式。

(2) 微信营销的特点

1) 点对点精准营销

微信拥有庞大的用户群，借助移动终端、天然的社交和位置定位等优势，每个信息都是可以推送的，能够让每个个体都有机会接收到这个信息，继而帮助商家实现点对点精准营销。

2）形式灵活多样

位置签名：商家可以利用"用户签名档"这个免费的广告位为自己做宣传，附近的微信用户就能看到商家的信息，如"饿的神""K5便利店"等就采用了微信签名档的营销方式。

二维码：用户可以通过扫描识别二维码身份来添加朋友、关注企业账号；企业则可以设定自己品牌的二维码，用折扣和优惠来吸引用户关注，开拓O2O的营销模式。

开放平台：通过微信开放平台，应用开发者可以接入第三方应用，还可以将应用的LOGO放入微信附件栏，使用户可以方便地在会话中调用第三方应用进行内容选择与分享。如"美丽说"的用户可以将自己在美丽说中的内容分享到微信中，可以使一件美丽说的商品得到不断地传播，进而实现口碑营销。

公众平台：在微信公众平台上，每个人都可以用一个QQ号码打造自己的微信公众账号，并在微信平台上实现和特定群体的文字、图片、语音的全方位沟通和互动。

3）强关系的机遇

微信的点对点产品形态注定了其能够通过互动的形式将普通关系发展成强关系，从而产生更大的价值。通过互动的形式与用户建立联系，互动就是聊天，可以解答疑惑、可以讲故事甚至可以"卖萌"，用一切形式让企业与消费者形成朋友的关系，你不会相信陌生人，但是会信任你的"朋友"。网络营销作为新生事物，在市场营销活动中发挥了很多传统营销不具备的作用，并且越来越受到人们的关注。

（3）微信营销的缺点

微信营销基于强关系网络，如果不顾用户的感受，强行推送各种不吸引人的广告信息，将令用户反感。凡事理性而为，善用微信这一时下最流行的互动工具，让商家与客户回归最真诚的人际沟通，才是微信营销的真谛。

Burberry——从伦敦到上海的旅程

21世纪最吃香的是什么才？全才！Burberry公司深谙这个道理，所以在"从伦敦到上海的旅程"上，就能看出一些端倪。要进入这个浑身上下散发着浓浓文艺气息的HTML5页面，第一步，得先"摇一摇"；第二步，单击屏幕进入油画般的伦敦清晨；第三步，摩擦屏幕使晨雾散去；第四步，单击"河面"，河水泛起涟漪；最后单击屏幕上的白点，到达终点站上海。总而言之，你能想到的互动方式，Burberry都用在里面了。

营销启示：技术的精进最大限度地满足了移动营销多元化的交互与联动，技术宅也有春天就对了！

2. 机电产品微信营销策略

（1）微信营销的实施步骤

1）产品定位。此处的产品定位并非传统意义上的产品定位，而是要结合微信整体情况来分析。企业可以开通服务号，向客户展示企业能够提供的产品及相关服务项目，使客户能够从宏观上有所了解。

2）微信开发。微信公众平台向企业提供的是基于这个开放平台的能力，在这个平台企业可以基于自己的能力为客户提供个性化的服务。通常传统企业专注于自己产品的开发，并没有自己的技术团队，重新组建不仅耗费精力而且不一定能够体现产品的优势，如果能够借助第三方开发商，根据企业自身需求来融合二者，显然是一个不错的选择。

3）推广。尽管微信有接近7亿的用户，但如果这些用户都不知道你的微信公众号，且无法接入企业微网站，显然是没有用的。当然，推广也要有策略地进行，制订相应的推广计划、推广流程，然后团队协作一起去完成。

4）微信运营。即在微信平台上进行产品的展示、营销、购买，从而找到目标用户。那么微信运营实现的就是让目标用户真正购买产品，提高用户黏性。

5）复盘重构。企业在微信运营过程中前面四步都做到了，但若效果不明显，这时要做的事情就是复盘重构，也就是对微信运营前期出现的问题进行整体分析，将数据重新整理进行评估，对整个运营流程进行优化、改良、剔除，及时调整企业微信营销方向。

（2）微信营销策略

1）"意见领袖型"营销策略。企业家、企业的高层管理人员大都是意见领袖，他们的观点具有相当强的辐射力和渗透力，对大众言辞有着重大的影响作用，潜移默化地改变人们的消费观念，影响人们的消费行为。微信营销可以有效地综合运用意见领袖型的影响力和微信自身强大的影响力刺激需求，激发购买欲望。如小米创办人雷军就是最好的"意见领袖型"营销策略。雷军利用自己微博强有力的粉丝在新浪上简单地发布关于小米手机的一些信息，就得到众多小米手机关注者的转播与评论，更能在评论中知道消费者是如何想的，以及消费者内心的需求。

小米手机微信号：xmsj816

关键词：微信抢购

营销方式：2013年11月22日，小米公司宣布与微信展开战略合作，15万台小米手机3将通过微信平台进行抢购，并通过微信绑定银行账号进行在线付款。花一分钱预订，即可获得小米手机3的5元抵扣券以及微信的"米粉"专属"米兔"表情包等众多优惠。通过小米微信公众号，除了可以更加方便地预订小米手机，还可以了解微信抢购攻略、订单查询、小米产品系列的介绍和预订功能，进一步拉近了与粉丝的距离。

2）"病毒式"营销策略。微信的即时性和互动性强、可见度、影响力以及无边界传播等特质特别适合病毒式营销策略的应用。微信平台的群发功能可以有效地将企业拍的视频、制作的图片，或是宣传的文字群发到微信好友。企业更是可以利于二维码的形式发送优惠信息，这是一个既经济又实惠，又有效的促销模式。顾客主动为企业做宣传，激发口碑效应，将产品和服务信息传播到互联网及生活的每个角落。

去哪儿网微信号：qunar-wang

关键词：呼叫中心式微信客服

营销方式：2013年4月去哪儿网携手随视传媒，基于微信推出呼叫中心式微信客服，成为国内首家把呼叫中心功能搬到微信上的OTA品牌。巧用微信的强关系交互和简便的第三方登录能力，开发出"一扫分享"和"优惠券云卡包"等非常方便旅游决策和旅游产品购买的创新服务，且自定义菜单各项功能实用性强，定位精准。微信客服推出后，每天好友数激增超过2000人，去哪儿网在微信上实践一种小规模、高针对性、高投资回报率的社会化营销模式。最近的几次旅游产品抢购活动只限于微信好友，在促销活动前，去哪儿网通过多维度的标签（城市、性别、咨询记录、消费记录及偏好）筛选出目标用户并进行邀请。两小时封闭专场卖掉15万元的旅游产品！

小结：抓准在线旅游行业的消费心理很重要！

3）"视频、图片"营销策略。运用"视频、图片"营销策略开展微信营销，首先要在与微信好友的互动和对话中寻找利用市场，发现利用市场，用特定利用市场为潜在客户提供个性化、差异化服务；其次，善于借助各种技术，将企业产品、服务的信息传送到潜在客户的大脑中，为企业赢得竞争的优势，打造出优质的品牌服务。让微信营销更加"可口化、可乐化、软性化"，更加吸引消费者的眼球。

星巴克——音乐推送微信

关键词：音乐推送微信

把微信做得有构思，微信就会有生命力！微信的功能现已强大到超乎想象，除了回复关键字，还能回复表情。

星巴克运用音乐推广，使直觉影响你的听觉！通过查找星巴克微信账号或扫描二维码，用户可以发送表情符号来表达此刻的心情，星巴克微信公众号则依据不一样的表情符号挑选《自然醒》专辑中的关联音乐给予回答。

这种用表情说话正是星巴克的卖点。

3. 机电产品微信营销的注意事项

（1）微信运营团队搭建与考核

1）理想搭建模式核心点。服务导向，高层推动，中层主导，全员配合执行。

2）执行方法。市场专人维护，编辑内容、策划活动，融合企业的市场销售动态需求和信息；与微博运营、网络推广内容同步；客服部门提供微信客服沟通支持；管理人员定期进行数据汇总分析；高层提供资源支持和协调支持，提高运营效率。

3) 合适的微信运营人员必须具有的特质。微信重度使用者，善于内容策划，能换位思考，不以自己折射上亿网民；细心耐心；具备全网思维，有市场嗅觉，精通社交媒体，俯身与网民沟通，心态好。

4) 考核标准。信息到达率40%以上为合格，反推是否对用户足够了解，时间把握是否准确；阅读率30%以上为合格，反推内容编辑是否到位；活动粉丝参与率20%以上为合格，反推活动是否吸引粉丝；推广期间粉丝复合增长率20%以上为合理，如果微信新增用户的活跃率不高，用户会反感此类营销。

(2) 微信营销运营要素

1) 经验。做好目标客户群分析；内容为王，兼顾终端；细分基础上做足互动；持续投入，执行为本；沟通基础上实现营销；竭尽全力做到简易；牢记微信官方的诉求；润物无声、和谐生态、主轴不变的局部繁荣。

2) 原则。持续投入，耐心经营；简易原则，能一只手完成操作；简短原则；实用原则；趣味原则；精准原则；及时亲切原则。

3) 关键点。准备工作，选择如QQ号或者好记的英文为账号，降低用户导入门槛；制定内容框架、互动策略、粉丝滚雪球策略；提高互动率，组织有奖活动，一定要有趣味性；提高转化率，灵活穿插营销、网站等多个渠道宣传，引导用户购买；全方位引流、立体交叉，让粉丝进入并持续关注。

(3) 微信营销运营推广技巧

1) 标题要有吸引力，概括精准，抓住用户心理。

2) 配图优美，引导点击。

3) 正文精短，突出对用户有用的信息。

4) 适当收转、设置悬念。

5) 网址可信，跳转快，缓冲少。

6) 奖品诱人，获取容易。

7) 多做有奖活动，规则简单，操作容易，让用户的操作不超过3步。

8) 精通投放、灵活穿插，实现精准推送。

9) 大胆利用自有的各类媒体和渠道聚集大量潜在忠实粉丝。包括公司官网、淘宝店、产品手册、推广手册、产品包装盒、活动现场海报易拉宝、各类投放的硬广。

10) 口碑营销。鼓励用户推荐微信公众账号给身边的朋友，如分享到朋友圈、QQ群等。

撰写网络营销策划方案

1. 任务组织

以小组为单位，小组规模一般为3~5人，每小组选举小组长1名，负责协调小组的各项工作，教师提出必要的指导和建议，组织学生进行经验交流，并针对共性问题在课堂上组织讨论和专门讲解。

2. 任务内容

各组上网搜索电子商务网站，浏览网站的内容，并总结各电子商务网站的网络营销特点有何不同，哪个电子商务网站更有吸引力？它们各自存在什么问题？

小组进行充分讨论，根据分析结果选取某机电产品（备选9种产品：①齿轮；②轴承；③减速箱；④电气开关；⑤继电器；⑥PLC；⑦普通机床；⑧数控机床；⑨液压阀），为其设计网络营销策划方案（格式参见"样本"）。

3. 任务考核

每小组由组长代表本组汇报任务完成情况，同学互评，教师点评，然后综合评定各小组本次任务的实训成绩。具体考核见表6-2。

表6-2 网络营销策划方案任务考核表

考核项目	考核内容	分 数	得 分
工作态度	按时完成任务	5分	
	格式符合要求	5分	
任务内容	电子商务网站网络营销特点分析正确	10分	
	网络营销目标明确	5分	
	网络营销影响因素分析准确	15分	
	网络营销手段运用得当	15分	
	网络营销呈现形式准确、恰当	20分	
团队合作精神	团队凝聚力强	5分	
	同学间有良好的协作精神	5分	
	同学间有相互服务的意识	5分	
团队间互评	该团队较好地完成了本任务	10分	

样本：

×××企业网络营销策划方案

一、概述

1. 策划目的
2. 策划说明（时间、方式等）
3. 样本描述（企业的类型、规模、主要产品）

二、情况分析

1. 市场概述
2. 企业简介
3. 目标客户分析
4. 企业网络营销的目标分析

三、策划方案

1. 企业网络营销策略设计（产品策略、价格策略、促销策略、服务策略、个性化营销策略、跨部门合作策略等）

2. 网站规划和建设（页面布局、网站栏目内容、实现功能、营销功能等）

3. 企业网络营销费用预算

职业能力训练

一、填空题

1. 根据分销渠道长度划分可分为_____、_____、_____和_____四种。
2. 分销渠道冲突有_____、_____和_____三种类型。
3. 中间商的类型主要有_____、_____、_____。
4. 代理商包括_____、_____、_____、_____和_____。
5. 网络营销经营策略包括_____、_____、_____和_____。

二、简答题

1. 销售渠道设计程序包含哪些环节？
2. 影响分销渠道的选择因素有哪些？
3. 机电产品的分销和消费品的分销有何区别？
4. 机电产品分销模式的创新趋势有哪些？
5. 网络营销与传统营销的区别有哪些？
6. 机电产品网络营销竞争策略有哪些类型？

项目七

促销机电产品

> **知识目标**

1. 理解促销与促销组合的相关概念，理解促销的实质。
2. 掌握机电产品促销的特点。
3. 了解机电产品常用促销方法在购买决策过程中的运用。
4. 了解常用的公关方法对于促进机电产品购买决策的作用。

> **技能目标**

1. 能够在机电产品营销的实际工作中灵活选用促销方法。
2. 能够分析机电产品促销的实际问题，策划制定促销方案，实施、评估和控制促销活动。

> **提交成果**

1. 机电产品促销组合方式分析报告。
2. 机电产品促销策划方案。

老李的促销故事

老李是一名普通车床配件企业很能干的推销员，他知道一般机床生产厂家对机床配件供应商的选择都比较慎重。他通过对机床行业中某客户对普通车床使用情况的调查研究之后发现，竞争对手产品中一个关键部件经常出现质量问题，但这个配件的质量对整个车床的影响在一年内不容易发现，直到以后出现故障时，客户才会被动地选择更换，给售后服务带来了一定的影响。

一般情况下，这一潜在的问题并不直接影响客户更换供应商的决策标准。发现这一问题后,老李并没有开门见山地向机床制造厂家推销自己的产品,而是到自己公司后,与本企业技术人员一同制定了一套针对这一问题的技术改进方案,在充分评估研究之后给该客户提供了初步的技术解决方案。

客户看到这个分析报告后,感觉到问题的严重性,最后决定与老李进行进一步技术交流、技术评估等。机床生产厂家在以后的配件供应商选择时,虽然有多家竞争对手,但因为前期与老李的互相交流,以及对老李提供的解决方案的认可,最后选择与老李合作,由老李所在企业为这家车床制造厂家供应配套零件。

思考:
老李在销售中用了哪些促销方法?

任务一　理解机电产品促销及其策略

一次有目的的客户拜访

广东一家企业精细机械部门的销售经理 James 刚刚被派到通用机械部任职,此前通用机械部已经在一年内更换过三任销售经理,皆销售不力。不力的原因大概被描述为:竞争对手获得了已在两年前到期的该企业专利技术,产能上升;相对于该企业这样的外资企业,民营企业在生产与研发成本上优势明显,价格极低;该企业产品只有 S150、S110 和 S100 三个规格,无法跟进对手的价格战;越是价格高的设备,客户对于维修、零件供应、培训和调试等售后服务要求就越高,所以这个行业的客户一般会要求赊款 5% 作为提供服务的保证金,而该企业不提供服务保证金,订单流失得越来越多。

James 对产品的性能了解得很彻底,他不明白为什么通用部门的业绩会这么差劲。该企业除了价格高以外,在产品性能上的优势还是很明显的:产能是主要对手的 1.5 倍左右;耗电节省 25%（同比 1.5 倍产能,只有 1.2 倍的耗电量）;使用该企业设备生产的产品光滑度和强度优于对手。

销售代表王浩刚好要去拜访浙江的几个潜在客户,这是最近可能拿到订单的地区,James 决定随行观察王浩的表现,同时也争取让王浩拿到 1~2 个订单,树立自己的威信。

思考:
销售经理 James 应采用怎样的营销策略和推销方式才能更好地在这次客户拜访中将产品推销出去?

知识点一：促销与促销组合

1. 促销的含义及作用

（1）促销的含义

促销是促进销售的简称，英文为 Sale Promotion，直译为销售促进，是企业通过人员推销或非人员推销的方式向目标顾客传递商品或劳务的信息，帮助客户认识商品或劳务所带给购买者的利益，从而引起客户的兴趣，激发客户购买欲望及购买行为的活动。

促销本质上是一种沟通活动，沟通者有意识地安排信息、选择渠道媒介，以便对特定沟通对象的行为与态度进行有效的影响。美国是促销策略应用的发源地。据记载，最早采用促销手段的是一家美国卖帽子的商店，其方法既简单又可行，就是为买帽子的顾客每人免费拍摄一张照片，结果招来了大批顾客，生意非常红火。

（2）促销的作用

促销的作用主要表现为以下几点。

1）传递信息，沟通情报。企业通过调查研究，掌握市场需求的信息，通过促销将企业的信息传达给客户。促销活动可以使顾客知道企业生产什么，经营什么，产品有什么特点，到哪里去购买等信息，从而引起顾客的注意，产生购买欲望；而顾客的信息反馈则可以使生产者改进产品以适应客户的需求。

2）诱导消费，创造需求。企业通过广告宣传、人员推销、销售促进和公共关系等形式展示、介绍有关商品并以说服和激励的方法诱导需求和激发需求，从而增加产品的需求量。

3）突出产品特点，提高竞争能力。随着市场竞争的日趋激烈，各企业同类产品的差别越来越少。要想吸引客户购买自己的产品，必须利用促销先发制人，扩大品牌知名度，增强顾客的购买信心和品牌忠诚度，使自己的产品处于竞争的有利地位。

4）强化企业形象，巩固市场地位。由于市场竞争加剧，一些商品的销售会出现不稳定的波动。通过促销活动可以树立本企业及产品形象，提高原有客户的信任感，从而培养和提高对产品的"品牌忠诚度"，还可以改变一些顾客的顾虑和观望态度，培养其对产品的兴趣，从而稳定及扩大销售。

2. 促销组合

（1）促销组合的含义

促销组合是指对营销沟通过程中的各个要素的选择、搭配及其运用。促销组合的主要要素包括广告、人员推销、营业推广（亦称销售促进或销售推广）及公共关系。

（2）影响促销组合的因素

每个客户都需要根据自己的具体状况，来确定其使用的促销组合。影响促销组合的主要因素有以下几点。

1）促销目标。企业在不同的营销环境下，在不同的时期所实施的特定促销活动都有其特定的促销目标。目标不同，促销组合也就不同。如，针对某些产品，企业的促销目标可以是引起社会的公众注意，报道产品存在的信息；也可以是重点突出产品特点、性能，以质量吸引顾客。在进行促销组合时，要根据具体而明确的营销目标对不同的促销方式进行适当选择，从而达到促销目标。

2）产品的性质。不同性质的产品，顾客购买的需求不同，就需要不同的促销组合。一般来说，机电产品比消费品更多地采用以人员推销为主，配合营业推广（促销）、公共关系和广告。由于消费品的花色品种繁多，客户分布较为广泛，所以广告可以作为一种最佳的宣传手段，同时辅以营业推广（促销）和公共关系，人员推销相对较少。高价产品由于使用风险大，所以其促销应以公共关系和人员推销为主；而低价产品的促销应以广告和营业推广为主。

各类促销工具对消费品、机电产品销售的相对重要性存在一定差异（图7-1）。

3）产品的生命周期。在产品生命周期的不同阶段，市场销售态势不同，销售的目标也不同，因此必须相应地选择、编配不同的促销组合。如在产品引入阶段，广告和人员推销都是重要的促销方式。通过广告，重点介绍产品的性能、特点、原理及顾客可从中获得的利益。人员推销的重点是寻找、说服中间商经销产品，并直接寻找顾客介绍产品，鼓励顾客试用。

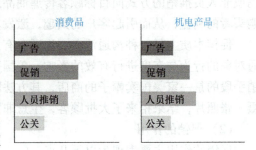

图7-1　各类促销工具对消费品、机电产品销售的相对重要性

4）市场的特点。不同的市场需要采用不同的促销策略。不同的市场是从市场范围、市场类型及市场潜在顾客角度来区分的。

① 市场范围。市场地理范围大小不同，促销方式就应有区别。小规模的本地市场应当以人员推销或商品陈列等为主，不必使用广泛的广告而在范围广泛的市场，广告宣传、公共关系和营业推广就成为主要选择；对于中等范围的市场，可以以一种促销方式为主，辅以其他方式。

② 市场类型。对于个人、家庭类型的消费市场，顾客多而分散，主要应以广告、公共促销为主，辅以营业推广；对于组织用户、集团消费的生产者市场，专业性强，数量少且集中，通常应以人员推销为主，辅以公共关系和广告，或者进行专业性的展销示范，当面向客户介绍产品的性能和特色。对于中间商市场，则宜以人员推销为主，并配合营业推广。

5）促销预算保障。不同的促销方式、促销组合，需要投入的资金总量不同。因此，企业的财务资金实力及其对促销投资的预算安排也影响金额并制约着促销额的选择。企业既要投资，又要用最少的费用、最佳的促销组合，使促销费用发挥最大的效用。

6）促销管理水平。不同的促销方式、手段，其管理复杂的程度有所不同。一般来说，公共关系和营业推广的管理更为复杂，如果企业管理水平不高，则一般不愿意选择这两种方式；而广告和人员推销的管理相对简单，容易被企业选择使用。

7）促销时机的选择。任何产品都会面临销售时机和非销售时机。在销售时机（如销售旺季、流行期、特别事件和节假日等）应当掀起促销高潮，一般要以广告、营业推广为重点；而在平时，则以公共关系和人员推销为主。

8）分销渠道的类型。如果企业以间接分销渠道为主，则应以广告、公共关系为主，以为中间商创造有利的销售环境，再配合对中间商的营业加以推广，充分调动其积极性；如果企业以直接渠道为主,则促销重点是公共关系、人员推销和营业推广。

9)市场营销组合与促销总策略。现代促销不是孤立存在的,它必须与其他营销策略和手段结合才能真正实现自己的价值。因此,在进行促销策划时,绝对不能离开市场营销组合。促销总策略不同,促销组合策略也不一样。

3. 促销的基本策略

不同的促销组合形成不同的促销策略,如以人员推销为主的促销策略及以广告为主的促销策略。从促销活动运作的方向来分,可分为推式策略和拉式策略两种。

(1) 推式策略(从上而下策略)

推式策略以人员推销为主,辅之以中间商销售促进,兼顾客户的销售促进。推式策略是将商品推向市场的促销策略,其目的是说服中间商与客户购买产品,并层层渗透,最后到达客户手中(图7-2)。

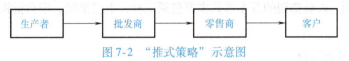

图7-2 "推式策略"示意图

由图7-2可知,推式策略的操作程序是:生产者竭力向批发商推销,批发商竭力向零售商推销,零售商竭力向客户推销。最终达到客户购买本企业产品的目的。

适用于推式策略的情况有以下几种。

1)企业经营规模较小或无足够的资金推行完善的广告计划。
2)市场比较集中,分销渠道短,销售力量强。
3)产品具有很高的单位价值,如特殊品、选购品等。
4)企业与经销商、消费者的关系有待改善。
5)产品的性能及使用方法需作示范。
6)需要经常维修、保养或需退换。

(2) 拉式策略(从下而上策略)

拉式策略主要是通过广告促销来吸引客户。通过创意新、高投入、大规模的广告宣传,直接诱发客户的购买欲望,由客户向零售商、零售商向批发商、批发商向制造商求购,由下而上,层层拉动购买(图7-3)。

图7-3 "拉式策略"示意图

由图7-3可知,拉式策略的购买过程是:广告吸引客户,客户向零售商求购,零售商向批发商求购,批发商向生产者求购。

适用于拉式策略的情况有以下几种。

1)市场很大,产品多属于便利品。
2)产品的信息必须以最快速度传递给广大消费者。
3)对产品的原始需求已呈现出有利的趋势,市场需求日渐升高。
4)产品具有独特性能,与其他产品的区别显而易见。
5)产品能引起消费者某种特殊的情感。经过展示报道,顾客会迅速采取购买行为。

6）企业拥有足够的资金，有实力支持广告活动计划。

企业采取"推"的策略，以人员促销和中间商促进为主；采取"拉"的策略，则以公关促销、广告促销和客户促进为主。

知识点二：人员推销

1. 人员推销的含义

人员推销是市场营销中一种古老的、富有技巧的促销方式，它在现代市场营销中仍起着重要的作用。企业要运用人员推销方式开展推销，必须了解人员推销的任务、形式及步骤。

人员推销就是指企业通过派出推销人员与一个或一个以上可能成为购买者的人交谈，作口头陈述，以推销商品、促进和扩大销售。在人员推销活动中，推销人员、推销对象和推销品是三个基本要素，前两者是推销活动的主体，后者是推销活动的客体。对于不同的产品，人员推销的方法也不相同。人员推销的基本形式主要包括三种：上门推销、柜台推销和会议推销。

2. 人员推销的特点

（1）信息的双向沟通

在人员促销过程中，推销人员一方面把企业信息及时、准确地传递给目标顾客，有效激发顾客的购买兴趣，并促使其立即采取购买行为；另一方面还可以把市场信息，顾客的要求、意见、建议反馈给企业，为企业调整营销方针和政策提供依据。

（2）推销方式灵活多样

在推销活动开始之前，推销人员应该选择具有较大购买可能的顾客进行推销，避免盲目、泛泛地进行推销。推销人员可以对未来可能的顾客进行研究和选择，通过电话或传真预约并确定推销对象，以便实地推销时，目标明确，容易获得推销成果，同时也可将不必要的经费和时间浪费降到最低。

（3）推销任务双重性

推销人员的工作任务并非单一的推销产品，而具有双重性。除了寻求机会，创造需求，担任产品（服务）的推销工作外，还可以兼做信息咨询服务，搜集情报，反馈信息，开展全方位的售前、售中与售后服务。

（4）关注人际关系

人员推销可以将企业与客户的关系从纯粹的买卖关系培养成朋友关系，使彼此建立友谊、相互信任、理解，比非人员推销更富有人情味，这种感情有助于工作的开展，实际上起到与公共关系相同的作用。

3. 人员推销的类型

（1）推销人员推销

在人员推销的基本形式中，销售人员起着总体协调和沟通的作用。在机电产品市场营销过程中，"消费引导"的作用比消费品更重要、更突出，这是由机电产品的技术性和应用的限制性决定的。销售人员应该设计人性化、生动化的销售工具，辅助产品推广，创造良好的沟通、谈判氛围，促成交易，帮助客户降低对技术型产品的认识壁垒。

（2）服务人员推销

在机电产品特别是复杂设备的销售中，用户对企业的依赖性很高，如数控加工中心的使用往往需要供应商对用户的操作人员进行一定的培训。服务人员接触的是产品的使用者，当交易完成后对产品好坏进行评价的主要是使用者，这对其下次购买是否选择企业的产品起着关键作用。因此，服务人员要在送货、安装、用户培训、咨询服务、维修等方面突出企业与竞争对手的不同和优势，树立企业的良好形象，与使用者建立良好关系，以促进其重复购买。

（3）技术人员推销

用户中的技术人员是购买决策的重要影响者。在某些大型设备、仪器的购买过程中，有时技术人员就是真正的决策者。因此，在推销时，如何赢得技术人员的支持是获得订单的关键。技术人员和技术人员最有共同语言，因此企业的技术人员在必要时也要站在推销的第一线。

（4）企业高层人员推销

国外知名企业的总裁经常定期拜访客户，甚至对一些小用户也进行接待，以对外传达它是一家真正重视客户、真正以客户为中心的企业。另外，企业领导与用户领导一般更容易交流，通过高层接触，有利于加强双方的信任，利于交易的达成和用户忠诚度的提高。

4. 人员推销的方法

（1）人员推销的步骤

寻找线索——事先调查——接触访问——介绍和展示——排除异议——完成交易——后续工作。

1）寻找线索：寻找具有潜在购买力的客户。

2）事先调查：在接触客户之前，从各渠道对客户进行深入了解，并确定最佳的接洽方式。

3）接触访问：确定与客户的会面和寒暄，表达善意，吸引顾客注意力和兴趣。

4）介绍和展示：向客户讲述和展示所推销的产品能为客户带来的价值和具有吸引力的特性。

5）排除异议：发现客户存在的异议，并进行阐释，积极让客户产生购买意向。

6）完成交易：抓住恰当时机，完成交易。

7）后续工作：提供回访、售后服务、产品保证等内容，确保客户满意，并能产生二次购买的念头。

汽车销售员的推销技术

美国一家企业的总裁打算购买一辆不太昂贵的汽车送给儿子作为高中毕业礼物。"萨博"牌轿车的广告曾给他留下印象，于是他到一家专门销售这种汽车的商店去看货。销售人员在介绍过程中总是说他的车比"菲亚特"和"大众"强。这位总裁发现，在这位推销人员的心目中，后两种汽车是最厉害的竞争对手。尽管他过去没有听说过那两种汽车，但还是决定先亲自看一看再说。最后，他买了一辆"菲亚特"。在推销产品时，销售人员面临来自顾客和竞争对手的双重挑战，如何战胜竞争对手，是推销人员必须掌握的一种技术。

(2) 机电产品常用的人员推销方法

机电产品常用的人员推销方式有实地推销和零售推销两种。

1) 实地推销。一般而言，小件机电产品的推销经常是由推销员带着样品或者运用多媒体信息技术的平台（便携式计算机）上门进行实地推销，全方位展示、介绍产品的。

2) 零售推销。一般情况下，大件机电产品的推销常使用零售推销方式，通过向客户赠送产品说明书，展示产品使用功能，引起客户关注，并最终达成交易。

(3) 机电产品人员推销技巧

1) 试探性技巧。推销人员在不了解客户需求的情况下，可以事先准备好能激发客户兴趣、刺激客户购买欲望的推销内容，与客户进行渗透性交谈，密切关注对方的反应，然后根据反应采取相应的推销措施，如重点提示机电产品的特色及优点，进行示范操作的视频演示，出示产品图片资料，赠送说明书或提供产品试用等，观察客户的反应，诱发客户购买动机，引导其产生购买行为。

2) 针对性技巧。推销人员已基本掌握客户某些方面的需要，然后根据客户的需要做好与其接触前的充分准备。例如，收集大量有针对性的材料、信息；熟悉满足客户需要的机电产品性能等。推销人员在推销洽谈过程中，要努力为客户解决在机电产品技术难题、价格、售后服务等方面的顾虑，让其亲身感受到推销人员的专业素质，并产生强烈的信任感，进而促成交易。

3) 诱导性技巧。如果客户对机电产品没有现实需求，推销人员应尝试运用刺激需求的说服方法和手段来诱导其潜在需求。推销人员要不失时机地宣传介绍所推销机电产品的优越性，围绕提高生产效率、降低生产成本、提高性价比等产品优点诱导客户，将潜在需求转化为现实需求。

销售心经：销售卖什么？

生客户卖的是礼貌，熟客户卖的是热情；
急客户卖的是效率，慢客户卖的是耐心；
有钱客户卖的是尊贵，没钱客户卖的是实惠；
专业客户卖的是专业，时髦客户卖的是时尚；
豪侠客户卖的是仗义，小气客户卖的是利益；
享受型客户卖的是服务，虚荣型客户卖的是荣誉；
挑剔型客户卖的是细节，随和型客户卖的是认同感；
犹豫型客户卖的是保障。

5. 人员推销管理

(1) 推销人员应具备的素质

1) 品质素质。推销人员对客户要诚恳、热情、谦恭有礼；具备全心全意为客户服务的精神，要有高度的责任感，一言一行都必须为企业负责，绝对不能出现有损企业形象的行为；遵纪守法，不假公济私，不铺张浪费。

2）心理素质。一个优秀的推销人员必须具备良好的心理素质，主要包括性格外向、善于容忍、有坚强的毅力和上进心、富有幽默感。

3）业务素质。推销员必须熟悉公司发展史，对公司历年财务、人员状况、领导状况及技术设备都了如指掌，推销员应该是产品专家，应全面了解从产品设计到生产的全过程，还应全面掌握产品种类、设备状况、服务项目、定价原则、交货方式、付款方式、库存、运输条件等。了解顾客购买决策依据，以及顾客的购买条件、方式和时间，深入分析不同顾客的心理、习惯、爱好和要求。推销员还应具备相应的法律素质，讲究必要的推销礼仪。

4）身体素质。必须具备健壮的体格和健全、灵活的大脑，从而保持旺盛的精力。

（2）推销人员的组织结构形式

1）地区结构式：即每个（组）推销人员负责一定地区的推销业务。

2）产品结构式：即每个（组）推销人员负责一种或几种产品的推销业务。

3）顾客结构式：根据顾客的行业、规模、分销渠道的不同而分别配备不同的推销人员。

4）综合结构式：以上三种结构的综合组织结构方式。

（3）推销人员的业绩评估

对推销人员的业绩评估主要考核以下指标：

1）销售数量指标；

2）访问顾客的次数；

3）新用户的增加数量（或市场占有率的提高）；

4）销售完成率＝实际销售额/计划销售额；

5）销售费用率＝推销费用/总销售收入。

胜—胜商议销售原则

推销技术的创新固然重要，推销观念的创新更为关键。传统的推销原则是务必用各种方法取得订单，即使用迷惑、胁迫、欺诈的方法也行；传统的推销员绩效考评也以订单为主要依据。在这种制度下，销售人员必然以订单为目标，视每个订单的获取为独立事件，其结果是每开辟一个"战场"只能做成一笔交易，要取得第二笔交易就必须去开辟第二个"战场"，因为没有客户希望被再次诱导、胁迫。这样一来，促销工作的难度和效率便可想而知。1985年，罗斯·雷克将销售观念进行了创新。他提出的胜—胜商议即胜—胜销售原则认为：订单的签订只是交易的开始，是与客户合作的开始，完成才是交易的结束。在这种观念下，销售人员变得更加关注产品售后服务以及客户的满意度，从而提高了促销服务的质量，最终使销售人员获得了双重的回报：一是老顾客的重复购买；二是老顾客自告奋勇地介绍新顾客。至此，老顾客已转化为一股新的销售力量。

知识点三：广告宣传

1. 广告的含义及构成要素

（1）广告的含义

广告有狭义和广义之分。营销学中的广告是狭义的广告，指法人、公民和其他经济组织为推销商品、服务或观念，通过某种媒介向公众发布有关信息的活动。它是企业在促销中应用最广泛的方式之一。

（2）广告的构成要素

广告要成功地运行离不开五个要素，即广告主、广告代理公司、广告媒体、广告受众和广告信息。

1）广告主。广告主是为推销产品或服务，自行或委托他人设计、制作、发布广告的法人、其他经济组织或个人。广告主是整个广告活动的发起者，是广告信息的发布者和最终付费者，是广告活动法律责任的承担者。

2）广告代理公司。广告代理公司简称广告公司，是受广告主委托提供广告设计、制作代理服务的法人。在广告代理制下，广告公司的主要职能是为客户提供以策划为主导、市场调查为基础、创意为中心，媒体选择并实施手段的全方位、立体化服务。

3）广告媒体。广告媒体是指为广告主或广告主委托的广告代理公司发布广告的法人或其他经济组织。广告媒体是沟通广告主和广告受众的桥梁，是广告信息的载体。

4）广告受众。广告受众又称为广告诉求对象（或广告对象）。广告受众是广告信息的接受者和反馈者。广告受众从广告传播层面上讲，是广告传播活动的终端和目的地，是整个广告运作的客体；从营销的层面上说，广告受众是产品或服务的目标客户。

5）广告信息。广告信息是广告传播的主要内容，包括产品信息、服务信息和观念信息。产品信息主要包括产品的供销、性能、质量、用途、价格、销售时间和地点等；服务信息主要指广告主提供的各种服务；观念信息主要是指广告主通过广告的表现，在受众心中建立起的一种有利于推广产品或服务的消费观念。

2. 广告的分类

企业需要明确进行广告宣传所需要达到的目标，这是广告开发的基础。通常，企业会采用所追求的经济效益和社会效益作为广告的任务目标。广告可以分为告知型、说服型和提醒型三种类型。

（1）告知型广告

告知型广告，顾名思义就是直接向顾客传播某种信息的广告。告知型广告可以是介绍产品的具体信息、价格、使用说明等，也可以是针对市场上的假冒产品进行纠正和辩白。例如，企业将有一种新产品上市，通过广告的方式向公众介绍新产品的用途或使用方法。告知型广告的宗旨是建立顾客信息、打消顾客疑虑，进而建立企业的正面形象。

（2）说服型广告

说服型广告也被称为诱导性广告，是企业希望借由广告的作用改变顾客对企业的看法和态度，进而促使顾客建立品牌偏好。例如，企业通过推销访问方式劝说并诱导顾客接受本企业的产品，放弃竞争企业的产品。说服型广告的宗旨是通过劝说、诱导、说服、品牌对比等手段，让顾客在具有选择性需求的时候，更倾向于本企业的产品，以获得产品的竞争优势，实现品牌的优越性宣传。

（3）提醒型广告

提醒型广告是企业通过提醒、提示的方式让顾客产生购买某种商品的欲望。提醒型广告既可以应用于产品上市，提醒顾客可以去哪里购买，也可用于正处于成熟期的产品。例如，企业会在产品销售淡季时进行广告宣传，以提醒顾客不要忘记该产品。提醒型广告的宗旨是不断加强顾客的产品认知，让顾客确信他们的选择是正确的。

3. 机电产品的广告宣传方法

（1）广告媒体的种类

企业的广告作品最终要通过一定的媒体传达给客户，可供企业选择的媒体种类日益增多，主要有以下几种形式。

1）电视。电视是信息高度集中和浓缩的媒体。电视广告兼有报纸、广播和电影的视听特色，以声、像、色兼备，听、视、读并举，生动活泼的特点成为最现代化也最引人注目的广告形式。电视广告覆盖率高，但不易针对目标受众进行宣传。与广告媒体一样，电视也是瞬时媒体，受众对电视广告所持的是"爱理不理，可有可无"的态度，要使电视广告成为面对面的销售方式，就要在创意方面加倍努力，以独特的技巧和富有吸引力的手法传达广告信息。

通常考虑到电视观众一般不具备专业素养，大型机电企业只通过电视宣传自己的企业文化，而不会对某一机电产品进行电视广告宣传。

2）报纸。报纸长期居于广告媒体的首位，具有发行普遍、及时、发行地点明确，便于选择等优点。报纸的读者广泛、分层面、适应性强、时效性强，而且报纸广告没有阅读时间限制，同时报纸是印刷品，可以保存。但是报纸印刷粗糙，无法表达有些产品的特点，如打印机逼真的打印效果是报纸很难展示出来的。

机电企业一般选择在专业性比较强的行业报纸做广告，而不在普通报纸上做广告宣传。

3）期刊。期刊有效时间长，印刷精美，广告编排紧凑整齐，篇幅无限制，保存方便，受众相对比较集中，尤其是专业期刊，如《机床与液压》《现代制造技术》《机电一体化技术》，读者都是专业人士，广告效果比较好。但期刊广告不灵活，企业需要提前一个多月与期刊社预订版面。

4）广播。广播是通过电台播音员向顾客介绍产品特点的一种媒体。其优点是传播速度快，传播范围广，受众比较集中，制作简便，成本较低。缺点是信息无法保存，传播及记忆效果较差。基于机电产品的营销特点，一般不在广播上做广告。

5）网络媒体。网络媒体是20世纪人类发明的最具有价值的传播媒体之一。网络广告实现了广告主与广告受众之间的双向沟通，它利用最先进的虚拟显示界面设计来使客户达到身临其境的感觉，并给其带来全新的体验。与传统广告媒体相比，网络广告的发布费用较低，且能获得同等的广告效应。但由于目前网络广告在定价标准、效果测评、规范监督等方面尚没有形成统一的标准，使得虚假、欺诈性广告信息损害了公众利益，导致网络广告信息的可信度较低。

6）户外媒体。户外媒体的优点主要有形态多样，适应性强，制作费低，持续性强，主题醒目，色彩鲜艳，文字简明，易于记忆，便于欣赏及美化环境。其缺点是受场地限制、缺乏机动性、影响范围小及观众选择性差等。随着经济的发展，户外广告的形式也在不断增加，例如，公交广告，它与其他户外广告不同：公交车为广告客户提供了流动媒体，使广告信息有着终年稳定的影响面。公交广告还包括车身广告、车内展示广告和拉手广告。

如表 7-1 所示，试讨论机电企业适合采用什么类型的广告媒体进行产品宣传。

表 7-1 不同媒体宣传的优缺点

媒 体	优 点	缺 点
报纸	灵活、及时、广泛、可信	不易保存、表现力不高
杂志（专业）	针对性强、保存期长	传播有限、不及时
广播	速度快、传播广、成本低	只有声音、不易保存
电视	感染力强、触及面广	针对性不足、成本较高
互联网（专业网）	信息量大、交互沟通、成本较低	用户尚待发展
直接邮寄	选择性强	可能造成滥寄、成本高
户外广告	展露时间长	缺乏创新
黄页	本地覆盖面大、成本低	高竞争、创意有限
新闻报道	选择性强、交互机会多	广告注意度不够、形式单一
广告册	灵活性、全彩色	成本高、传播面窄
电话	触及面广	用户可能不接受

通用电气的智能电网项目宣传

通用公司开发了一项智能电网项目，期望通过该项目对美国国内的旧电网进行整体维修，改善其工作效率，确保能够持续性地向全国输送风能、太阳能等可再生能源，该项目被认为非常具有现实意义。

通用公司为了让更多的民众了解并支持项目内容，开展了一系列强有力的宣传工作。除了印刷宣传单，在电视和互联网上进行广告宣传等传统的营销传播方式外，公司还专门针对该项目制作了一个宣传视频。

视频具有丰富的创意，而且技术先进。在视频中，《绿野仙踪》里面的稻草人来到了输电塔顶，在塔顶一边跳一边唱。同时，利用视频的旁白将项目的理念宣传给大家，那就是：智能电网令我们分配电力的方式更智能、更有效率。

另一则有趣的在互联网上播放的宣传广告片将公众的视线都吸引进来，通过广告中提供的信息链接，人们得以了解通用公司智能电网项目的具体内容和根本意图。

（2）影响企业选择广告媒体的因素

企业在选择广告媒体时应考虑以下几个因素。

1）产品因素。如果是技术性复杂的机械产品，宜采用样本广告，它可以较详细地说明产品性能，或用实物表演刺激用户感受。一般消费品可采用视听广告媒体。

2）目标客户的媒体接触习惯。企业选择广告媒体时要充分考虑诉求对象的媒体接触习惯，将广告信息有效地传达给目标受众。如针对工程技术人员的广告，应选择专业杂志作为媒体；推销玩具和化妆品等最好选择电视作为媒体。

3）媒体的传播范围和影响力。广告宣传选择的媒体范围要和商品推销的范围一致。同时，要考虑媒体的发行量、信誉及频率等。

4）广告预算。广告主投入广告活动的资金费用使用计划中，媒体费用占很大的比例。一个广告主能承担的全部广告费用的能力，对广告媒体的选择将产生直接的影响。

4. 广告效果的评估

广告效果是指广告信息通过媒体传播后所产生的社会效应。这种效应包含两个方面：一是对企业产品销售的效应，称之为销售效果；二是企业与社会公众的有效沟通效应，称之为传播效果。

最常用的广告效果测定方法有模拟销售检验、客户试用、售后检验和调查检验。

（1）模拟销售检验

模拟销售检验是指通过人为的办法"选"一个销售环境，以此检验广告的促销功能。譬如"盲目销售检验"，就是将包装好产品上的商标拿掉，摆在货柜上，每种商品后面有说明卡片，上面分别有一则不同的广告，最后看哪种商品销量大，就说明哪种卡片上的广告促销功能大。

（2）客户试用

将一组同类产品放在客户面前，客户可以是企业内部的员工，也可以是部分有兴趣的顾客。产品均配以不同的广告，然后检验客户对广告的反应、对相应产品的购买意向和购买结果。这种办法的优点是速度快，检验的是真正的客户，费用也不高。其缺点是顾客不是主动地选购，而是被动地回答，购买行为不自然，而且由于客户表达能力的不同，有些意见和想法难以准确表达。

（3）售后检验

这是最直接也是最有效的一种方法：对广告发布前后的销售额进行比较，从中得出广告的促销功能。这种方法的优点是简便易行，立竿见影，直接和企业销售量挂钩。不足之处是无法将广告促销的效果和同时作用的其他促销办法（如人员促销、公共关系）的效果区分开来。

（4）调查检验

调查客户对广告的看法。可以将同一则广告发布在不同的媒体上（电视、报纸及广播等），询问哪一种效果好；也可以准备两则广告发布在同一份报纸上，今天刊登一则广告，明天刊登一则广告，然后询问哪一种广告效果较好，再决定取舍。

广告的 5M 要素

由于广告费用高，广告策划部是用钱部门，国内一些企业的员工便认定在广告部任职是美差，因为广告投入无明确的效益评价指标。目前，大部分企业对广告的监控主要表现为对广告的计时而忽略或缺乏对质量的监控，从而造成广告投入的失控，对企业盈利构成了极大的威胁。因此，利用现代化的信息技术、应用现代营销理论实现广告功能成本比值最大的目标已迫在眉睫。企业如何制定更高效的广告方案呢？广告方案的制定通常需要进行五项基本决策，即 5M 要素：

- 任务（mission）：广告的目标是什么？
- 资金（money）：要花多少钱？
- 信息（message）：要传送什么信息？
- 媒体（media）：使用什么媒体？
- 衡量（measurement）：如何评价结果？

撰写《×××（机电产品名称）促销组合方式分析报告》

1. 任务组织

以小组为单位，小组规模一般为 3~5 人，每小组选举小组长 1 名，负责协调小组的各项工作，教师提出必要的指导和建议，组织学生进行经验交流，并针对共性问题在课堂上组织讨论和专门讲解。

2. 任务内容

每组从教师处领取不同类型的机电产品（①电器元件类；②通用零件类；③汽车配件类；④叉车类；⑤机床配件类；⑥机床刀具类；⑦液压与气动元件类；⑧控制元件类；⑨工具类等），对其进行促销组合方式分析。

各组从促销目标、产品性质、产品生命周期、市场特点、促销预算保障、促销管理水平、促销时机的选择等方面进行深入的调查与分析，小组内成员进行充分讨论，根据分析结果撰写本组的《×××（机电产品名称）促销组合方式分析报告》（格式参见"样本"）。

3. 任务考核

每小组由组长代表本组汇报任务完成情况，同学互评，教师点评，然后综合评定各小组本次任务的实训成绩。具体考核见表 7-2。

表7-2 机电产品促销方式分析报告任务考核表

考核项目	考核内容	分　　数	得　　分
工作态度	按时完成任务	5分	
	格式符合要求	5分	
任务内容	促销目标分析正确	10分	
	产品性质分析准确、清晰	5分	
	产品生命周期分析准确	10分	
	市场特点分析正确	5分	
	促销预算分析恰当	5分	
	促销管理水平分析准确	5分	
	促销时机的选择恰当	5分	
	结论符合实际情况	20分	
团队合作精神	团队凝聚力强	5分	
	同学间有良好的协作精神	5分	
	同学间有相互服务的意识	5分	
团队间互评	该团队较好地完成了本任务	10分	

样本：

×××（机电产品名称）促销组合方式分析报告

一、概述
1. 调查目的
2. 调查说明（时间、方式等）
3. 样本描述（被调查产品的类型）

二、情况分析
1. 促销目标分析
2. 产品分析（产品性质、产品生命周期等）
3. 市场分析
4. 促销预算分析
5. 促销管理水平分析
6. 促销时机分析

三、结论
促销组合方式选择。

任务二　运用机电产品常用的销售促进方法

2005年,某家机电元器件制造公司由于前几年销售状况良好,经过一段时间的创业后准备趁大好形势进行一系列的市场扩张,打开新的市场局面。为了有效并快速地实现这些想法,公司高层经过商量决定请一家专业的公司来策划这次的市场拓展大行动。他们请了当地比较有名气的一家广告公司A,据当地企业反映,这家公司口碑还不错,也曾经做过很多成功案例,特别是在烟酒行业。A公司以200万元重金接下案子之后,经过一系列周密的市场调研和市场分析,提出了一套相当有分量的市场推广方案。经过大半年的项目实施后,企业发现市场反应并不明显,而且经过最近一段时间的销售数据统计,市场销售份额不但没有上升,反而下降了。企业非常困惑,2006年下半年,他们找到有关专家,经过一系列的沟通和调查之后,发现了一系列的问题:

1)目标客户群的定位有偏差;此机电设备公司的目标客户群大部分是设计院和系统集成公司而非直接的终端客户。他们需要找这些设计公司把他们的元器件设计到给客户的方案当中去。A广告公司把客户群错误地定位为终端客户,所以导致后面一系列的推广失误。

2)在广告选择上,他们采取了电视广告的方式,这样虽然受众面广,但他们的目标客户很少,而且电视广告费用也非常昂贵。

3)随着市场的发展,客户购买趋于理性化,但是此广告公司的推广却在这方面相当欠缺,只是限于一些直观的广告宣传,企图用广告来获取客户的认同和信任。

思考:
该公司应该采取哪些销售促进措施?

知识点一:销售促进概述

1. 销售促进的含义

销售促进又称为营业推广,是指以人员或非人员的方式传递商品信息,激发客户的购买欲望,诱导客户采取购买行动的一系列活动。其目的是激发客户购买和促进经销商的销售率,其方式有陈列、展出、展览表演和许多非常规、非经常性的销售尝试。

2. 销售促进的类型

(1)针对用户的销售促进

针对用户的销售促进可以鼓励老顾客继续使用,促进新顾客选用,动员顾客购买新产品或更新设备，引导顾客改变购买习惯，或培养顾客对本企业的偏爱行为等。其方式有许多种，主要有向客户赠送样品或试用样品、现场示范及组织展销。企业将一些能显示企业优势和特征的产品集中陈列，边展边销。

（2）针对中间商的销售促进

针对中间商销售促进的目的是鼓励批发商大量购买，吸引零售商扩大经营，动员有关中间商积极购存或推销某些产品。其方式主要有批发回扣、推广津贴、销售竞赛、交易会或博览会及工商联营等。

中间商包括销售批发商、代理商、寄售商、经纪商和零售商等。零售商又可分为专业商店、百货公司、超级市场及方便商店（便利店）等。促销策划中的中间商销售促进，是指对上述各种类型的中间商展开的一系列销售促进活动。中间商促销的目标对象是本品牌产品的各种销售者，令他们大量进货。其焦点在于提高中间商的进货意愿。如果零售商没有本品牌的产品，企业的业绩就无从提升，更谈不上利润。

（3）针对销售人员的销售促进

针对销售人员的销售促进主要是鼓励销售人员热情推销产品，或处理某些老产品，或促使他们积极开拓市场。其方式主要有：销售竞赛（如有奖销售、比例分成等）及免费提供人员培训（如技术指导等）。

美国 IBM 公司在 1987 年年底企业不景气时，让 5000 多名生产线上的工人改行搞推销，结果很快使企业销售额增长 20%，收益上升 16%。因此，企业需要拥有一支优秀的推销员队伍，更需要不断地开展对推销员的销售促进活动，以使这支队伍永远是一支高效率、能攻坚的作战团队。

知识点二：销售促进的特点

1. 直观的表现形式

许多销售促进的手段具有吸引注意力的作用，可以打动客户使其立即购买本企业的产品，促使一些品牌转换者最终成为本企业的品牌忠实者。

2. 灵活多样，适应性强

可根据顾客心理和市场营销环境等因素，采取针对性很强的促销方法，如赠送优惠券、价格减让、赠送奖品、免费使用等引起客户的注意，促使其立即购买，在较大范围内收到立竿见影的功效。

3. 有一定的局限性和副作用

有些方式会显现出卖者急于出售的意图，容易造成顾客的逆反心理。如果使用太多，或使用不当，客户会怀疑此产品的品质及产品的品牌，或产品的价格是否合理，给人以错误感觉。

知识点三：机电产品的促销

1. 机电产品常用的促销手段

由于机电产品的市场取决于生产工艺与实际需求等特点，所以其促销与普通消费品有所不同。针对用户、中间商和销售人员，机电产品的主要促销手段有以下几种。

（1）针对用户的促销方法

1）赠送。向机电产品用户赠送样品或让其试用样品，主要针对有潜在需求的用户，这是介绍机电产品最有效的方法之一，但费用较高。

2）试用。无条件试用比较适合机电产品的促销。机电企业可以通过免费试用的方式吸引客户，可以同意客户免费试用3个月，如果试用后客户满意就购买，不满意则运回企业。

3）产品保证。在客户对机电产品质量不确信，或者在几家竞争者的选择中举棋不定时，企业可以提供比竞争对手更长的质保期，以吸引客户。

4）租赁。当企业对某一机电设备只是临时需要，或者暂时无能力购买时，机电企业可以采取租赁的方式进行促销。

5）以旧换新。可以通过以旧换新促进机电产品用户对机电产品产生更新换代的决心，同时确保老用户的忠诚度。

6）现场展示。企业通过现场展示和演示，可以使客户了解机电产品的优势和特点，将一些技术性较强的产品的使用方法介绍给客户。

7）信用赊销。机电企业对信用可靠的企业可以采取赊销的方式来促进销售。对不同信誉程度的企业，可以采取不同的比例赊销，但在目前的市场条件下，采取赊销方式要慎之又慎。

8）互购互惠。互购互惠即买卖双方互购产品，如汽车制造厂家从机床制造公司购买机床，机床制造公司从汽车制造厂家购进汽车。

9）人员培训。当客户对新推出的机电产品或技术不了解、不熟悉时，机电企业可以通过办培训班的方法进行促销。

（2）针对中间商的促销方法

1）推广津贴。机电企业为促使中间商销售本企业产品并帮助推销产品，支付给中间商一定的推广津贴。

2）销售竞赛。机电企业可根据中间商销售本企业产品的业绩，分别给优胜者以不同的奖励，如现金奖、实物奖及度假奖等。

3）销售奖励。机电企业为争取批发商或零售商多购进自己的产品，在某一时期内可给予中间商一定的奖励。

（3）针对销售人员的促销方法

1）销售竞赛。为鼓励销售人员积极开拓新市场，可采取有奖销售、比例分成等方式。

2）人员培训。为了保证促销顺利实施，机电企业可以进行销售人员培训，提供技术指导。

一些大型企业为了宣传产品，就曾租用直升机投放奖品、宣传品以扩大声势，造成轰动效应，吸引客户，其结果是虽然制造了新闻，但只是在一定程度上提高了企业和产品的知名度。这种促销形式有一定的效果，但是却不能长期使用。此外，若方法运用不当，还可能造成极大的负面影响。比如，一些企业为推销新产品而采用免费赠送样品的方法，时间一长，客户习惯于免费使用，就不再有花钱购买的欲望了。因此，选择正确的销售促进方式十分重要。

2. 机电产品的促销流程

在进行机电产品促销时，应确定促销目标、选择促销手段、制定促销方案并评价促销结果。

（1）确定促销目标

对于机电产品客户而言，促销目标包括鼓励客户更多地使用机电产品和促进其大量购买；争取未使用者使用，吸引更多的潜在使用者。就零售商而言，促销目标包括吸引零售商经营新的机电产品品种和维持合理的存货，抵消各种竞争性促销的影响，建立零售商的品牌忠诚度和获得进入新的零售网点的机会。就销售队伍而言，促销目标包括鼓励他们支持一种新机电产品或新型号的商品，激励他们寻找更多的潜在用户。

（2）选择促销手段

机电企业营销人员必须考虑下列一些因素来确定机电产品促销手段的选用：一是具体目标，二是目标对象的特点，三是产品的特点，四是销售渠道的特点，五是法律的约束，六是竞争环境。例如，小件机电产品可以适当采用免费赠送或买一送一手段，而大件机电产品则更适合采用打折与提高售后服务的销售促进手段。

（3）制定促销方案

促销方案应该包括的因素：一是费用。营销人员必须决定准备投入多少费用进行促销；二是对象。产品可以提供给任何人或选择出来的一部分人；三是促销措施的分配。营销人员必须确定怎样去促销和如何分配促销渠道及采取何种促销措施；四是销售促进时间。调查结果表明，最佳的频率是每季进行三周的促销活动，最佳持续时间是产品平均购买周期的长度。五是销售促进的总预算。

汇报交流：×××（机电产品名称）促销实施方案

1. 任务组织

以小组为单位，小组规模一般为3~5人，每小组选举小组长1名，负责协调小组的各项工作，教师提出必要的指导和建议，组织学生进行经验交流，并针对共性问题在课堂上组织讨论和专门讲解。

2. 任务内容

每组从教师处领取不同类型的机电产品（①电器元件类；②通用零件类；③汽车配件类；④叉车类；⑤机床配件类；⑥机床刀具类；⑦液压与气动元件类；⑧控制元件类；⑨工具类等），对其进行产品促销实施方案分析。

各组从所选产品可选的销售促进手段、销售促进实施过程进行充分讨论，分析产品促销实施方案。

3. 任务考核

每小组由组长代表本组汇报任务完成情况，同学互评，教师点评，然后综合评定各小组本次任务的实训成绩。具体考核见表7-3。

表7-3 产品销售促销实施方案任务考核表

考核项目	考核内容	分数	得分
工作态度	按时完成任务	5分	
	汇报准备充分	5分	
	汇报效果理想	10分	
任务内容	产品特点分析正确	10分	
	市场分析准确	5分	
	客户特点分析恰当	5分	
	促销目标分析准确	5分	
	促销手段分析、选择恰当	10分	
	促销方案完整	20分	
团队合作精神	团队凝聚力强	5分	
	同学间有良好的协作精神	5分	
	同学间有相互服务的意识	5分	
团队间互评	该团队较好地完成了本任务	10分	

任务三 运用机电产品的公关方法

有一个小企业参加展会时发现自己的位置比较偏僻，很难被用户发现。由于这个企业是以服务周到标榜自己的营销特色的，因此经理决定在这个展会上树立自己服务周到的形象，将自己企业的营销特色再加强，因此印制了写有这样一句话的卡片：当你参观口渴了的时候，请持该卡片到某展台领取饮料一瓶，并派人在展会上向参观者发放。结果几乎所有收到卡片的参观者都到访了他们的展台。他们在展台上打出横幅：某某公司，愿意为您服务！

1000瓶饮料加上卡片的潜能有多少，可是他们却比那些花了几万元进行装饰的大公司更抢眼。人们都记住了这个善于为用户服务的公司。

思考：

还有没有其他一些措施使参观者记住你的公司？

知识点一：公共关系概述

1. 公共关系的含义

公共关系（Public Relations）是指某一组织为改善与社会公众的关系，促进公众对组织的认识、理解及支持，达到树立良好组织形象、促进商品销售的目的的一系列促销活动。它的本意是工、商企业必须与其周围的各种内部、外部公众建立良好的关系。它是一种状态，任何一个企业或个人都处于某种公共关系状态之中。它又是一种活动，当一个企业有意识、自觉地采取措施去改善自己的公共关系状态时，就是在从事公共关系活动。

作为促销组合的一部分，公共关系的含义是指这种管理职能：评估社会公众的态度，确认与公众礼仪相符合的政策与程序，拟定并执行各种行动方案，以争取社会公众的理解与接受。

2. 公共关系的特点

公共关系是生产力发展与社会组织分化的产物，在客观环境的各个领域发挥着社会"保健"作用，并影响着人类社会的政治、经济和人文环境，具有多面性、互利性、程序化、目的性、时代性、连贯性及逆转性的特点。

（1）多面性

多面性指公共关系的建立不是个人、社会组织或团体的单边行为，它总会牵涉两个或多个有关联的第三者，是相互影响、相互作用的特性联系。但各关联间相互影响、相互作用的程度不同。

（2）互利性

任何个人、社会组织或团体之间发生的连带关系总是会存在双方的利益，公共关系依靠沟通、交流、协作等手段创造和谐、互惠氛围，对社会活动中各主体利益产生调和作用，这不仅能让公共关系主体受益，也能让客体（公众）受益。

（3）程序化

公共关系随主体与客体相互间情感、利益的紧密成分，呈现出"疏松、普通、至交、亲密"四个关联程度。信息传播到位、沟通融洽、利益一致，则公共关系紧密的程度就高；反之，其紧密的程度就低。

（4）目的性

社会是靠利益结成关联的有机整体，建立公共关系必然会直接或间接地带有某种目的性

（或是情感需求，或是利益需求），反映的是某种价值取向。只有目的明确，公共关系选择的客体才有针对性，采用的沟通、交流、传播、协作手段才能直接、有效，并使公共关系的建立和维护具有价值和意义。

（5）时代性

随着时代进步，公共关系以时代为背景融入社会的大环境之中。不同时期、不同经济发展水平、不同人文特点都会产生不同的公共管理理论、方法和形式。只有适应了时代的公共关系，才能符合社会发展的需要。

（6）连贯性

公共关系的建立和发展是一项长期、系统、烦琐的工程。根据公共关系目的，关系主体需要经过深入调研、周密策划，有效选择有共同利益的客体建立公共关系。同时，需要根据关系双方的利益变化，依托传播、沟通、协调等手段对公共关系进行维护、促进，使公共关系得以持续发展。

（7）逆转性

逆转性是针对公共关系主体与客体的位置而言。因价值需求，公共关系的一方会主动搭建关系桥梁，主动搭建关系桥梁的一方属于公共关系主体，接纳公共关系的一方属于公共关系客体。但随着价值需求程度的转变，一旦客体对公共关系的依赖性增强，便会积极与主体进行角色转换，如主动沟通、交流等。当客体的主动性超越主体时，客体自然就转变成了主体。

知识点二：公共关系的职能

公共关系以建立对社会组织的良好形象为目标，围绕这一目标所开展的具体工作形成其职能范围。在现代社会中，公共关系之所以能迅速地发展起来，其根本的原因在于公共关系自身的职能对组织的生存、发展有着不可替代的重要作用。公共关系的职能广泛而复杂，国内外学者对它的看法和概括也不尽一致，国内外公共关系职能部门的职责范围也有很大差别，但一般来说，公共关系应该具有采集信息、咨询建议、信息沟通及改善形象等职能。

1. 采集信息

（1）组织的内部信息

一是组织形象信息，包括公众对于社会组织领导机构的评价；公众对于社会组织管理水平的评价；公众对于组织内部一般工作人员的评价。

二是产品形象信息，包括名称、商标、性能、特征、质量、价格、优缺点、款式、包装及售后服务等。

（2）组织的外部环境信息

外部环境信息包括经济环境、政治环境、社会环境、科技环境及竞争环境。

（3）组织的公众信息

公众信息包括公众构成、公众需求、公众态度及意见领袖。

（4）组织的整体形象信息

包括组织自我期望形象、组织实际社会形象差距比较及组织形象要素的分析。

阅读材料

组织形象的要素包括知名度、美誉度。知名度指一个组织被公众知晓、了解的程度，是评价组织名气大小的客观尺度，侧重于"量"的评价，即组织对社会公众影响的广度和深度。美誉度指一个组织获得公众欢迎、接纳、信任的程度，是评价组织声誉好坏的社会指标，侧重于"质"的评价，即组织社会影响的美丑与好坏。

2. 咨询建议

咨询建议的内容涉及本企业知名度和可信度的评估和咨询；公众心理的分析预测和咨询；评议本企业的方针、政策及计划。

3. 信息沟通

在企业创建时期，信息沟通的主要任务是争取建立公众对于本企业的良好印象，能够招揽人才，争取投资来源；建立自己的独特风格，如企业产品的命名、商标、广告的制作、代表色的选择，门面的装修。在企业遇到风险时，要弄清事情的原因后区别对待；对公众的误解或他人的陷害，要进行必要的解释，将本企业采取的预防措施向公众宣布；对因企业自身过失危害公众利益，公共关系人员应实事求是，将恶劣影响降到最低限度。

4. 改善形象

改善形象要在企业的内在精神和外显事物上下功夫，提高企业的知名度，增强企业在社会公众中的美誉度，使消费者从心理上产生认同感，赢得消费者的青睐，在竞争中处于不败之地。

知识点三：机电产品营销的常用公关方法

公关是指企业为提高或保护公司形象或产品而设计的各种促销方案。机电企业营销的公关包括以下几方面内容。

1. 企业公关的目的

1）密切与新闻界的关系，吸引公众对某人、某产品或某服务的注意。
2）进行产品宣传报道。
3）开展企业联谊活动。
4）咨询协商。
5）公众舆论调查：事先了解设计师、建筑师、工程师、化学家、采购代理商以及有权决定规格的购买者的态度。
6）信息反馈。
7）安排特别活动。
8）支持相关团体，赞助相关的活动。
9）处理顾客抱怨。

2. 机电企业常用的公关方法

（1）新闻发布会

当企业有重大技术突破或有新产品问世等重大事件，想将信息传达给外界时，可以通过新闻发布会的形式，将企业想传达出去的信息传达给外界。企业采用这种形式不仅费用低而且更有说服力。

> 2017年×××公司（上海）新产品发布及×××产品应用及×××工艺研讨会
> 邀请函
>
> 2017年4月10日　中国上海·×××大厦
>
> 　　×××公司作为国内最主要的×××设备制造企业之一，在近五十年的发展历程中，在电子光学、离子光学和真空物理技术工程等领域取得了科研成果77项，获得国家、科学院和其他部门的奖励40项，取得专利15项，并且成功转制，高速发展，这一切成果都与广大客户的支持有着密切的关系。因此，为了感谢广大客户一直以来对×××公司的支持，更好地服务广大用户，我们特邀请贵单位参与2017年度×××公司新产品发布会及×××产品应用及×××工艺研讨会，共同提高我们的×××设备使用及×××工艺应用水平。
>
> 　　让我们新的产品给您带来新的效益！
> 　　让我们新的技术给您带来新的工艺！
> 　　让我们新的体制给您带来更为贴心的服务！
> 　　让我们在不同领域、不同行业中携手互动，共同发展！
> 　　我们准备了精美的礼品、丰盛的午宴、清香的茶水等着您的到来！
>
> ×××公司
二〇一七年三月十六日

（2）技术论坛

机电企业可以在本行业，特别是本企业所具有的优势技术或新技术领域召开同行技术论坛，通过技术探讨传播技术信息，提升企业的技术先锋形象，获得技术改进的建议，达到在同行业专家中树立本企业机电产品技术领先、质量可靠的形象的目的。技术论坛有时可以在大学相关专业或系举办，给将来可能进入同行业相关岗位的"未来购买建议者或决策者"留下印象。

（3）研讨会与交流会

机电企业可以将用户请来召开与自己企业产品有关的研讨会或交流会，如以某设备在某行业的应用为题的研讨会。通过研讨会可以传递企业的信息，加强用户与企业的联系，帮助用户更好地使用设备。

（4）展览会

展览会是机电企业最常采取的方式，即行业协会等举办的展览会，如机械工业协会的制造业装备展览会，机电企业可以利用产品展览、展销、订货会议等多种形式来陈列其产品并进行示范操作。机电企业的推销人员可以在会上与有购买能力的客户代表乃至高层决策者进行直接沟通，接受询价，引导其进一步的购买行为。

（5）顾问用户

机电企业可以聘请对本企业发展有影响力的大用户为自己的顾问，借以树立以用户为中心的企业形象，拉近与用户的距离，同时得到必要的支持。

此外，机电企业常采取的公关活动还有举办企业峰会、发起行业宣言、进行服务巡礼和进行百年活动等。

3. 企业形象设计

企业形象设计 CIS 或 CI 是 Corporation Identification System 的英文缩写，原意是企业识别系统，意为一个企业或公司用以区别于竞争对手甚至其他企业、团体、机关的各种形象、文字、风格等的综合体，其目的是展露产品特色，突出企业风格、宣传企业文化。它不仅仅是短期的促销工具，也是企业营销发展战略的长远工具。

CIS 具体内容包括三个方面，或者更确切地说，是由低向高三个层次的综合。

（1）视觉识别（Visual Identification，VI）

视觉识别的目的在于从视觉上使本企业的产品、服务、形象区别于其他竞争者。方法很多，包括设计独特的产品商标、颜色、款式、包装，企业的厂牌、厂名，员工的着装及佩戴的厂徽等。例如，看到柯达胶卷，就联想到明艳的金黄色；由可口可乐联想到活力奔放的大红色；娃哈哈的品牌标志是一个又像小孩又像老人的形象，健康奋进的运动员形象则是健力宝的形象代表。

（2）行为识别（Behavior Identification，BI）

行为识别的目的在于从行为举止、行为方式上使本企业员工、服务方式区别于其他竞争者。其方式如饮食从点菜到上菜时间的规定，迎宾员鞠躬角度的规定等。海尔集团规定：凡购海尔空调者，购后 24h 内由公司派员上门安装，安装 1 个月内电话查询使用情况，这种独特的时间规定就是海尔 BI 设计的一部分。

（3）理念识别（Mind Identification，MI）

理念识别的目的在于从理想信念、企业文化、价值观念等思想上使本企业区别于其他竞争者。相对而言，视觉识别设计轻而易举，行为识别设计也可以模仿，理念识别设计最为困难，它包括建立独特的企业文化、企业价值观、企业信仰理念，其外在表现形式可以包括广告词，如三一重工"创建一流企业，造就一流人才，做出一流贡献"就反映了民族产业的企业文化；还可以包括企业的厂训、厂歌等。

公 关 策 略

公关策略是指组织根据环境的状况及组织自身的变化所采取的公共关系行为方式。具体而言，公关策略包括以下几种。

1）建设型公关，是指组织的初创时期，或某一产品、服务刚刚问世的时候，以提高知名度为主要目标的公关活动。这时组织的形象尚不确定，产品的形象也没有在公众的头脑中留下什么印象。此时公关策略应当是以正面传播为主，争取以较大的气势形成良好的"第一印象"。从公众心理学的角度讲，就是争取一个好的"首因效应"。其常用的手段包括：开业庆典、剪彩活动、落成仪式、新产品发布、演示、试用和派送等。

2）维系型公关，是指社会组织在稳定、顺利发展的时期维系组织已享有的声誉，稳定已建立的关系的一种策略。其特点是采取，较低的姿态持续不断地向公众传递信息，在潜移默化中维持与公众的良好关系，使组织的良好形象长期保存在公众的记忆中。

3）防御型公关，是指社会组织公共关系可能出现不协调，或者已经出现了不协调，为了防患于未然，组织提前采取或及时采取的以防为主的措施。

4）进攻型公关，是指社会组织与环境发生某种冲突、磨擦的时候，为了摆脱被动局面，开创新的局面，采取的出奇制胜、以攻为守的策略。组织要抓住有利时机和有利条件迅速调整组织自身的政策和行为，改变对原环境的过分依赖，以便争取主动，力争创造一种新的环境，使组织不致受到损害。

5）矫正型公关，是社会组织公共关系状态严重失调，组织形象受到严重损害时所进行的一系列活动。社会组织要及时进行调查研究，查明原因，采取措施，做好善后工作，平息风波，以求逐步稳定舆论，挽回影响，重塑组织形象。矫正型公关是危机公关的组成部分，如组织发生各种危机后采用的各种赔偿、致歉和改组等活动。

撰写《×××（机电企业名称）公关策划方案》

1. 任务组织

以小组为单位，小组规模一般为3~5人，每小组选举小组长1名，负责协调小组的各项工作，教师提出必要的指导和建议，组织学生进行经验交流，并针对共性问题在课堂上组织讨论和专门讲解。

2. 任务内容

每组从教师处领取不同类型的机电产品企业（①电器元件类；②通用零件类；③汽车配件类；④叉车类；⑤机床配件类；⑥机床刀具类；⑦液压与气动元件类；⑧控制元件类；⑨工具类等），为其设计公关策划方案。

各组根据所选产品类企业从公共职能、公关方法、企业形象设计等进行深入的调查与分析，小组内成员进行充分探讨，根据分析结果撰写本组的《×××（机电企业名称）公关策划方案》。

3. 任务考核

每小组由组长代表本组汇报任务完成情况，同学互评，教师点评，然后综合评定各小组本次任务的实训成绩。具体考核见表7-4。

表7-4 公关策划方案任务考核表

考核项目	考核内容	分　数	得　分
工作态度	按时完成任务	5分	
	格式符合要求	5分	

（续）

考核项目	考核内容	分　　数	得　　分
任务内容	企业产品用途分析正确	10分	
	企业客户现状分析准确	10分	
	企业公关职能确定合理	15分	
	采取的公关方法得当	15分	
	企业形象设计得体	15分	
团队合作精神	团队凝聚力强	5分	
	同学间有良好的协作精神	5分	
	同学间有相互服务的意识	5分	
团队间互评	该团队较好地完成了本任务	10分	

职业能力训练

一、填空题

1. 促销组合要素主要有_____、_____、_____和_____四种。
2. 促销的基本策略类型有_____和_____。
3. 公共关系的职能包括_____、_____、_____和_____。
4. 企业形象设计类型包括_____、_____和_____。

二、简答题

1. 影响企业促销组合的因素有哪些？
2. 人员推销的任务有哪些？
3. 影响广告媒体选择的因素有哪些？
4. 机电企业公关的常用方法有哪些？
5. 销售促进（促销）的实施过程有哪些步骤？
6. 机电产品的促销手段有哪些？

项目八

签订机电产品销售合同及鉴别常用票据

> **知识目标**

1. 了解合同及其作用。
2. 了解合同法。
3. 熟悉机电产品营销合同的签订方式及相关注意事项。
4. 了解机电产品营销过程中的常见票据。

> **技能目标**

1. 会根据案例拟定、填写机电产品营销合同。
2. 会填写机电产品营销过程中的相关票据。

> **提交成果**

1. 一份机电产品营销合同。
2. 填写完整、规范的常见机电产品营销票据。

开篇案例

甲乙两公司采用合同书的形式订立了一份买卖合同,双方约定由甲公司向乙公司提供100台精密仪器,甲公司于8月31日前交货,并负责将货物运至乙公司,乙公司在收到货物后10日内付清货款。合同订立后双方均未签字盖章。7月28日,甲公司与丙运输公司订立货物运输合同,双方约定由丙公司将100台精密仪器运至乙公司。8月1日,丙公司先运了70台精密仪器至乙公司,乙公司全部收到,并于8月8日将70台精密仪器的货款付清。8月20日,甲公司掌握了乙公司转移财产、逃避债务的确切证据,随即通知丙公司暂停运输其余30台精密仪器,并通知乙公司中止交货,要求乙公司提供担保,乙公司及时提供了担保。8月26日,甲公司通知丙公司将其余30台精密仪器运往乙公司,丙公司在运输途中发生交通事故,30台精密仪器全部毁损,致使甲公司8月31日前不能按时全部交货。9月5日,乙公司要求甲公司承担违约责任。

思考：
甲乙公司订立的买卖合同是否成立？

任务一　领会合同法基础知识

甲公司与乙公司于 5 月 20 日签订了设备买卖合同，甲为买方，乙为卖方。双方约定：(1) 由乙公司于 10 月 30 日前分两批向甲公司提供设备 10 套，价款总计为 150 万元；(2) 甲公司向乙公司支付定金 25 万元；(3) 如一方延迟履行，应向另一方支付违约金 20 万元；(4) 由丙公司作为乙公司的保证人，在乙公司不能履行责任时，丙公司承担一般保证责任。

合同依法生效后，甲公司因故未向乙公司支付定金。7 月 1 日，乙公司向甲公司交付了 3 套设备，甲公司支付了 45 万元货款。9 月，该种设备价格大幅上涨，乙公司向甲公司提出变更合同，要求将剩余的 7 套设备价格提高到每套 20 万元，甲公司不同意，随后乙公司通知甲公司解除合同。11 月 1 日，甲公司仍未收到剩余的 7 套设备，从而严重影响了其正常生产，并因此遭受了 50 万元的经济损失。于是甲公司诉至法院，要求乙公司增加违约金数额并继续履行合同，同时要求丙公司履行一般保证责任。

思考：
(1) 乙公司通知甲公司解除合同是否合法？请说明理由。
(2) 甲公司要求增加违约金数额依法能否成立？请说明理由。

从人类早期的以物易物的交换不断发展到以货币为媒介的商品交换，后来又从一般的商品交换发展到现代高度发达的商品经济，合同均被广泛运用。因此，可以说合同维持着社会生活中最普遍、最重要的法律关系。

知识点一：合同的订立、履行、变更与转让

合同是平等主体的自然人、法人及其他组织之间设立、变更和终止民事权利及义务关系的协议。

我国现行《中华人民共和国合同法》是于 1999 年 3 月 15 日在全国人民代表大会第二次会议上通过的，并于 1999 年 10 月 1 日起施行。在此之前实行的《中华人民共和国经济合同法》《中华人民共和国涉外经济合同法》《中华人民共和国技术合同法》同时废止。

合同共分 23 种不同的类型，主要有买卖合同、供用水电气合同、借款合同、承揽合同、建设工程合同、运输合同、技术合同、保管合同、仓储合同、委托合同、行纪合同等。

1. 合同的订立

合同的订立有助于稳固合同中双方或多方的关系，使双方或者多方的协作关系建立在"诚信无欺，互相信任"的基础之上。其作用主要表现为：一是可以规范当事人的签约行为，增强法律意识，减少合同纠纷；二是可以避免合同出现漏洞，杜绝在签约中存在的显失公平和违法现象；三是可以明确当事人各自的权利、义务，方便全面实际地履行合同；四是即使发生纠纷，也容易举证，请求法律保护。

（1）合同的意义

合同本身虽不能带来经济效益，但是法律赋予合同的约束力以及由这种约束力建立起来的良好的经济流转秩序，可以使一个国家、一个地区的经济建设健康、稳步、协调地发展。

1）订立合同是为了保护合同双方当事人的合法权益，维护社会经济秩序。

2）合同双方当事人的法律地位平等，任何一方不得将自己的意志强加于另一方。

3）双方当事人依法享有自愿订立合同的权利，任何单位和个人不得非法干预。

4）当事人应当遵循公平原则确定各方的权利和义务。

5）依法签订成立的合同，对双方当事人都具有法律约束力，双方当事人必须按照合同上的约定来履行自己的义务，不得擅自变更或者解除合同；同时依法签订成立的合同受法律保护。

（2）合同的内容

合同的内容由双方当事人约定，一般包括以下八项主要条款：

1）当事人的名称或者姓名和住所。

2）标的（产品名称、型号规格）。

3）数量。

4）质量要求。对质量要求不明确的按照国家标准、行业标准或企业标准履行。

5）单价、金额、结算方式。

6）履行期限、供货时间、交货地点和交货方式。

7）违约责任。

8）解决争议的方式，一般都是双方协商解决，如果双方协商不成，则提交人民法院通过民事诉讼。

另外就是其他约定事项。

当事人可以参照各类合同的示范文本订立合同。

（3）订立合同时的注意事项

1）当事人订立合同，双方均应具有相应的民事权利能力和民事行为能力，必须具有法人资格的独立主体；当事人依法可以委托代理人签订合同。

2）当事人双方订立合同，有书面形式、口头形式和其他形式。但是法律、行政法规定要采用书面形式的，就应当采用书面形式，或者是当事人双方约定要采用书面形式的也应该采用书面形式。

3）书面形式包括合同书、信件、电报、电传和电子邮件等。

4）当事人用书面形式订立的合同，自当事人签字或盖章（合同专用章、公章）后即成立并生效。

5）当事人用书面形式订立合同，双方当事人签字或者盖章的地点为合同成立的地点或者合同上已明确注明一方所在地为合同签订地。

6）采用书面形式订立的合同在签字或盖章之前，当事人一方已经履行了主要义务，对方也表示可以接受的，该合同也算成立。

7）当事人在订立合同过程中有下列情况之一，给对方造成损失的，应当承担损害赔偿责任。

① 违背了诚实信用原则的。

② 假借订立合同恶意进行磋商。

③ 故意隐瞒与订立合同有关的重要事实或者提供虚假情况。

8）当事人在订立合同的过程中知悉对方的商业秘密，无论合同是否成立，不得泄露或者不正当地使用，否则如给对方造成损失，则应当承担损害赔偿责任。

2. 合同的履行

（1）按约定履行

1）订立合同的双方当事人应当按照约定履行自己的义务，包括质量、价格、地点、期限、费用等。当事人应当遵循诚实信用的原则，根据合同的性质、目的和交易习惯履行通知、保密等义务。

2）合同生效后，当事人对质量要求、履行地点等内容没有约定或者约定不明确的，可以签订补充协议；不能签订补充协议的，只能按照合同有关条款或者交易习惯确定。

3）合同生效后，当事人不得因名称的变更或者法定代表人、负责人、经办人的变动而不履行合同的义务。

（2）按合同法履行

当事人就有关合同内容约定不明确，依照上述规定仍不能确定的，合同法有下列规定。

1）对质量要求不明确的，按照国家标准、行业标准、省区企业标准履行；没有以上标准的则按照通常标准或者附有合同标的地的特定标准履行。

2）对价格不明确的，按照合同签订履行地的市场价格履行；依法应当执行政府定价或者政府指导价的按照规定履行。

3）对履行地点不明确的，给付货币的，在接受货款的一方所在地履行（也就是在供方所在地履行）；交付不动产的，在不动产所在地履行；其他标的，在履行义务一方所在地履行。

4）对履行期限不明确的，双方均可以随时要求履行，但是必须给对方一定的准备时间，这个时间可以双方约定。

5）对履行费用的负担不明确的（如运费、包装费），由履行义务的一方（也就是供方）来承担。

6）履行方式不明确的，按照有利于实现合同目的的方式履行。

7）有确切证据能证明对方有下列情况之一的可以中止履行：

① 对方经营状况严重恶化（对方面临破产、倒闭、息业）。

② 对方转移财产、抽逃资金以逃避债务。

③ 丧失商业信誉。

④ 有丧失或可能丧失履行债务能力的其他情况。

⑤ 当事人没有明确证据而中止履行的,应当承担违约责任。

当事人要求对合同中止履行的,应当及时通知对方。如对方能提供担保,应当恢复履行;中止履行后,中止履行的一方可以解除合同。

3. 合同的变更和转让

(1) 合同的变更

1) 当事人双方协商一致后认为需要变更的则可以变更合同。

2) 当事人对合同的变更内容约定不明确的,则推定为未变更。

3) 债权人可以将合同权利的全部或部分转移给第三方。

4) 债务人将合同义务的全部或部分转移给第三方的,应当经债权人的同意。

(2) 合同的转让

债权人转让权利时必须要通知对方(债务人),未经通知,该转让对债务人不发生效力。但有下列情况之一的不得转让:

1) 根据合同性质不得转让的。

2) 按照当事人双方所约定不得转让的。

3) 依照法律法规规定不得转让的。

知识点二:合同的效力与担保

1. 合同的效力

(1) 合同的生效

1) 依法成立的合同,自成立之日起生效。

2) 当事人双方可以对合同的生效时间附加其他有关条件,有附加条件的,自附加条件成熟时生效。

3) 当事人可以对合同效力约定期限,附约定期限的合同,自期限届时生效;附终止期限的合同,自终止期限届满时失效。

(2) 合同的失效

经发现有下列情况之一的,合同无效:

1) 一方以欺诈、胁迫的手段所订立的合同,损害国家利益。

2) 以合法的形式掩盖非法的目的。

3) 恶意串通,损害国家、集体或者第三人利益。

4) 违反法律、行政法规的强制性规定。

5) 损害社会公共利益。

无效的合同自始至终没有法律的约束力。

2. 担保的形式

担保的形式有保证金、抵押、质押、留置和定金。

所谓抵押,按法律规定应当办理抵押物登记,抵押合同自登记之日起生效。

所谓质押,质押合同自质押物移交于质押人占有时生效。

知识点三：违约责任及争端解决

1. 违约责任

（1）一般违约责任

1）当事人的一方不履行合同的或者履行义务不符合约定的，应当承担继续履行、采取补救措施或赔偿损失等违约责任。

2）当事人一方明确表示不能履行合同义务的，另一方可以要求其承担违约责任。

3）当事人可以约定一方违约时应根据违约情况向对方支付一定数额的违约金，也可以约定由于违约后所产生损失赔偿额的计算方法。

4）质量不符合约定要求标准的，一方可以要求另一方承担违约责任。

5）收取定金的，只有当需方履行全部合同义务后，则定金可以收回；如果给付定金的一方不履行约定的合同义务时，无权要求返还定金；已收取定金的一方不履行约定的合同义务时，应当双倍返还定金。

6）当事人双方都有违约行为的，应当各自承担相应的违约责任。

7）约定的违约金低于所造成的损失的，当事人可以请求人民法院予以增加违约金；反之，也可以请求减少违约金。

8）因不可抗力不能履行合同的，根据不可抗力的影响，部分或全部免除责任，但法制另有规定的除外。当事人延期履行后发生不可抗力的，不能免除责任。

所谓不可抗力，是指不能预见、不能避免并不能克服的客观情况。

（2）例外情况

有确切证据证明对方有下列情况之一的，可以中止履行合同：

1）经营状况严重恶化。

2）转移资产、抽调资金以躲避债务的。

3）丧失商业信誉的。

4）有丧失或者可能丧失履行债务能力的。

2. 争端解决方法及说明

（1）争端解决方法

1）当事人可以通过和解或者调解来解决合同的争议。

2）当事人不愿意和解、调解的，或和解、调解不成的可以按合同上确定的合同履行地向人民法院提起诉讼或者向仲裁机构申请仲裁（不过尽量采用诉讼）；如果经判决、仲裁、调解书后，一方拒不履行的，则另一方可以向人民法院申请对其进行强制执行。

3）买卖合同因争议提起诉讼的期限为两年（这两年期限的计算方法是从最后一次的收款时间算起）。

4）诉讼的管辖地，按民事诉讼法规定以合同的履行地或被告的所在地为管辖地，但也可以按双方约定的处理，包括合同的签订地、双方各自所在地、供方所在地、需方所在地、标的物所在地人民法院管辖等。

（2）争端解决的说明

1）所谓仲裁，是指争议双方在争议发生前或争议发生后达成仲裁协议，自愿将争议交

给约定的仲裁机构做出强制执行效力的裁决,然后双方当事人有义务履行裁决的一种方法。此方法一般用于解决经济、民事纠纷,可以仲裁的范围是:买卖合同、技术合同、房地产合同、知识产权、工程建筑、产品质量责任、金融、保险、证券等方面发出的争执、争议。

2)仲裁的特点。实行一裁定局,解决纠纷的时间短,可以避免诉讼;不实行地区管辖和级别管辖;一般不公开进行,这样可防止商业秘密的泄露。

3)申请仲裁需要提交的材料。当事人要提交仲裁申请书及副本、仲裁协议书(包括需要仲裁的条款)以及证明双方权利义务关系的证据材料等。

仲裁申请书应写明当事人的姓名、性别、年龄、职业、单位、住所等;要有具体的仲裁请求和事实、理由;属于仲裁委员会的受理范围内。

4)仲裁与诉讼的区别。这是两种不同的争议解决方式,选择了仲裁就不能同时再选择诉讼,对二者只能取其一。公司之间的争议一般都选择民事诉讼,因为选择民事诉讼可以在诉前对被告进行财产保全,这样争取了主动权;其次仲裁后如对方不履行的话还要提交给人民法院申请执行,所以还不如直接进行民事诉讼。

5)仲裁费用由申请人预交,败诉方承担,当事人部分胜诉、部分败诉的根据双方的责任大小确定各方应承担相应的比例。

合同法知识竞赛

1. 任务组织

把全班同学以3~5人为一组分成小组,以组为单位进行合同法知识竞赛。

2. 任务内容

1)自行学习《中华人民共和国合同法》。

2)以抽题形式,各小组进行抢答。

3. 任务考核

每小组由组长代表本组汇报任务完成情况,同学互评,教师点评,然后综合评定各小组本次任务的实训成绩。具体考核见表8-1。

表8-1 领会合同法任务考核表

考核项目	考核内容	分数	得分
工作态度	按时完成任务	5分	
	掌握程度符合要求	5分	
任务内容	自行学习合同法	30分	
	能为本小组得分	35分	
团队合作精神	团队凝聚力强	5分	
	同学间有良好的协作精神	5分	
	同学间有相互服务的意识	5分	
团队间互评	该团队较好地完成了本任务	10分	

任务二　签订机电产品销售合同

在与客户进行充分买卖谈判后，就要进入机电产品销售合同的签订阶段，签订机电产品销售合同必须遵循国家的各类法律法规，并达到明确从客户订货申请、商务代表录入合同、客户资料审核到签订购销合同的整个过程的目的。

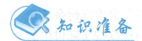

知识点一：签订销售合同的方式

1. 产品销售

产品的销售必须要有《销售发货单》和《销售回执单》，里面应包括产品的名称、数量及单价等，还要明确时间、经办人及盖章签字等。

2. 机电产品交提货方式

机电产品交提货应严格按照规程，见表8-2。

表8-2　机电产品交提货规程表

权　　责	输　　入	流　　程	客户关心事项	输　　出
采购部门、生产单位、装配分厂、营销部门	《缴库单》《材料转移单》《产品缴库单》	交货	产品质量、包装质量、产品标识、包装及搬运方式等	《产品验收结论单》《产品合格证》和《材料质量证明书》
相关单位、生产管理部门、技术部门	包装标准（产品资料、技术通知等）	产品的包装	包装是否符合要求	
采购部门、生产管理部门、相关单位营销部门	搬运的作业标准	产品的搬运	产品包装质量、产品标识	《产品验收结论单》和《产品合格证》
生产管理部门、相关单位、技术部门	《库房管理标准》	产品的储存与保护	摆放整齐、易于先进先出（FIFO）、区域标识清楚	账本
相关单位、生产管理部门、营销部门	合格产品	交付	产品运输方式、包装、数量、质量等符合要求	《送货单》和《检查成绩表》等

产品交提货要有确定的地点、时间、经办人签字、盖章，要有文件保留存档。

3. 机电产品验收方式

产品的验收包括产品的名称、生产日期、检验合格证、验收方式（抽检、详检），验收人员、验收时间和验收报告等。

4. 机电产品运输及安全方式

产品的运输及安全主要包括运输的成本、人工、取货方式、选择运输的工具和其安全性指标，以及突发性的运行机制。

5. 货款支付方式

货款支付的方式主要是一次性付款、分期付款和预付账款。

一次性付款是指产品接收后一次性付清全部费用，也称为货到付款。

分期付款主要指买方先交付一小部分订金给卖方，然后根据协定进行分次支付余款。

预付账款是指企业按照购货合同规定预付给供应单位的款项。预付账款按实际付出的金额入账，如预付的材料、商品采购货款、必须预先发放的在以后收回的农副产品预购定金等。

货款的支付包括约定的时间、付款方式、开具的发票及付款人（单位）等。

注意：付款方式有现金支付、支票支付和网上打款等。

6. 返利方式

返利是一种商业行为，是指厂家或供货商为了刺激销售，提高经销商（或代理商）的销售积极性而采取的一种正常商业操作模式。一般是要求经销商或代理商在一定市场、一定时间范围内达到指定销售额的基础上给予多少个百分点的奖励，所以称为返点或返利。

返利的目的是为了促使经销商提升整体销量或销售额，返利也因此常常与销量或销售额挂钩，经销商随着销量或销售额的提升而享受更高比例的返利。返利主要分现金返利和物质返利。

7. 其他协议方式

其他协议补充包括产品的包装要求、等级要求、存储要求、产品耗损、纠正和预防措施程序等。

1）产品包装应当按照国家要求注明产品名称和重量，要清晰明确。

2）产品的等级要求、质量标准、肥料的简单配比等都要清晰明确。

3）要根据产品自身的物理化学等特性合理安排存储条件。

4）产品耗损主要发生在运输途中，如因天气、人为等原因造成的损耗。

5）纠正和预防措施主要表现在错、漏、混，如果出现此类状况应由综合办负责与顾客协调，采取适当纠正和预防措施。

8. 明确双方责任与权力

明确双方的责任与权力，合同中必须注明双方在签订合同后的权力与责任，以作为法律保障，从而更好地保障与约束双方在履行合同中的责任与权力，更好地保护双方的经济利益。

合同必须一式两份，经双方当事人签字盖章得以生效。

知识点二：合同签订过程中的审查、担保及注意事项

1. 签订前对合作对象的审查（调查）

了解合作对象的基本情况，有助于在签订合同时在供货及付款条件上采取相应的对策，

避免风险的发生。

1）了解合作方的基本情况，保留其营业执照复印件，如果合作方是个人，应详细记录其身份证号码、家庭住址及电话。了解这些信息有利于我方更好地履行合同，同时，当出现纠纷时，有利于我方的诉讼和法院的执行。

2）审查合作方有无签约资格。我国法律对某些行业的从业资格做了限制性规定，没有从业资格的单位和个人不得从事特定的业务，如果我方与没有资格的主体签订此类合同将会造成经济损失（无效合同的处理方法：合同法第五十八条，合同无效或者被撤销后，因该合同取得的财产，应当予以返还；不能返还或者没有必要返还的，应当折价补偿。有过错的一方应当赔偿对方因此所受的损失，双方都有过错的，应当各自承担相应的责任）。

3）调查合作方的商业信誉和履约能力。尽可能对合作方进行实地考察，或者委托专业调查机构对其资信情况进行调查。

2. 合同各主要条款的审查

一切合同都应当采取书面的形式订立。订立合同时，要力争做到用词准确，表达清楚，约定明确，避免产生歧义。对于重要的合同条款，要仔细斟酌，最好是参考一些标准文本并结合交易的实际情况进行增删，对于重要的合同应请专业律师审查，防患于未然。对合同条款的审查，不仅要审查文字的表述，还要审查条款的实质内容。

1）规格条款：对于多规格产品尤其要注意。在与客户协商时，要对各型号产品的具体规格做出说明，同时详细了解客户的需要，避免出现供需之间的差错。

2）质量标准条款：根据我方的产品质量情况明确约定质量标准，并约定质量异议提出的期限。同时应认真审查合同中约定的标准和客户的需求是否一致。《中华人民共和国合同法》第一百二十五条规定：当事人对合同条款的理解有争议的，应当按照合同所使用的词句、合同的有关条款、合同的目的、交易习惯以及诚实信用原则，确定该条款的真实意图。

3）包装条款。对于购货方提出的特殊包装方法应当引起足够的重视。

4）交付方式条款（送货条款）：如果货物送往本地，当明确约定送货地点，这关系到纠纷处理时法院的管辖；如果货物送往外地，则尽量不要写明，而应争取约定由本地法院管辖。此外，合同中应列明收货方经办人的姓名（签名样本）。这样做的目的是防止经办人离开后，对方不承认收货的事实，给诉讼中的举证带来困难。施工企业人员的变动较为频繁，当对方更换新的经办人时，应当要求对方提供授权委托书。

5）付款条款：应明确约定付款的时间。模棱两可的约定会给合作方找到拖延付款的理由。以下付款时间的表述就有不足之处：

甲方收到货物后付款；应更正为"甲方收到货物后10日内付款。"

检验合格后付款；应更正为"检验合格后_____日内付款。"

6）违约责任条款：如果合同由合作方草拟，则应当注意审查有无不平等的违约责任条款和加重我方责任的违约责任条款。

7）争议处理条款。约定诉讼管辖地，争取在我方所在地法院起诉。诉讼管辖地的约定要明确。约定管辖地的法院应依照《中华人民共和国民事诉讼法》第二十五条约定，只有以下五个地方的法院可供当事人协议管辖：原告所在地；被告所在地；合同签订地；合同履行地；标的物所在地。但是不得违反专属管辖和级别管辖的规定。

8）货物所有权约定条款的运用。约定了货物的所有权仍归我方的情况下，我方可以基于物权而拥有请求返还，请求损害赔偿等权利。

9）对于对方提供的格式合同应特别注意：要应势而变，不可不加审查地完全使用其条款。

3. 合同担保

为了防范风险，在与合作方签订合同的时候应尽量取得对方提供的担保。关于担保合同应注意以下几个问题：

（1）担保合同的当事人

担保人不一定是本合同的一方当事人，在担保合同中，担保人只能是本合同以外的第三人。

（2）用于担保的财产

依照《中华人民共和国担保法》第三十七条规定，下列财产不得抵押：一、土地所有权；二、耕地、宅基地、自留地、自留山等集体所有的土地使用权，（担保法关于该款有除外规定）；三、学校、幼儿园、医院等以公益为目的的事业单位、社会团体的教育设施、医疗卫生设施和其他社会公益设施；四、所有权、使用权不明或者有争议的财产；五、依法被查封、扣押、监管的财产；六、依法不得抵押的其他财产。

我国法律对某些财产的抵押规定必须经过登记合同才能生效〔土地使用权、城市房地产、乡（镇）、村企业厂房等建筑物、林木、航空器、船舶、车辆、企业的设备和其他动产〕。

（3）担保的保证人

国家机关、学校医院等以公益为目的的事业单位社会团体，以及企业法人分支机构职能部门，不得为保证人。但是，企业法人的分支机构有法人书面授权的，可以在授权的范围内提供保证。

（4）定金条款

1）应明确所缴款项的性质是"定金"。

定金条款应写明"定金"字样，最高院关于适用《中华人民共和国担保法》若干问题的司法解释第一百一十八条规定：当事人交付留置金、担保金、保证金、订约金、押金或者定金等，但没有约定定金性质的，当事人主张定金权利的，人民法院不予支持。

2）定金不得超过主合同标的额的百分之二十。

《中华人民共和国担保法》第九十一条规定：定金不得超过主合同标的额的百分之二十。第八十九条规定：给付定金的一方不履行约定的债务的，无权要求返还定金；收受定金的一方不履行约定的债务的，应当双倍返还定金。对于超过百分之二十的部分，可以作为预付款，可以要求返还，但不具备定金的性质。

4. 签订合同时的注意事项

1）合作方应加盖其单位的公章，或者合作方的经办人应提供加盖了其单位公章的签约授权委托书。

注意：对方的授权委托书应该由我方保存，以便在发生纠纷时作为证据；如果对方是加盖分公司、部门的印章等都需要明确的授权委托书。

2）加盖的公章应清晰可辨。

3）合同文本经过修改的，应由双方在修改过的地方盖章确认。

4）争取取得合作方的营业执照复印件。

> **知识拓展**

请同学们在课下查询：
1）签订"合同中的标的、数量、价款及交（提）货时间"的注意事项。
2）签订"合同中的质量标准"的注意事项。
3）签订"合同中的出卖人对质量负责的条件及期限"的注意事项。
4）签订"合同中的包装标准、包装物的供应与回收"的注意事项。
5）签订"合同中的随机必备品、配件、工具数量及供应办法"的注意事项。
6）签订"合同中的合理损耗标准及计算方法"的注意事项。

模拟签订机电产品买卖合同

1. 任务组织

以小组为单位，小组规模一般为3~5人，每小组选举小组长1名，负责协调小组的各项工作，教师提出必要的指导和建议，组织学生进行经验交流，并针对共性问题在课堂上组织讨论和专门讲解。

2. 任务内容

每组根据开篇案例提供的信息，仔细上网查阅工业品合同填写说明，填写一份机电产品买卖合同（注意各组间不得雷同）。

根据本案例产生的纠纷，通过小组内成员进行充分讨论，补充完整其他相关信息，以适当形式在合同中体现（符合《中华人民共和国合同法》要求）。

3. 任务考核

每小组由组长代表本组汇报任务完成情况，同学互评，教师点评，然后综合评定各小组本次任务的实训成绩。具体考核见表8-3。

表8-3 模拟签订机电产品买卖合同任务考核表

考核项目	考核内容	分　数	得　分
工作态度	按时完成任务	5分	
	格式符合要求	5分	
任务内容	项目填写完整、规范、正确	15分	
	描述性条款清楚、合理	15分	
	无违反国家法律法规项目	25分	
	帮同学指出问题	10分	

(续)

考核项目	考核内容	分数	得分
团队合作精神	团队凝聚力强	5分	
	同学间有良好的协作精神	5分	
	同学间有相互服务的意识	5分	
团队间互评	该团队较好地完成了本任务	10分	

样本：

机电产品买卖合同

合同编号：＿＿＿＿＿＿＿＿

出卖人：＿＿＿＿＿＿＿＿　　签订地点：＿＿＿＿＿＿＿＿

买受人：＿＿＿＿＿＿＿＿　　签订时间：＿＿＿年＿＿＿月＿＿＿日

第一条　标的、数量、价款及交（提）货时间

标的名称	牌号商标	规格型号	生产厂家	计量单位	数量	单价（万元）	金额（万元）	交（提）货	
								时间	数量

合计人民币金额（大写）：

（注：空格如不够用，可以另接）

第二条　质量标准：＿＿＿＿＿＿＿＿＿＿＿＿＿＿＿＿＿＿＿＿＿＿＿＿

第三条　出卖人对质量负责的条件及期限：＿＿＿＿＿＿＿＿＿＿＿＿＿

第四条　包装标准、包装物的供应与回收：＿＿＿＿＿＿＿＿＿＿＿＿＿

第五条　随机的必备品、配件、工具数量及供应办法：＿＿＿＿＿＿＿＿

第六条　合理损耗标准及计算方法：＿＿＿＿＿＿＿＿＿＿＿＿＿＿＿＿

第七条　标的物所有权自＿＿＿＿＿＿时起转移，但买受人未履行支付价款义务的，标的物属于＿＿＿＿＿＿所有。

第八条　交（提）货方式、地点：＿＿＿＿＿＿＿＿＿＿＿＿＿＿＿＿＿

第九条　运输方式及到达站（港）和费用负担：＿＿＿＿＿＿＿＿＿＿＿

第十条　检验标准、方法、地点及期限：＿＿＿＿＿＿＿＿＿＿＿＿＿＿

第十一条　成套设备的安装与调试：＿＿＿＿＿＿＿＿＿＿＿＿＿＿＿＿

第十二条　结算方式、时间及地点：＿＿＿＿＿＿＿＿＿＿＿＿＿＿＿＿

第十三条　担保方式（也可另立担保合同）：＿＿＿＿＿＿＿＿＿＿＿＿

第十四条　本合同解除的条件：＿＿＿＿＿＿＿＿＿＿＿＿＿＿＿＿＿＿

第十五条　违约责任：_____

第十六条　合同争议的解决方式：本合同在履行过程中发生的争议，由双方当事人协商解决；也可由当地工商行政管理部门调解，协商或调解不成的，按下列第_____种方式解决：

（一）提交_____仲裁委员会仲裁；

（二）依法向人民法院起诉。

第十七条　本合同自_____起生效。

第十八条　其他约定事项：_____
_____

出卖人	买受人
出卖人（章）：	买受人（章）：
住所：	住所：
法定代表人：	法定代表人：
委托代理人：	委托代理人：
经办人：	经办人：
电话：	电话：
地址及邮编：	地址及邮编：
户名：	户名：
开户行：	开户行：
账号：	账号：
税号：	税号：
日期：	日期：

任务三　鉴别机电产品营销中的常用票据

任务案例

某年1月20日，甲公司根据与乙公司签订的货物买卖合同，按照约定签发了金额为10万元的银行承兑汇票，承兑人为甲银行，到期日为当年11月1日。汇票在甲公司交给乙公司前被甲公司遗失。甲公司于当年8月1日登报声明作废，又于同年9月1日向法院申请公示催告。法院于当天通知甲银行停止支付。公示催告期限届满时，甲公司未向法院申请除权判决。

甲公司后来交付给乙公司的是遗失的汇票复印件和甲银行于当年8月20日出具的说明函。在汇票复印件上的持票人签章栏内，加盖了甲银行的汇票专用章，但是没有甲公司的签章。甲银行说明函的内容是：由于汇票被出票人遗失，出票人已登报声明作废，因此同意在复印件上加盖本行汇票专用章，作为收款人向本行收款的有效依据；汇票到期后，收款人必须派员凭此复印件结算票款项。乙公司按照复印件记载的日期，在到期后持上述复印件向甲银行提示付款时，遭到甲银行拒付。

思考：
1）乙公司是否有权要求甲银行承担票据责任？为什么？
2）乙公司的权力如何得到保护？

为了规范机电产品营销行为中的票据行为，保障机电产品营销过程中票据活动当事人的合法权益，维护社会经济秩序，促进社会主义市场经济的发展，于1996年1月1日正式施行《中华人民共和国票据法》，并于2004年8月28日第十届全国人民代表大会常务委员会第十一次会议上进行修正。在中华人民共和国境内的票据活动，均适用该法。

与票据法相对应，本文所称票据，是指银行票据（汇票、本票和支票）及发票，其中汇票还分银行汇票与商业汇票。

知识点一：各种常用的银行票据

1. 银行汇票

银行汇票是汇款人将款项交存当地银行，由银行签发给汇款人持往异地办理转账结算或支取现金的票据。为了方便申请人使用，银行汇票还专门设置了实际结算金额栏，在交易过程中，可根据实际需要在出票金额以内填写实际结算金额，受到法律保护。其票样如图 8-1 和图 8-2 所示，银行进账单如图 8-3 所示。

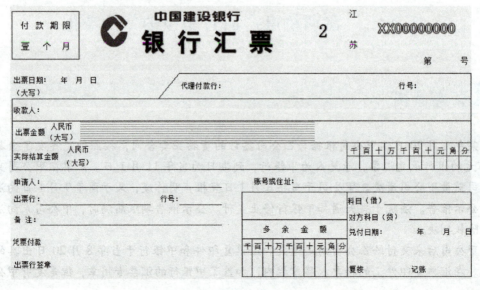

图 8-1 银行汇票（正面）

注 意 事 项

一、银行汇票和汇款解讫通知须同时提交兑付行,两者缺一无效。
二、收款人直接进账的,应在收款人盖章处加盖预留银行印章。收款人为个人的,应交验身份证件。
三、收款人如系个人,可以经背书转让给在银行开户的单位和个人,在背书人栏签章并填明被背书人名称;被背书人签章后持往开户行办理结算。

收款人盖章 年　月　日 身份证件名称、号码及发证机关	被背书人 背书 日期　年　月　日	被背书人

图 8-2　银行汇票(反面)

中国建设银行**进账单**(回单或收款通知)　1
年　月　日　　　　　　　　第 ×× 号

付款人	全　称		收款人	全　称		千	百	十	万	千	百	十	元	角	分	
	账　号			账　号												收款人的回单或收账通知
	开户银行			开户银行												此联是收款人开户银行交给
人民币 (大写)																
票据种类																
票据张数																
单位主管　　会计　　复核　　记账																

图 8-3　银行进账单

银行汇票的账务处理方法是:收款单位应根据银行的收账通知和有关的原始凭证编制收款凭证;付款单位应在收到银行签发的银行汇票后,根据"银行汇票委托书"(存根)编制付款凭证。如有多余款项或因汇票超过付款期等原因而退款时,应根据银行的多余款收账通知编制收款凭证。

采用银行汇票结算方式,应注意下列问题:

1) 银行汇票的提示付款期为一个月,超过提示付款期限时,经出具证明后,仍可以请求出票银行付款。银行汇票见票即付。填明"现金"字样和代理付款行的银行汇票丧失,失票人可以向银行申请挂失,或者向法院申请公示催告或提起诉讼。但未填明"现金"字样和代理付款行的银行汇票丧失则不得挂失。

2) 银行汇票一律记名,可以背书转让。背书是指在票据背面或者粘单上记载有关事项并签章的票据行为。背书是一种票据行为,是转让票据权利的重要方式,它的产生是票据成为流通证券的一个标志。

3）银行汇票的汇款金额起点为 500 元。

2. 商业汇票

商业汇票由收款人或付款人（或承兑申请人）签发，由承兑人承兑（承兑是指汇票付款人承诺在汇票到期日支付汇票金额的票据行为）。承兑是汇票中所特有的并于到期日向收款人或被背书人支付款项的票据。商业汇票适用于同城或异地在银行开立存款科目的法人以及其他组织之间订有购销合同的商品交易的款项结算（必须具有真实的交易关系或债权债务关系）。

采用商业汇票结算方式，应注意下列问题：

1）采用商业汇票结算方式时，承兑人即付款人有到期无条件支付票款的责任。

2）对信用不好的客户应慎用或不用商业汇票结算方式。

3）商业汇票一律记名。允许背书转让，但背书应连续。

4）商业汇票的承兑期限由交易双方商定，但最长不得超过 6 个月。商业汇票的提示付款期限自汇票到期日起 10 日内。

付款人应当自收到提示承兑的汇票之日起 3 日内承兑或者拒绝承兑。付款人拒绝承兑的，必须出具拒绝承兑的证明。

商业汇票分为商业承兑汇票和银行承兑汇票。商业承兑汇票由银行以外的付款人承兑。银行承兑汇票由银行承兑。商业汇票的付款人为承兑人。

（1）商业承兑汇票

它是指由收款人签发，付款人承兑，或由付款人签发并承兑的票据。商业承兑汇票按双方约定签发。由收款人签发的商业承兑汇票应交付款人承兑，由付款人签发的商业承兑汇票应经本人承兑。付款人须在商业承兑汇票正面签署"承兑"后，将商业承兑汇票交给收款人。在实务中，一般以由付款人签发的商业承兑汇票居多。其票样如图 8-4~图 8-8 所示。

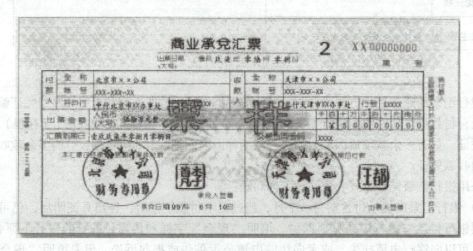

图 8-4　商业承兑汇票

商业承兑汇票的账务处理方法是：收款单位凭银行盖章的进账通知编制收款凭证，付款单位凭承兑汇票委托书存根联编制付款凭证。

项目八　签订机电产品销售合同及鉴别常用票据

图 8-5　收款人签发的商业承兑汇票

图 8-6　付款人签发的商业承兑汇票正面

商业承兑汇票 2 背面

注　意　事　项

一、付款人于汇票到期日前须将票款足额交存开户银行，如账户存款余额不足时，银行比照空头支票处以罚款。

二、本汇票经背书可以转让。

图 8-7　付款人签发的商业承兑汇票背面

商业承兑汇票（存根）　3

出票日期（大写）　　年　　月　　日　　　　汇票号码

付款人	全　称		收款人	全　称	
	账　号			账　号	
	开户银行			开户银行	
出票金额	人民币：（大写）			亿 千 百 十 万 千 百 十 元 角 分	
汇票到期日（大写）			付款人开户行	行号	
交易合同号码				地址	
备注：					

此联出票人存查

图 8-8　商业承兑汇票存根

(2) 银行承兑汇票

是由收款人或承兑申请人签发，并由承兑申请人向开户银行申请，经银行审查同意承兑的票据。其票样如图 8-9 所示。

银行承兑汇票　2　CA 01 00000000

出票日期（大写）　年　月　日

出票人全称		收款人	全　称	
出票人账号			账　号	
付款行全称			开户银行	
出票金额	人民币（大写）		亿 千 百 十 万 千 百 十 元 角 分	
汇票到期日（大写）		付款行	行号	
承兑协议编号			地址	
本汇票请你行承兑，到期无条件付款。 出票人签章		本汇票已经承兑，到期日由本行付款。 承兑行签章 承兑日期　年　月　日 备注：		复核　记账

此联收款人开户行随托收凭证寄付款行作借方凭证附件

票样

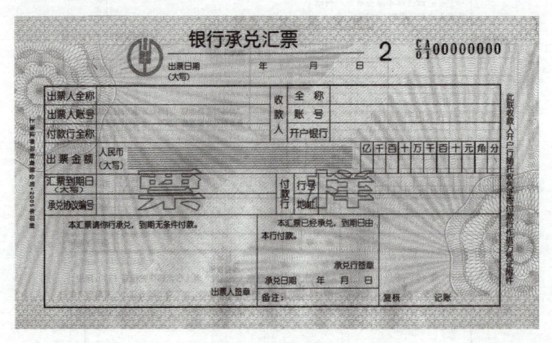

图 8-9　银行承兑汇票

银行承兑汇票的账务处理方法是：收款单位凭银行盖章的进账通知编制收款凭证，付款单位凭银行承兑汇票委托书存根联编制付款凭证。

商业承兑汇票和银行承兑汇票既有区别又有联系。商业承兑汇票是购销双方的票据交易行为，是一种商业信用，银行只作为清算的中介。而银行承兑汇票是银行的一种信用业务，体现购、销及银行三方关系，银行既是商业汇票的债务人，同时又是承兑申请人的债权人。银行承兑汇票由银行保证无条件付款，因而有较高的信誉。

3. 银行本票

银行本票是申请人将款项交存银行，由银行签发以办理转账结算或支取现金的票据，适用于同城办理转账结算或支取现金。我国普遍开展银行本票的时间并不长，银行本票还是一种较新的票据结算方式，银行本票对于企事业单位和个人在同城范围办理转账结算具有明显的优点，对于促进我国的经济发展起到重要的作用。为此，我国票据法以法律的形式确立了银行本票的法律地位。其票样如图 8-10 和图 8-11 所示。

图 8-10　银行本票

注意事项

一、本票在指定的城市范围使用。

二、本票经背书可以转让。

被背书人	被背书人	被背书人
背书人 日期　年　月　日	背书人 日期　年　月　日	背书人 日期　年　月　日

图 8-11　银行本票背面

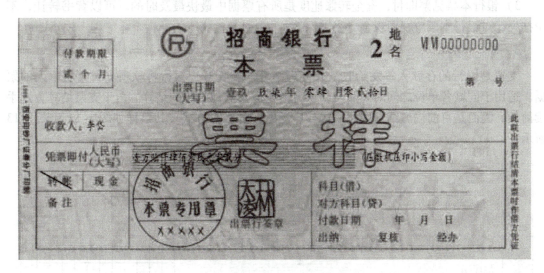

银行本票的账务处理方法是：收款单位按照规定受理银行本票后，应将银行本票连同进账单送交银行办理转账，根据盖章退回的进账单第一联和有关原始凭证编制收款凭证；付款单位在填写"银行本票申请书"并将款项交存银行，收到银行签发的银行本票后，根据申请书存根联编制付款凭证。企业因银行本票超过付款期限或其他原因要求退款时，在交回本票和填制的进账单经银行审核盖章后，根据进账单第一联编制收款凭证。

采用银行本票结算方式，应注意下列问题：

1）银行本票分为不定额本票和定额本票两种。定额银行本票面额为 1000 元、5000 元、10000 元和 50000 元。银行本票可以用于转账，注明"现金"字样的银行本票可以用于支取现金。

2）银行本票的提示付款期为两个月，超过提示付款期限，经出具证明后，仍可请求出票银行付款。

3）银行本票见票即付，资金转账速度是所有票据中最快最及时的。可以背书转让，不予挂失，对银行本票应视同现金，妥善保管。

4. 支票

支票是银行的存款人签发给收款人办理结算或委托开户银行将款项支付给收款人的票据。适用于同城各单位之间的商品交易、劳务供应及其他款项的结算。由于支票结算方式手续简便，因而是目前同城结算中使用比较广泛的一种结算方式。其票样如图 8-12 和图 8-13 所示。

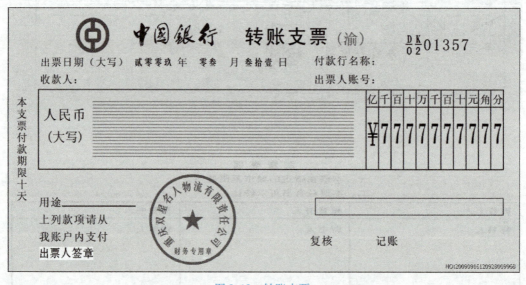

图 8-12 转账支票

在银行开户的存款人领购支票时，必须填写"票据和结算凭证领用单"并签章，签章应与预留银行的签章相符，持支票购领证（购领证上有指定办理银行业务的人员姓名）及指定人员身份证，由指定人员到银行办理购买手续。银行对上述单证审核无误后，即可将支票售给存款人。购买支票款由银行从存款人账户中划转，存款人根据实际购买金额编制付款凭证，借记"财务费用"科目，贷记"银行存款"科目。

支票的账务处理方法是：收款单位对于收到的支票，应在收到支票的当日填制进账单连

图 8-13　现金支票

同支票送交银行，根据银行盖章退回的进账单第一联和有关的原始凭证编制收款凭证；对于付出的支票，应根据支票存根和有关原始凭证编制付款凭证。

采用支票结算方式，应注意下列问题：

1）鉴于我国多年使用支票的习惯，并考虑国际上的通行做法，方便个体工商户和个人的使用，保留了现金支票和转账支票，并新增了普通支票和转账支票。支票上印有"现金"字样的为现金支票，现金支票只能用于支取现金。支票上印有"转账"字样的为转账支票，只用于转账，不可支取现金。

支票上未印有"现金"或"转账"字样的为普通支票，普通支票可以用于支取现金，也可以用于转账。在普通支票左上角划两条平行线的为转账支票。

2）支票一律记名。中国人民银行总行批准的地区转账支票可以背书转让。

3）支票见票即付，但支票持票人委托其开户银行向付款人提示付款的，进账时间为经过同城票据交换系统将票款划回的时间。支票的提示付款期限为自出票日起 10 日内，中国人民银行另有规定的除外。超过提示付款期的，持票人开户银行不予受理，付款人不予付款。

4）不准签发空白支票。签发支票，不能超过银行存款的余额，超过的即为"空头支票"，银行将予以退票，并处以票面金额 5% 但不低于 1000 元的罚款。

知识点二：各种常用的发票

发票是指一切单位和个人在购销商品、提供劳务或接受劳务、服务以及从事其他经营活动所提供给对方的收付款的书面证明，是财务收支的法定凭证，是会计核算的原始依据，也是审计机关、税务机关执法检查的重要依据。

发票具有合法性、真实性、统一性、及时性等特征，是最基本的会计原始凭证之一；发票是记录经济活动内容的载体，是财务管理的重要工具；发票是税务机关控制税源、征收税款的重要依据；发票是国家监督经济活动，维护经济秩序，保护国家财产安全的重要手段。

1. 发票种类

发票有普通发票和增值税专用发票两种。

（1）普通发票

普通发票主要由营业税纳税人和增值税小规模纳税人使用，增值税一般纳税人在不能开具专用发票的情况下也可使用普通发票。普通发票由行业发票和专用发票组成。前者适用于某个行业和经营业务，如商业零售统一发票、商业批发统一发票、工业企业产品销售统一发票等；后者仅适用于某一经营项目，如广告费用结算发票、商品房销售发票等。普通发票的基本联次为三联：第一联为存根联，开票方留存备查用；第二联为发票联，收执方作为付款或收款原始凭证；第三联为记账联，开票方作为记账原始凭证。个人发票一般泛指普通发票，如图8-14所示。

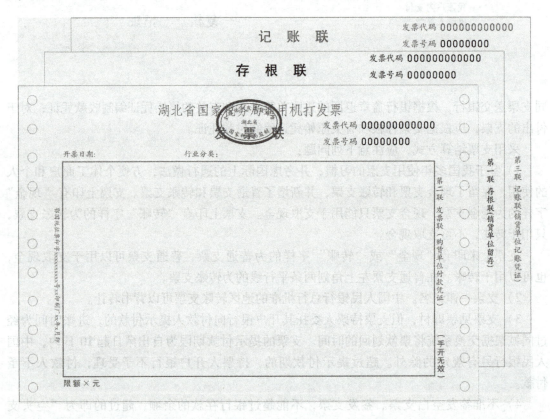

图8-14 普通发票

（2）增值税专用发票

增值税专用发票是我国实施新税制的产物，是国家税务部门根据增值税征收管理需要而设定的，专用于纳税人销售或者提供增值税应税项目的一种发票。增值税专用发票既具有普通发票所具有的内涵，同时还具有比普通发票更特殊的作用，它不仅是记载商品销售额和增值税税额的财务收支凭证，而且是兼记销货方纳税义务和购货方进项税额的合法证明，是购货方据以抵扣税款的法定凭证，对增值税的计算起着关键性作用。

机电产品销售一般要提供正规的增值税发票，以便公司在交税及出口退税时作为财务凭证，如图8-15所示。

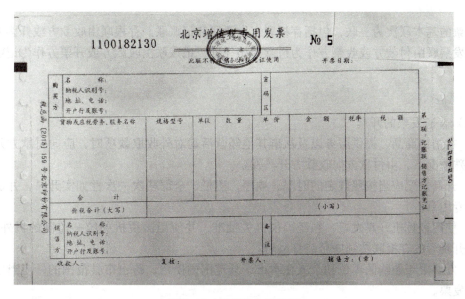

图8-15 增值税专用发票

按照《中华人民共和国增值税暂行条例》规定，提供加工、修理修配劳务（以下称应税劳务），目前增值税税率为17%。即机电产品营销过程中的税率为17%（农产品、能源等其他产品另有规定），以下情况除外：

1）购进或者销售货物以及在生产经营过程中支付运输费用的，按照运输费用结算单据上注明的运输费用金额和7%的扣除率计算。

2）出口货物税率为零；但是，国务院另有规定的除外。

3）小规模纳税人增值税征收率为3%，按《中华人民共和国增值税暂行条例实施细则》规定，小规模纳税人指工业和商业小规模纳税人销售额标准分别为50万元和80万元。

此外，年应税销售额超过小规模纳税人标准的其他个人（自然人）继续按小规模纳税人纳税。

非企业性单位和不经常发生应税行为的企业可以自行选择是否按小规模纳税人纳税。

2. 发票主管机关

国家税务局是负责发票印制、领购、开具、取得、保管、缴销的管理和监督的机关。

3. 票面内容

发票一般包括票头、字轨号码、联次及用途、客户名称、银行开户账号、商（产）品名称或经营项目、计量单位、数量、单价、金额，以及大小写金额、经手人、单位印章、开票日期等。

实行增值税的单位所使用的增值税专用发票还应有税种、税率和税额等内容。1993年1月1日全国实行统一发票后，发票联必须套印："发票监制章"，统一后的"发票监制章"形状为椭圆形，规管长轴为3cm，短轴为2cm，边宽0.1cm，内环加一细线。上环刻制"全

国统一发票监制章"字样，下刻有"税务局监制"字样，中间刻制监制税务机关所在地省（市、区）、市（县）的全称或简称，字体为正楷，印色为大红色，套印在发票联票头中央。

4. 基本联次

发票的基本联次为三联，包括存根联、发票联和记账联。存根联由收款方或开票方留存备查；发票联由付款方或收票方作为付款原始凭证；记账联由收款方或开票方作为记账原始凭证。

5. 开票规定

（1）普通发票的开具

1）在销售商品、提供服务以及从事其他经营活动对外收取款项时，应向付款方开具发票。特殊情况下，由付款方向收款方开具发票。

2）开具发票应当按照规定的时限、顺序、逐栏、全部联次一次性如实开具，并加盖单位发票专用章。

3）使用计算机开具发票，须经国税机关批准，并使用国税机关统一监制的机外发票，并要求开具后的存根联按顺序号装订成册。

4）发票限于领购的单位和个人在本市、县范围内使用，跨出市县范围的，应当使用经营地的发票。

5）开具发票单位和个人的税务登记内容发生变化时，应相应办理发票和发票领购簿的变更手续；注销税务登记前，应当缴销发票领购簿和发票。

6）所有单位和从事生产、经营的个人，在购买商品、接受服务，以及从事其他经营活动支付款项时，向收款方取得发票，不得要求变更品名和金额。

7）对不符合规定的发票，不得作为报销凭证，任何单位和个人有权拒收。

8）发票应在有效期内使用，过期应当作废。

（2）增值税专用发票的开具

纳税人有下列行为不得开具增值税专用发票：向消费者个人销售货物或者应税劳务的；销售货物或者应税劳务适用免税规定的；小规模纳税人销售货物或者应税劳务的；销售报关出口的货物；在境外销售应税劳务；将货物用于非应税项目；将货物用于集体福利和个人福利；将货物无偿赠送他人；提供非应税劳务转让无形资产或销售不动产。向小规模纳税人销售应税项目可以不开具专用发票。

6. 增值税专用发票办理条件。

（1）办理条件

已办理税务登记的小规模纳税人增值税专用发票以及国家税务总局确定的其他可予代开增值税专用发票的纳税人。

按规定应当携带和提交的材料目录：

1）《代开增值税专用发票缴纳税款申报单》。

2）发生购销业务、提供增值税应税劳务的合同、协议或书面证明及加盖公章的复印件。

3）《发票购用印制簿》原件（审核无误后，原件退还纳税人）。

4）经办人身份证或《办税员联系卡》原件（审核无误后，原件退还纳税人）。

5）税务机关规定应当报送的其他有关证件、资料。

（2）注意事项

1）凡前来代开发票的企业必须主动出示《发票购用印制簿》上注明的购票员身份证或办税员证。

2）凡办税员或购票员不能前来，除出示购票员、办税员身份证件外，还应出示代开人员的身份证件。

3）企业委托有资质的中介公司前来代开发票的，必须出示企业法人代表签发的委托书及代开人员的身份证件。

4）如企业要求代开万元版增值税专用发票，必须填写《增值税专用发票最高开票限额、限购量申请（审核）表》，由专管员初审，主管所长审批转稽管科审批后，方可到窗口开具。

填写机电产品买卖票据

1. 任务组织

全班同学以 3～5 人为一组进行分组，对于所要填写的所有票据，确认好每一项信息；1 人 1 机，在机房利用计算机软件模拟填写票据。

2. 任务内容

根据本章开篇案例提供的信息，分小组，商定每一张票据每一个栏目的信息。

在计算机中的票据模拟软件上填写：银行汇票、商业承兑汇票（分收款人和付款人两种）、银行本票、支票（含转账支票和现金支票）、普通发票及增值税专用发票。

3. 任务考核

每小组由组长代表本组汇报任务完成情况，同学互评，教师点评，然后综合评定各小组本次任务的实训成绩。具体考核见表 8-4。

表 8-4 填写机电产品买卖票据任务考核表

考核项目	考核内容	分 数	得 分
工作态度	按时完成任务	5 分	
	格式符合要求	5 分	
任务内容	合理确定每张票据的各项数据	25 分	
	项目填写完整、规范、正确	15 分	
	完成所有票据填写	25 分	
团队合作精神	团队凝聚力强	5 分	
	同学间有良好的协作精神	5 分	
	同学间有相互服务的意识	5 分	
团队间互评	该团队较好地完成了本任务	10 分	

推荐软件：

若无相应模拟软件，可到 http://peitao.kingdee.com，免费下载"金蝶万能票据"及相就补丁，免费试用该软件进行学习。

说明：

在该软件内，银行汇票、本票等不在模板内的票据，可以通过"新建票据"创建。

职业能力训练

一、填空题

1. 我国现行合同法是《_____》。
2. 产品的销售必须要有《_____》和《_____》，里面应包括产品的名称、数量及_____等，还要明确时间、_____及盖章签字等。
3. 合同必须是一式_____份，经双方当事人签字盖章得以生效。
4. 通常所说的票据有_____、_____、_____和_____等。
5. 发票是_____的法定凭证，是_____的原始依据，也是审计机关、_____执法检查的重要依据。

二、简答题

1. 合同有哪些作用？
2. 合同的内容由双方当事人约定，一般包括哪些主要条款？
3. 有确切证据能证明对方有哪些情况的可以中止履行合同？
4. 纳税人有哪些行为不得开具增值税专用发票？

参 考 文 献

[1] 王宝敏. 机电产品营销［M］. 北京：机械工业出版社，2015.
[2] 王宝敏. 机电产品市场营销实务［M］. 北京：电子工业出版社，2012.
[3] 毛全有. 机电产品基础［M］. 北京：机械工业出版社，2011.
[4] 罗伯特·F·德怀尔，约翰·F·坦纳. 工业品营销［M］. 吴长顺，译. 4版. 北京：清华大学出版社，2011.
[5] 许春燕，孟泽云. 新编市场营销［M］. 北京：电子工业出版社，2009.
[6] 韩燕雄，赵立义. 市场营销理论与实务［M］. 北京：首都师范大学出版社，2009.
[7] 刘伟光，周志强. 市场营销实务［M］. 北京：中国电力出版社，2008.
[8] 肖灵机，黄蕾，余鑫. 工业品市场营销学［M］. 武汉：武汉理工大学出版社，2008.
[9] 李洪道. 工业品营销［M］. 北京：机械工业出版社，2007.